AF441745

L'usage du mot hébreu "*nephech*" dans la Bible et sa traduction par "âme"

Claude Selis

CIP a Camerei Naționale a Cărții

Selis, Claude.

L'usage du mot hébreu "nephech" dans la Bible et sa traduction par "âme"/Claude Selis: Generis Publishing, 2020 (Print on demand). – 258 p.

Referințe bibliogr.: p. 256-258.

ISBN 978-9975-153-40-9.

27

S 43

Cover image: Cluade SELIS

Generis Publishing
Online orders: www.generis-publishing.com
Orders by email: info@generis-publishing.com

Présentation

Le problème du mot *nephech* est d'avoir été traduit par "âme".

Au départ, ce mot *nephech* avait une signification bien concrète, très physique. Il désignait un organe du corps: le gosier. Il a fini par désigner le concept le plus abstrait, le plus métaphysique qui soit: l'âme.

Ce parcours est, en fait, traçable et c'est à cela que s'attachera ce travail. De sens dérivés en sens figurés, le mot *nephech* s'est donné, très tôt dans son histoire, une large polysémie. Il l'a plus ou moins gardée lors de sa traduction en grec (*psuchè*) et même encore en latin (*anima*) mais, au moment d'être traduit en français, au 16°s., le mot français "âme" (traduction naturelle du "*anima*" latin) avait perdu sa polysémie originaire. Il était pratiquemment devenu univoque parce que la théologie latine médiévale avait, de fait, adopté la conception platonicienne de l'âme. Les traducteurs ont donc traduit par "âme" toutes les mentions du mot *nephech* qui s'accordaient plus ou moins avec cette conception, quitte à suggérer des sens figurés là où il n'y en avait peut-être pas. Les autres mentions étaient traduites par d'autres mots appropriés au contexte, occultant ainsi la polysémie originaire. Les dictionnaires traductifs classiques en donnent bien la liste mais ne permettent pas d'identifier ni de quantifier quelles mentions relèvent de tel ou tel sens. Seules les concordances (mais pas celles faites à partir d'une traduction) permettent de faire ce travail. C'est la procédure adoptée ici. Pour que l'exercice ait quelque valeur, il fallait le faire sur tous les usages du mot *nephech* et *psuchè* (et non sur une sélection pré-orientée), retraduire le plus littéralement possible tous les versets concernés et en établir, le plus empiriquement possible, à neuf, une typologie rendant compte de toutes les mentions de ce mot-clé du judéo-christianisme.

Outre un fabuleux voyage au pays de la philologie, le lecteur aura le plaisir de goûter au charme archaïque de l'hébreu biblique à l'état presque brut.

Sommaire

Le mot "*nephech*" est utilisé 753 x dans la Bible hébraïque, le 4° le plus utilisé parmi les mots d'anatomie, après "main" (1.618 x), "oeil" (887 x), "coeur" (853 x). Le mot est d'origine akkadienne (*napishu*) et est commun à toutes les langues sémitiques. Bien que ce mot ait été assez habituellement traduit par "âme" (par un processus que l'on verra à l'oeuvre en analysant les textes grecs de la LXX et du NT), le mot désigne cependant, originairement, une partie bien distincte et très physique du corps: le <u>gosier</u>. Devenu minoritaire, ce sens archaïque est resté très présent pour évoquer la <u>fonction alimentaire</u> (faim et soif) et de la <u>fonction respiratoire</u> (souffle). Sous sa forme verbale (*nâphach*), le mot signifie d'ailleurs "respirer", "souffler" (mais ce verbe n'est utilisé que 3x). Un autre verbe, *nâphakh*, de racine très proche (peut-être simple déformation), est un peu plus utilisé (12 x) et signifie "souffler" (mais plutôt dans le sens d'allumer ou d'éteindre un feu). De racine apparentée mais peu utilisé (24 x), le mot *nechâmâh* désigne également le souffle, la respiration. De racine apparentée encore, le mot *'aph* (nez, narines) est directement lié à la fonction respiratoire. On peut donc raisonnablement dire que la respiration est le trait spécifique du mot *nephech*.

L'usage de ce mot est bien plus fréquent que celui d'autres, anatomiquement très proches: cou (hébreu: *tsawar*, 41x), glotte (hébreu: *loa°*, 1x), gorge (hébreu *gârôn*, 8x), gosier (hébreu: *garguerôt*, 4x) et avec lesquels il y a souvent synonymie.

La respiration étant le signe le plus évident de l'état de vie ou de la perte de celui-ci, le mot *nephech* en est venu à désigner <u>la vie</u> elle-même (dans son principe ou dans sa dimension bien physique) et, de là, <u>l'être vivant</u> (humain ou animal) et, le plus souvent d'ailleurs, <u>l'être humain</u> dans un sens assez fort (la personne, la personnalité). Il ne désigne plus alors un organe particulier mais <u>l'être entier et intérieur</u>.

De l'idée de globalité et de totalité, on passe à l'idée d'entité. Le mot désigne alors des <u>individus</u>, devenant ainsi un mot générique avec un sens faible et neutre (très loin de la densité du mot "âme") pouvant être traduit dans bien des cas par un simple pronom personnel.

Le souffle, élément bien physique, étant néanmoins immatériel, il peut finir par désigner des <u>êtres immatériels</u> (des "esprits").

Avec *bashar* (chair), *nephech* est un des concepts majeurs de l'anthropologie biblique, le premier exprimant la matérialité du corps, le second exprimant le caractère immatériel du souffle qui donne vie au corps.

Il est un autre mot, *rouakh* (souffle), que l'on présente assez habituellement comme le troisième terme fondamental de l'anthropologie biblique. Poétiquement, le mot *rouakh* est, en effet, assez souvent utilisé comme synonyme de *nephech*. Originellement cependant, *rouakh* désigne le vent ou la force du vent et donc une force externe à l'homme.

Finalement, ce mot nephech peut accepter, suivant les cas et selon des proportions très différentes, les significations suivantes: gosier, souffle, vie, être, personne, âme.

<u>Occurrences du mot</u>:

hébreu: *nephech*	(rac.: *n.ph.ch*)	753 x
grec: *psuchè*	LXX+	152 x
	NT	103 x
		Total: 1.008 x

Abréviations

AT:　　　　Ancien Testament

LXX:　　　la Septante

LXX+:　　　textes complémentaires de la LXX, exclusivement en grec

NT:　　　　Nouveau Testament

BJ:　　　　traduction (collective) de la Bible de Jérusalem (éd.1955, 1986)

DH:　　　　traduction par Dhorme dans la Pléiade (éd.1956 - 71)

OSTY:　　　traduction par le chanoine Osty (éd.1973)

TOB:　　　Traduction Oecuménique de la Bible (éd.1975)

CHOUR:　　traduction par Chouraqui (éd. 1985)

CHAPITRE I

CLASSEMENT PAR LIVRET

Au lieu de présenter, d'emblée, un classement par catégorie, nous avons opté, par souci pédagogique, pour un classement par livret, plus neutre au premier abord. On n'ignore pas le problème rédactionnel de la Bible (datation des livrets et processus de ré-écriture au gré des courants théologiques) mais on peut le négliger ici dans la mesure où ce n'est pas le sujet de notre étude et que, de toute façon, c'est ce texte dans son état final (avec ses ré-écritures et ses interpolations) qui est le texte de référence, tant pour le croyant que pour le lecteur intéressé culturellement.

Etant donné le champ sémantique très large et la charge théologiquement orientée d'une traduction, on a choisi de laisser le mot sous sa forme hébraïque et d'indiquer accessoirement le sens retenu ici (que le lecteur peut donc contester) et une éventuelle explicitation. La traduction du reste du verset est la plus littérale possible. Le mot hébreu, même décliné, est toujours donné dans sa forme de base (en son état absolu et au singulier).

<u>Genèse</u>

1. Les versets, au fil du texte (avec indication du sens retenu)

Gn.1,20: "Que les eaux foisonnent d'une foison de *nephech* de vie"
(êtres vivants, d'espèce aquatique)

Gn.1,21: "Elohîm créa les grands monstres (marins), tout *nephech* de vie mouvant" (être vivant qui se meut, d'espèce aquatique)

Gn.1,24: "Elohîm dit: Que la terre produise le *nephech* de vie selon son espèce" (l'être vivant, selon son espèce)

Gn.1,30: "... avec en lui *nephech* de vie" (avec, en lui, souffle de vie)

Gn.2,7: "Il insuffla dans ses narines un souffle (*nichmah*) de vie et l'humain (*adam*) devint pour (prép. *l-*) *nephech* de vie" (... devint être vivant)

Gn.2,19: "tout ce dont l'humain appellera le *nephech* de vie, ce sera son nom"
(l'être vivant) (BJ: chacun devait porter le nom que l'homme lui aurait donné)

Gn.9,4: "mais la chair (avec) son sang en son *nephech*, vous n'en mangerez pas"
(la chair avec le sang en elle-même, c-à-d encore gorgée de sang; instaure
ou justifie a posteriori un interdit alimentaire) (valeur pronominale)

Gn.9,5a: "mais je revendiquerai votre sang pour (prép. *l-*) vos *nephech*" (vos
êtres, vos vies) (la BJ traduit: de chacun de vous; elle donne une valeur
pronominale) (Osty: à cause de vos âmes; traduction théologisante)

Gn.9,5b: "de la main de ..., je revendiquerai le *nephech* de l'humain"
(le parallélisme de construction entre 5a et 5b invite à voir le parallélisme
entre sang et *nephech*, l'un et l'autre en tant que principe de vie)

Gn.9,10: "avec tout *nephech* de vie qui (est) avec vous ... j'établis mon alliance"
(être vivant)

Gn.9,12: "... (alliance) ... entre moi et vous, et entre tout *nephech* de vie ..."
(être vivant)

Gn.9,15: "... entre moi et vous, et entre tout *nephech* de vie, en toute chair"
(être vivant)

Gn.9,16: " (l'arc dans la nuée) ... entre Elohîm et tout *nephech* de vie"
(être vivant)

Gn.12,5: "Abram prit Saraï sa femme, Lot le fils de son frère, tout leur gain
qu'ils avaient gagné et tout le *nephech* qu'ils avaient constitué à Haran"
(le personnel, les gens)

Gn.12,13: "Dis donc que tu es ma soeur pour qu'on me traite bien par égard
pour toi et que mon *nephech* vive grâce à toi"
(et que j'aie la vie sauve grâce à toi)

Gn.14,21: "Le roi de Sodome dit à Abram: Donne-moi le *nephech* et prends
pour toi le gain" (le personnel, les gens)

Gn.17,14: "Le mâle incirconcis, ..., ce *nephech*-là sera retranché de sa parenté"
(cet être) (la personne comme sujet de juridiction religieuse)

Gn.19,17: "Echappe-toi, pour (prép.: °*al*) ton *nephech*, et ne regarde pas derrière toi" (au nom de ta vie / pour sauver ta vie)

Gn.19,19: "Tu as fait grandir la bonté que tu me fais pour la vitalité de mon *nephech*" (BJ: Tu as montré une grande miséricorde à mon égard en m'assurant la vie)

Gn.19,20: "Je m'échapperai donc là, ..., et mon *nephech* vivra" (et je vivrai) (bien souvent, le mot *nephech* peut, moins lourdement, être traduit par un pronom)

Gn.23,8: "Si c'est votre *nephech* de (me laisser) ensevelir ma (femme) morte ..." (si c'est votre être profond / votre intention profonde)

Gn.27,4: "afin que mon *nephech* te bénisse avant que je ne meure" (afin que je te bénisse) (être moral, de bénédiction) (*nephech* n'a ici qu'une valeur pronominale)

Gn.27,19: "Mange de mon gibier de sorte que ton *nephech* me bénisse" (... tu me bénisses)

Gn.27,25: "Je mangerai le gibier, mon fils, afin que mon *nephech* te bénisse" (afin que je te bénisse)

Gn.27,31: "... qu'il mange du gibier de son fils de sorte que son *nephech* me bénisse" (de sorte qu'il le bénisse)

Gn.32,31: "car j'ai vu Elohîm face à face et mon *nephech* est sauf" (ma vie est sauve; ma personne est sauve; mon être est sauf; je suis sauf)

Gn.34,3: "Son *nephech* s'attacha à Dina, fille de Jacob" (son être profond; sentimental)

Gn.34,8: "Son *nephech* s'est attaché à votre fille; donnez-la lui donc pour femme" (idem)

Gn.35,18: "Au moment où son *nephech* la quitta -car elle décéda- elle cria: ..." (vie, souffle)

Gn.36,6: "Esaü prit ses femmes, ses fils, ses filles, tous les *nephech* de sa maison" (les gens)

Gn.37,21: "Ne (le) frappons pas (quant à son) *nephech*"
(= ne le frappons pas à mort)

Gn.42,21: "nous avons vu la détresse de son *nephech* dans sa supplication envers nous" (être profond / détresse)

Gn.44,30a: "et son *nephech* est attaché à son *nephech*" (l'être profond du fils est attaché à l'être profond du père) (Benjamin - Jacob)

Gn.44,30b: "et son *nephech* est attaché à son *nephech*"

Gn.46,15: "Tout le *nephech,* ses fils et ses filles: trente-trois "
(total des personnes) (dénombrement)

Gn.46,18: "..., (total): seize *nephech*" (personnes)

Gn.46,22: "Tout le *nephech*: quatorze" (total des personnes)

Gn.46,25: "Tout le *nephech*: sept" (total des personnes)

Gn.46,26a: "Tout le *nephech* venu avec Jacob en Egypte ..." (total des personnes)

Gn.46,26b: "... Tout le *nephech*: soixante-six" (total des personnes)

Gn.46,27a: "Fils de Joseph qui lui naquirent en Egypte: deux *nephech*"
(personnes)

Gn.46,27b: "Tout le *nephech* de la maison de Jacob venu en Egypte: ..."
(total des personnes)

Gn.49,6: "En leur entrave (*sad*), que n'entre pas mon *nephech*" (mon cou)
La traduction de ce verset fait problème. La BJ et Osty traduisent: "Que mon âme n'entre pas dans leur conseil"; Dhorme: "Que mon âme ne participe pas à leur conseil"; TOB: "Je ne veux pas venir à leur conseil"; Chouraqui: "en leur tréfonds, tu ne viendras pas, mon être". Foi de Gesenius (p.536), *sad* veut bien dire: cep, fers ou bois que l'on met aux pieds des prisonniers, ce que confirme les autres usages de ce mot: "Toi qui as mis mes pieds dans les ceps" (Job 13,27) et "Il met mes pieds dans les ceps" (Job 33,11). En fait ces auteurs (sauf Chouraqui) traduisent ici d'après la LXX (qui a *"eis boulèn"*). Cette correction de la LXX est certainement régie par le fait qu'elle tient à traduire *nephech* par *psuchè*. Si l'on traduit par gorge / cou (sens primitif de *nephech*),

cette correction n'est pas nécessaire. Chouraqui tronque la traduction de *sad* en "tréfonds" (non attesté par ailleurs) parce qu'il veut traduire *nephech* par "être".

43x

2. Relevé des sens retenus, au fil du texte, dans ce livret

(le lecteur retrouvera ces versets cités in extenso, groupés par catégories, dans le chapitre 2; le 1° exemple permet de retrouver assez aisément la série parmi ces catégories ou sous-catégories)

- "être vivant", en tant qu'animé de souffle de vie (1° exemple: Gn.1,20)

- ce "souffle de vie" en tant que tel ((1° exemple: Gn.1,30)

- un "principe vital", assimilé au sang (1° exemple: Gn.9,4)

- la vie en tant que mise en péril, exposée à la mort (1° exemple: Gn.9,5b)

- le personnel, les gens (1° exemple: Gn.12,5)

- la personne comme sujet de juridiction religieuse (1° exemple: Gn.17,14)

- l'être profond, l'intention profonde de la personne (1° exemple: Gn.23,8)

- la personne, comme sujet moral (ici, "être de bénédiction")
    (1° exemple: Gn.27,4)

- l'être profond, éprouvant un sentiment amoureux (1° exemple: Gn.34,3)

- l'être profond, en situation de détresse (1° exemple: Gn.42,21)

- la personne, en tant qu'unité dans un dénombrement (1° exemple: Gn.46,15)

- le cou, comme zone du corps cible de violence (1° exemple: Gn.49,6)

Ce sont ainsi 12 sous-catégories (élémentaires, "nucléaires", on dirait "discrètes" en phonologie) qui sont distingables. Elles peuvent être regroupées en 4 grandes catégories (que l'on retrouvera, quantifiées et pour l'ensemble des livrets, au chapitre 2):

    - l'être, en tant que vivant   : catégorie 1

    - l'être, en tant qu'intériorité   : catégorie 2

- l'être, en tant qu'individu   : catégorie 3

- le cou, le gosier   : catégorie 4

Relevant d'un critère non sémantique mais morphologique, on a rencontré la valeur simplement pronominale de *nephech*. On en trouvera une liste, sans doute encore incomplète, de 351 cas (!) au chapitre 3.

<u>Exode</u>

1. Les versets, au fil du texte

Ex.1,5a: "C'est tout le <u>*nephech*</u> sorti de la cuisse de Jacob: 70 *nephech*" (personnes)

Ex.1,5b: "C'est tout le *nephech* sorti de la cuisse de Jacob: 70 <u>*nephech*</u>" (personnes)

Ex.4,19: "car ils sont morts tous les hommes cherchant ton *nephech*" ("chercher le *nephech* de": en vouloir à la vie de, chercher à faire périr; l'expression revient 30x dans la Bible hébraïque; voir chap.2, rem. AT)

Ex.12,4: "... d'après le nombre de *nephech*" (personnes)

Ex.12,15: "car tout mangeur de (pain) fermenté, ce *nephech* sera retranché d'Israël" (cette personne sera exclue d'Israël)

Ex.12,16: "il n'y sera fait aucun travail, sauf ce qui sera mangé par tout *nephech*" (chacun)

Ex.12,19: "car tout mangeur de (pain) fermenté, ce *nephech* sera retranché de la communauté d'Israël" (cette personne) (sujet de juridiction religieuse)

Ex.15,9: "..., je répartirai le butin, mon *nephech* (en) accumulera; je tirerai mon glaive, ma main acquerra (du butin)" (BJ: mon gosier s'en gorgera) (ou valeur pronominale: j'en accumulerai mais le // avec la main invite à traduire par gosier)

Ex.16,16: "Récoltez-en, (chaque) homme selon la bouche de sa nourriture (= selon sa faim), un *ômer* par crâne (= par tête, par personne), selon le nombre de vos *nephech*, (chaque) homme prendra selon qui (est) dans sa tente" (nbr. de personnes) (*ômer*: une unité de mesure)

Ex.21,23a: "Mais s'il y a blessure, tu donneras <u>*nephech*</u> contre *nephech*, oeil contre oeil, dent contre dent, pied contre pied" (vie contre vie)

Ex.21,23b: "Mais s'il y a blessure, tu donneras *nephech* contre <u>*nephech*</u>, ..." (idem)

Ex.21,30: "Si une rançon est exigée de lui, il donnera le rachat de son *nephech* selon tout ce qui sera exigé de lui" (rachat de sa vie)

Ex.23,9: "Tu n'opprimeras pas le (résident) étranger; vous avez connu le *nephech* de l'étranger car vous avez été des étrangers au pays d'Egypte" (la condition de vie)

Ex.30,12: "(chaque) homme donnera l'impôt de son *nephech*" (impôt de capitation)

Ex.30,15: "... selon l'impôt pour leur *nephech*" (idem)

Ex.30,16: "... selon l'impôt pour leur *nephech*" (idem)

Ex.31,14: "car quiconque y fera un travail, ce *nephech* sera retranché du sein de son peuple"(cette personne, celui-là) (sujet de juridiction religieuse)

17x

2. Relevé des sens retenus, au fil du texte, dans ce livret

- la personne, en tant qu'unité dans un dénombrement (1° exemple: Ex.1,5) (cat.3)

- la vie (humaine) en tant que mise en péril, exposée à la mort (1° exemple: Ex.4,19) (cat.1)

- la personne comme sujet de juridiction religieuse (1° exemple: Ex.12,15) (nouveau) (cat.3)

- le gosier dans sa fonction alimentaire: "gosier affamé" (1° ex.: Ex.15,9) (nouveau) (cat.4)

- une "condition de vie" (1° exemple: Ex.23,9) (nouveau) (cat.1)

- l'être comme "sujet fiscal" (1° exemple: Ex.30,12) (nouveau) (cat.3)

Parmi ces 6 sous-catégories, 4 sont nouvelles.

<u>Lévitique</u>

1.   Les versets, au fil du texte

Lév.2,1: "Lorsqu'un *nephech* offrira une offrande (en) oblation à Yahvé, ..." (une personne) (la personne comme sujet de juridiction religieuse)

Lév.4,2: "Lorsqu'un *nephech* pèchera par inadvertance ..." (une personne)

Lév.4,27: "Si un *nephech* du peuple pèche par inadvertance ..." (une personne)

Lév.5,1: "Lorsqu'un *nephech* pèche alors qu'il a entendu la voix de l'imprécation, ..." (une personne.)

Lév.5,2: "ou bien un *nephech* qui touche à une chose impure, cadavre ..." (une personne)

Lév.5,4: "ou bien un *nephech* qui jure, ..." (une personne)

Lév.5,15: "Un *nephech* qui fraude de fraude ou pèche par inadvertance ..." (une personne)

Lév.5,17: "Si un *nephech* pèche ..." (une personne)

Lév.5,21: "Un *nephech* qui pèche et fraude de fraude envers Yahvé ..." (une personne)

Lév.7,18: "le *nephech* qui en mangera portera une faute" (la personne)

Lév.7,20a: "Le *nephech* qui mangera la chair du sacrifice des pacifications ..." (la personne)

Lév.7,20b: "ce *nephech*-là sera retranché de son peuple" (cette personne-là)

Lév.7,21a: "Le *nephech* qui touche n'importe quelle impureté ..." (la personne)

Lév.7,21b: "ce *nephech*-là sera retranché de son peuple" (cette personne-là)

Lév.7,25: "le *nephech* qui en aura mangé sera retranché de son peuple"
(la personne)

Lév.7,27a: "Tout *nephech* qui mangera de tout sang, ..." (toute personne)

Lév.7,27b: "ce *nephech*-là sera retranché de son peuple" (cette personne-là)

Lév.11,10: "... et parmi tout *nephech* qui (vit) dans les eaux"
(être vivant, ici animal)

Lév.11,43: "Ne rendez pas vos *nephech* abominables ..."
(vos personnes, vous-mêmes)

Lév.11,44: "Ne rendez pas vos *nephech* impurs ..." (vos personnes, vous-mêmes)

Lév.11,46a: "Voilà la loi pour l'animal, le volatile et tout *nephech* vivant qui
rampe dans les eaux..." (être vivant, ici animal aquatique)

Lév.11,46b: "et pour tout *nephech* qui pullule sur la terre"
(être vivant, ici animal terrestre)

Lév.16,29: "... vous humilierez vos *nephech* et ne ferez aucun travail" (se
mortifier, mortifier son corps par le jeûne; ici, *nephech* équivaut à corps !)

Lév.16,31: "Ce sera sabbat des sabbats pour vous, vous humilierez vos *nephech*;
règle pour toujours" (idem)

Lév.17,10: "je donnerai mes faces (= j'exprimerai ma colère) contre le *nephech*
qui mangera le sang et je le retrancherai du sein de son peuple"
(contre la personne qui, celui qui)

Lév.17,11a: "car le *nephech* de la chair (est) dans le sang" (le principe de vie)

Lév.17,11b: "et moi je vous l'ai mis sur l'autel pour expiation sur vos *nephech*"
(vos personnes)

Lév.17,11c: "car c'est le sang qui fait expiation pour le *nephech*" (la personne)

Lév.17,12: "Aucun *nephech* parmi vous ne mangera de sang" (aucune personne)

Lév.17,14a: "Car le <u>*nephech*</u> de toute chair, son sang, (est) dans son *nephech*"
(le principe vital)

Lév.17,14b: "Car le *nephech* de toute chair, son sang, (est) dans son
    nephech"(car le principe vital de sa chair, c-à-d son sang, est encore en lui)

Lév.17,14c: "car le *nephech* de toute chair, c'est son sang" (le principe vital)

Lév.17,15: "Tout *nephech* qui mange une (bête) morte ou lacérée ..."
    (toute personne)

Lév.18,29: "les *nephech* qui feront (ces abominations) seront retranchées du sein
    de leur peuple" (les personnes qui; ceux qui)

Lév.19,8: "Ce *nephech* sera retranché de son peuple" (cette personne; celui-là)

Lév.19,28: "Vous ne ferez pas d'entailles dans votre chair pour un *nephech*"
    (être décédé)

Lév.20,6a: "Le *nephech* qui se tourne vers les nécromants et les devins ..."
    (la personne)

Lév.20,6b: "je donnerai mes faces (= je me mettrai en colère) contre ce *ephech*-
    là, je le retrancherai du sein de son peuple" (contre cette personne)

Lév.20,25: "Ne rendez pas vos *nephech* immondes par l'animal, le volatile, ..."
    (personnes)

Lév.21,1: "Il ne se rendra pas impur pour un *nephech* en son peuple"
    (par le contact avec une personne décédée de sa parenté)

Lév.21,11: "Il ne viendra auprès d'aucun *nephech* mort; il ne viendra ni pour son
père ni pour sa mère; il ne se rendra pas impur" (personne décédée, cadavre)

Lév.22,3: "..., ce *nephech*-là sera retranché de ma face, moi Yahvé"
    (cette personne)

Lév.22,4: "Celui qui touche à tout *nephech* impur, ..."
    (toute personne rendue impure par le contact avec un cadavre)

Lév.22,6: "... le *nephech* qui le touche est impur jusqu'au soir" (la personne)

Lév.22,11: "Quand un prêtre acquiert un *nephech* au prix de son argent, ..."
    (personne)

Lév.23,27: "Vous humilierez vos *nephech* et vous sacrifierez (par) un feu à
    Yahvé" (cf.16,29)

Lév.23,29: "Car tout *nephech* qui ne se sera pas humilié dans l'os de ce jour
    (= dans le courant de ce jour) sera retranché de son peuple"
    (toute personne)

Lév.23,30a: "Tout *nephech* qui fera tout travail dans l'os de ce jour
    (= dans le courant de)" (toute personne)

Lév.23,30b: "je ferai périr ce *nephech*-là du sein de son peuple"
    (cette personne-là)

Lév.23,32: "Ce sera pour vous sabbat des sabbats: vous humilierez vos *nephech*"
    (cf.16,29)

Lév.24,17: "Quand un homme frappe tout *nephech* d'un humain, ..."
    (n'importe quel être humain)

Lév.24,18a: "Celui qui frappe le *nephech* d'un animal, paiera: ..."
    (qui s'en prend à la vie de)

Lév.24,18b: "il paiera *nephech* contre *nephech*" (vie pour vie)

Lév.24,18c: "il paiera *nephech* contre *nephech*" (vie pour vie)

Lév.26,11: "et mon *nephech* ne vous dédaignera pas" (je ne vous ...) (pardon) (Y)
    (Y = nephech de Yahvé; voir remarques sur AT au chap.2)

Lév.26,15: "Si vous rejetez mes règles et si votre *nephech* dédaigne mes
    ordonnances, ..."   (si vous dédaignez ...) (attitude envers des prescriptions
    religieuses)

Lév.26,16: "le chagrin et la fièvre qui usent les yeux et épuisent le *nephech*"
    (gosier) (le // avec les yeux invite à traduire le 2° terme par gosier)

Lév.26,30: "Mon *nephech* vous dédaignera" (je vous ...) (attitude) (Y)

Lév.26,43: "et que leur *nephech* aura dédaigné mes ordonnances" (ils auront ...)
    (attitude)

Lév.27,2: "Quand un homme émet un voeu, (que ce soit) selon ton estimation
(= l'estimation du prêtre) des *nephech* pour Yahvé" (des personnes)

60x

2. Relevé des sens retenus, au fil du texte, dans ce livret

- la personne comme sujet de juridiction religieuse (1° exemple: Lév.2,1)
(cat.3)(cette sous-catégorie englobe à elle seule 29 mentions sur les 60 du livret)

- "être vivant", en tant qu'animé de souffle de vie (1° exemple: Lév.11,10) (cat.1)

- l'attitude de la personne envers des prescriptions religieuses (1° ex.: Lév.11,43)
(cat.2) (nouveau)

- un "principe vital", assimilé au sang (1° exemple: Lév17,11) (cat.1)

- l'être ayant perdu la vie, le cadavre (1° exemple: Lév.19,28) (cat.1) (nouveau)

- le personnel, les gens (1° exemple: Lév.22,11) (cat.3)

- la vie (humaine) en tant que mise en péril, exposée à la mort (1° ex.: Lév.24,17)
(cat.1)

- la gorge comme organe interne et sensible, lieu d'émotion (1° ex.: Lév.26,16)
(cat.4) (nouv.)

- l'être comme "sujet fiscal" (1° exemple: Lév.27,2) (cat.3) Parmi ces 9 sous-
catégories, 3 sont nouvelles.

Pour la première fois, apparaît l'anthropomorphisme du "*nephech* de
Yahvé" (Lév.26,4 et 30). On en trouvera la liste complète dans les remarques
générales sur l'AT au chapitre 2.

<u>**Nombres**</u>

1.   Les versets, au fil du texte

Nbr.5,2: "(Ordonne de renvoyer du camp) ... tout impur à cause d'un *nephech*" (cadavre) (au v.6,6, il est explicitement question du *nephech* mort)

Nbr.5,6: "..., ce *nephech* est coupable" (cette personne)

Nbr.6,6: "Tout le jour (= toute la durée) de son naziréat pour Yahvé, il ne viendra pas auprès d'un *nephech* mort" (être décédé, cadavre)

Nbr.6,11: "Il fera expiation sur lui, pour ce qu'il a péché, à cause du *nephech*" (cadavre)

Nbr.9,6: "Or il y avait des hommes qui étaient impurs à cause d'un *nephech* d'humain" (cadavre)

Nbr.9,7: "Nous sommes impurs à cause d'un *nephech* d'un humain" (cadavre)

Nbr.9,10: "Quand un homme est impur à cause d'un *nephech* ou par une route lointaine" (à cause du contact avec un cadavre ou étant en voyage)

Nbr.9,13: "..., ce *nephech* sera retranché d'entre ses peuples" (cette personne)

Nbr.11,6: "Maintenant notre *nephech* (est) sec; nos yeux n'ont plus rien (à voir) que la manne"(gosier) (soif)

Nbr.15,27: "Si un seul *nephech* faute par inadvertance, ..." (personne)

Nbr.15,28: "Le prêtre fera l'expiation devant Yahvé sur le *nephech* qui a erré ..." (la personne)

Nbr.15,30a: "Le *nephech* qui agit à main levée" (la personne qui agit en pleine conscience, délibérément, par opposition aux fautes "par inadvertance")

Nbr.15,30b: "Ce *nephech* sera retranché du sein de son peuple" (cette personne)

Nbr.15,31: "Ce *nephech* sera retranché; sa faute en lui" (cette personne)

Nbr.17,3: "Les cassolettes de ces pécheurs au prix de leur *nephech*" (qui ont payé de leur vie leur péché) (voir contexte)

Nbr.19,11: "Celui qui touche à un mort, à tout *nephech* d'un humain, sera impur sept jours"(celui qui touche à n'importe quel cadavre d'un humain)

Nbr.19,13a: "Tout qui a touché à un mort, à un *nephech* d'un humain qui se meurt, ..."(cadavre)

Nbr.19,13b: "ce *nephech* sera retranché d'Israël" (cette personne)

Nbr.19,18: "et il aspergera sur les tentes, sur tous les objets et sur tous les *nephech* qui seront là"(sur toutes les personnes qui)

Nbr.19,20: "Ce *nephech* sera retranché du milieu de l'assemblée" (cette personne)

Nbr.19,22: "Le *nephech* qui le touche sera impur jusqu'au soir" (la personne)

Nbr.21,4: "Le *nephech* du peuple se fit court en chemin" (la respiration, le souffle) (le peuple fut à bout de souffle) (gosier comme organe de la respiration)

Nbr.21,5: "car il n'y a ni nourriture ni eau et notre *nephech* est dégoûté par cette nourriture minable" (gosier) (faim)

Nbr.23,10: "Que meure mon *nephech* de la mort des justes" (que je meure)

Nbr.29,7: "Humiliez vos *nephech* et ne faites aucun travail" (cf. Lév.16,29)

Nbr.30,3: "Quand un homme voue un voeu à Yahvé ou sermente un serment pour lier un lien sur son *nephech,* il ne profanera pas sa parole"
(en engageant sa personne)

Nbr.30,5a: "et que son père entend son voeu et le lien par lequel elle a lié sur son *nephech*" (idem)

Nbr.30,5b: "tout lien par lequel elle a lié sur son *nephech* est valide"
(sa personne)

Nbr.30,6: "ses liens par lesquels elle a lié sur son *nephech* ne sont pas valides"
(idem)

Nbr.30,7: "ou que ses lèvres ont prononcé ce qu'elle a lié sur son *nephech*"
(idem)

Nbr.30,8: "les liens par lesquels elle a lié sur son *nephech* sont valides" (idem)

Nbr.30,9: "et que ses lèvres ont prononcé ce qu'elle a lié sur son *nephech*" (idem)

Nbr.30,10: "tout ce dont elle a lié sur son *nephech* sera valide pour elle" (idem)

Nbr.30,11: "ou qu'elle lie d'un lien sur son *nephech* par un serment" (idem)

Nbr.30,12: "et tout lien qu'elle a lié sur son *nephech* sera valide" (idem)

Nbr.30,13: "tout ce qui est sorti de ses lèvres pour ses voeux et pour lier son *nephech*" (idem)

Nbr.30,14: "Tout voeu, tout serment liant pour humilier le *nephech*" (cf. Lév.16,29)

Nbr.31,19: "Tout meurtrier d'un *nephech*, ...," (d'une personne)

Nbr.31,28: "Prélève une taxe pour Yahvé: ..., un *nephech* sur cinq cents parmi les humains, les bovins, les ânes ou les ovins " (la personne comme unité de taxation)

Nbr.31,35a: " *nephech* d'humains: ...." (personnes humaines) (dénombrement)

Nbr.31,35b: "..., tous les *nephech*: 32.000 (comme) nombre" (personnes)

Nbr.31,40a: " *nephech* d'humains: 16.000 (comme) nombre" (personnes humaines)

Nbr.31,40b: "leur taxe pour Yahvé: 32 *nephech*" (personnes)

Nbr.31,46: " *nephech* d'humains: 16.000 (comme) nombre" (personnes humaines)

Nbr.31,50: "pour l'expiation sur nos *nephech* devant la face de Yahvé" (personnes)

Nbr.35,11: "le meurtrier qui a frappé un *nephech* par inadvertance s'enfuira là" (personne)

Nbr.35,15: "pour que s'enfuie là tout frappeur de *nephech* par inadvertance" (personne)

Nbr.35,30a: "tout frappeur de *nephech* selon la bouche (= les dires) de témoins ..." (personne)

Nbr.35,30b: "un témoin unique n'accusera pas contre un *nephech* (passible) de
mort" (idem)

Nbr.35,31: "Vous n'accepterez pas de rançon pour le *nephech* d'un meurtrier qui
est un criminel (passible) de mort" (pour la personne -juridique- d'un meurtrier)

50x

2. Relevé des sens retenus, au fil du texte, dans ce livret

- l'être ayant perdu la vie, le cadavre (1° exemple: Nbr.5,2) (cat.1)

- la personne comme sujet de juridiction religieuse (1° exemple: Nbr.5,6) (cat.3)

- le gosier dans sa fonction alimentaire: "gosier assoiffé" (1° exemple: Nbr.11,6)
(cat.4) (nouv.)

- la vie (humaine) en tant que mise en péril, exposée à la mort (1° ex.: Nbr.17,3)
(cat.1)

- le gosier dans sa fonction respiratoire: à bout de souffle (1° ex.: Nbr.21,4)
(cat.4) (nouv.)

- le gosier dans sa fonction alimentaire: "gosier affamé" (1° ex.: Nbr.21,5) (cat.4)

- l'attitude de la personne envers des prescriptions religieuses (1° ex.: Nbr.29,7)
(cat.2)

- la personne comme sujet moral: la personne qui s'engage (1° ex.: Nbr.30,3)
(cat.2) (nouv.)

- la personne, en tant qu'unité dans un dénombrement (1° exemple: Nbr.31,28)
(cat.3)

Parmi ces 9 sous-catégories, 3 sont nouvelles.

<u>**Deutéronome**</u>

1.   Les versets, au fil du texte

Deut.4,9: "Seulement, prends garde à toi, garde bien ton *nephech*, de peur de ..."
(personne, au sens moral)

Deut.4,15: "Prenez bien garde à vos *nephech*" (idem)

Deut.4,29: "... quand tu le chercheras de tout ton coeur et de tout ton *nephech*"
(être, personne, engagement plénier) (l'expression est présente 19x dans la
Bible hébraïque; voir chapitre 2, remarques générales AT)

Deut.6,5: "Tu aimeras Yahvé, ton Dieu, de tout ton coeur, de tout ton *nephech*,
et de toute ta force" (idem)

Deut.10,12: "... de servir Yahvé, ton Dieu, de tout ton coeur, de tout ton
nephech" (idem)

Deut.10,22: "Tes pères sont descendus en Egypte avec 70 *nephech*" (personnes)
(dénombrement)

Deut.11,13: "... pour le servir de tout votre coeur, de tout votre *nephech*" (cf.4,29)

Deut.11,18: "Vous mettrez les paroles que voici sur votre coeur, sur votre
nephech" (personne)

Deut.12,15: "Seulement, selon tout désir de ton *nephech*, tu immoleras et
mangeras ..." (selon ton bon vouloir) (désir, caprice)

Deut.12,20a: "Quand ton *nephech* désirera manger de la chair"
(quand tu voudras manger de la viande) (désir, caprice)

Deut.12,20b: "selon tout le désir de ton *nephech*, tu mangeras de la chair"
(tu pourras manger de la viande autant que tu voudras) (désir, caprice)

Deut.12,21: "tu (en) mangeras dans tes portes selon tout le désir de ton *nephech*"
(tu pourras en manger dans ta localité autant que tu en voudras) (désir, caprice)

Deut.12,23a: "car le sang, c'est le *nephech*" (l'être, la vie)

Deut.12,23b: "et tu ne mangeras pas le *nephech* avec la chair" (l'être, la vie)

Deut.13,4: "pour savoir si vous aimez Yahvé, votre Dieu, de tout votre coeur, de
tout votre *nephech*" (cf.4,29)

Deut.13,7: "ou ton ami qui est comme ton *nephech*" (comme ta propre personne)

Deut.14,26a: "tu donneras de l'argent pour tout ce que désire ton *nephech, ...*"
(pour tout ce que tu désireras) (désir, caprice)

Deut.14,26b: "..., tout ce que ton *nephech* demandera" (tout ce qui te fera envie)

Deut.18,6: "selon tout le désir de son *nephech*" (selon son bon vouloir)

Deut.19,6: "Il frapperait le *nephech* alors qu'il n'est pas passible de mort"
(il frapperait la personne mortellement)

Deut.19,11: "si ... il frappe le *nephech* et qu'il meurt" (personne, en tant que
vivant) (s'il le frappe la personne mortellement)

Deut.19,21a: "Ton oeil ne sera pas indulgent: <u>*nephech*</u> contre *nephech*, oeil
contre oeil, dent contre dent, main contre main, pied contre pied"
(personne physique, vie)

Deut.19,21b: "Ton oeil ne sera pas indulgent: *nephech* contre <u>*nephech*</u>, oeil
contre oeil, dent contre dent, main contre main, pied contre pied"
(personne physique, vie)

Deut.21,14: "Si tu ne la désires plus, renvoie-la à son *nephech*" (à elle-même)
(tu la laisseras partir à son gré)

Deut.22,26: "c'est comme un homme qui se lève contre son ami et tue (son)
nephech" (vie)

Deut.23,25: "tu pourras manger des raisins selon ton *nephech*, à satiété"
(selon ton désir)

Deut.24,6: "car ce serait prendre en gage le *nephech* lui-même"
(la vie, l'existence)

Deut.24,7: "Quand un homme est trouvé avoir enlevé un *nephech*"
(une personne)

Deut.24,15: "car c'est un pauvre et vers cela (= son salaire) il dirige son
nephech" (désir)

Deut.26,16: "tu les observeras et exécuteras de tout ton coeur et de tout ton
nephech" (4,29)

Deut.27,25: "Maudit soit celui qui prend une récompense pour frapper le
nephech d'un sang innocent" (BJ: pour frapper mortellement un vie
innocente) (l'être, la vie)

Deut.28,65: "Yahvé te donnera là un coeur tremblant, l'épuisement des yeux,
l'affliction du *nephech*" (coeur/oeil/gorge, comme lieu d'émotion)

Deut.30,2: "... de tout ton coeur et de tout ton *nephech*"
(cf.4,29, engagement plénier)

Deut.30,6: "... pour aimer Yahvé, ton Dieu, de tout ton coeur, de tout ton
nephech" (cf.4,29)

Deut.30,10: "... quand tu reviendras vers Yahvé, ton Dieu, de tout ton coeur, de
tout ton *nephech*" (idem)

35x

2. Relevé des sens retenus, au fil du texte, dans ce livret

- la personne comme sujet moral: vigilance, "prendre garde" (1° ex.: Deut.4,9)
(cat.2) (nouveau)

- la personne comme sujet moral: engagement plénier (1° ex.: Deut.4,29) (cat.2)
(nouveau)

- la personne, en tant qu'unité dans un dénombrement (1° exemple: Deut.10,22)
(cat.3)

- la personne comme sujet moral: intériorisation de la norme (1° ex: Deut.11,18)
(cat.2) (nouveau)

- désir profond, attente, volonté mais aussi caprice, envie (1°ex.: Deut.12,15)
(cat.2)

- un "principe vital", assimilé au sang (1° exemple: Deut.12,23a) (cat.1)

- l'être profond, éprouvant un sentiment amoureux (1° exemple: Deut.13,7) (cat.2)

- la vie (humaine) en tant que mise en péril, exposée à la mort (1° ex.: Deut.19,6) (cat.1)

- la personne comme sujet de juridiction religieuse (1° exemple: Deut.21,14) (cat.3)

- l'être profond, en situation de détresse (1° exemple: Deut.28,65) (cat.2)

Parmi ces 10 sous-catégories, 3 sont nouvelles.

<u>Josué</u>

1.   Les versets, au fil du texte

Jos.2,13: "... et que vous préserverez nos *nephech* de la mort"
(nos personnes, nos vies)

Jos.2,14: "Nos *nephech*, à votre place, pour la mort"
(BJ: nous mourrons plutôt nous-mêmes)

Jos.9,24: "Nous avons eu fort peur pour nos *nephech* devant vos faces"
(personnes, vies)

Jos.10,28: "(il fit) *herem* d'eux et de tout *nephech* qui (se trouvait) en elle
(= dans la ville)" (être) (*herem*: destruction totale)

Jos.10,30: "et il frappa à bouche de glaive tout *nephech* qui (se trouvait) en elle"
(et il passa au fil de l'épée tout être vivant qui se trouvait dans la ville)

Jos.10,32: "... ainsi que tout *nephech* qui (se trouvait) en elle"
(être vivant: humain ou animal)

Jos.10,35: "et ils frappèrent à bouche de glaive tout *nephech* qui (se trouvait) en elle" (10,30)

Jos.10,37a: "... ainsi que tout *nephech* qui (se trouvait) en elle" (être vivant)

Jos.10,37b: "il fit *herem* d'eux et de tout *nephech* qui (se trouvait) en elle"
(être vivant)

Jos.10,39: "et ils firent *herem* de tout *nephech* qui (se trouvait) en elle"
(être vivant)

Jos.11,11: "Ils frappèrent tout *nephech* qui (se trouvait) en elle par la bouche du
glaive, (au nom de) l'*herem*" (cf.10,30)

Jos.20,3: "... pour que s'y enfuie celui qui a frappé un *nephech* par inadvertance"
(personne)

Jos.20,9: "... pour que s'y enfuie celui qui a frappé un *nephech* par inadvertance"
(personne)

Jos.22,5: "... pour le servir de tout votre coeur, de tout votre *nephech*"
(être, engagement personnel)

Jos.23,11: "Prenez bien garde à vos *nephech*, pour aimer Yahvé votre Dieu"
(à vous-mêmes)

Jos.23,14: "Comprenez-le de tout votre coeur, de tout votre *nephech*"
(être, engagement)

16x

2. Relevé des sens retenus, au fil du texte, dans ce livret

- la vie (humaine) en tant que mise en péril, exposée à la mort (1° ex.: Jos.2,13)
(cat.1)

- la personne comme sujet moral: la personne qui s'engage (1° exemple: Jos.22,5)
(cat.2)

- la personne comme sujet moral: appel à la vigilance (1° ex.: Jos.23,11) (cat.2)

Pas de nouvelle sous-catégorie.

<u>**Juges**</u>

1. Les versets, au fil du texte

Jug.5,18: "Zabulon, peuple qui a exposé son *nephech* à la mort" (son être, sa vie)

Jug.5,21: "Marche, mon *nephech*, hardiment !" (être) (héroïsme devant la mort)

Jug.9,17: "Il a jeté son *nephech* contre eux et vous a délivré de la main de Madian" (il a risqué sa vie)

Jug.10,16: "et ils servirent Yahvé dont le *nephech* s'impatienta à cause de la peine d'Israël"(l'être profond) (Y)

Jug.12,3: "J'ai mis mon *nephech* dans ma paume" (J'ai risqué ma vie) (l'expression revient 6 x; voir remarques sur l'AT au chap.2)

Jug.16,16: "son *nephech* s'impatienta pour la mort" (il fut excédé à en mourir)

Jug.16,30: "Samson dit: Que meure mon *nephech* avec les Philistins" (que je meure)

Jug.18,25a: "de peur que ne vous attaquent les hommes au *nephech* amer" (esprit amer)

Jug.18,25b: "(de sorte que) tu ajouterais ton <u>*nephech*</u> au *nephech* de ton peuple" (la perte de ton être, de ta vie)

Jug.18,25c: "(de sorte que) tu ajouterais ton *nephech* au <u>*nephech*</u> de ton peuple"

10x

2. Relevé des sens retenus, au fil du texte, dans ce livret

- la vie (humaine) en tant que mise en péril, exposée à la mort (1° ex.: Jug.5,18) (cat.1)

- l'être profond, expression de la peine (1° exemple: Jug.10,16) (cat.2)

- l'être profond: l'esprit amer (1° ex.: Jug.18,25a) (cat.2)

Cette dernière sous-catégorie est nouvelle.

<u>**1. Samuel**</u>

1. Les versets, au fil du texte

1Sam.1,10: "Elle, le *nephech* amer, pria Yahvé, pleura, pleura" (l'esprit amer)

1Sam.1,15: "Je répands mon *nephech* à la face de Yahvé" (être profond)

1Sam.1,26: "Plaise, mon maître ! Vive ton *nephech*, mon maître ! " (vie à toi) (salutation)

1Sam.2,16: "Prends pour toi ce que désire ton *nephech*" (ce que tu veux)

1Sam.2,33: "... pour faire languir tes yeux et faire dépérir ton *nephech*" (gosier-émotion)

1Sam.2,35: "Je susciterai pour moi un prêtre fidèle qui agira selon mon coeur, selon mon *nephech*" (selon ma volonté, mon désir profond) (Y)

1Sam.17,55: "Abner dit: Que vive ton *nephech*, ô roi, si je le savais !" (vie à toi) (pure salutation)

1Sam.18,1a: "Le <u>*nephech*</u> de Jonathan se lia au *nephech* de David" (être profond)

1Sam.18,1b: "Le *nephech* de Jonathan se lia au <u>*nephech*</u> de David" (être profond)

1Sam.18,1c: "Jonathan l'aima comme son *nephech*" (comme lui-même)

1Sam.18,3: "Jonathan conclut une alliance avec David par amour pour lui comme son *nephech*" (BJ: car il l'aimait comme lui-même)

1Sam.19,5: "Il a exposé son *nephech* dans sa paume et il a frappé le Philistin" (il a risqué sa vie)

1Sam.19,11: "Si tu ne sauves pas ton *nephech* cette nuit, demain tu seras mort" (être, vie)

1Sam.20,1: "... car il exige mon *nephech*" (il en veut à ma vie)

1Sam.20,3: "Et pourtant, que vive Yahvé et que vive ton *nephech* car (il n'y a que) une enjambée entre moi et la mort" (vie à toi) (salutation, imprécation)

1Sam.20,4: "Jonathan dit à David: Ce que dira ton *nephech*, je le ferai pour toi" (être profond) (Quoique tu veuilles, je le ferai pour toi; BJ: Que veux-tu que je fasse pour toi ?")

1Sam.20,17: "car son *nephech* l'aimait d'amour" (être profond) (BJ: car il l'aimait de toute son âme; DH: ... comme il s'aimait lui-même; BA: ...de tout son coeur; CHOU: car il l'aimait de l'amour de son être) (!!!)

1Sam.22,2: "... tout homme qui a le *nephech* amer" (esprit amer, sentiment d'amertume)

1Sam.22,22: "Moi-même, j'ai causé (de l'embarras) à tout le *nephech* de la maison de mon père" (à tous les gens de la maison de mon père)

1Sam.22,23a: "car qui cherche mon *nephech*, cherche ton *nephech*" (être, vie)

1Sam.22,23b: "car qui cherche mon *nephech*, cherche ton *nephech*" (être, vie)

1Sam.23,15: "David s'aperçut que Saül était sorti pour chercher son *nephech*" (être, vie) (pour attenter à la vie de David)

1Sam.23,20: "Et maintenant, à tout désir de ton *nephech*, ô roi, de descendre ..." (désir)

1Sam.24,12: "mais toi, tu cherches mon *nephech* pour le prendre" (être, vie)

1Sam.25,26: "Maintenant, mon maître, que vive Yahvé et que vive ton *nephech*" (vie à toi)

1Sam.25,29a: "Un humain se lèvera pour te poursuivre et chercher ton *nephech*" (être, vie)

1Sam.25,29b: "mais le *nephech* de mon maître est enserré dans le bouquet des vivants" (variante: mais la vie de mon maître est inscrite dans le Livre des vivants)

1Sam.25,29c: "le *nephech* de tes ennemis, il le frondera du creux de la fronde" (la vie)

1Sam.26,21: "pour ce que mon *nephech* a été cher à tes yeux aujourd'hui" (être, vie)

1Sam.26,24a: "Voici, comme ton *nephech* importait en ce jour à mes yeux"
(être, vie)

1Sam.26,24b: "ainsi mon *nephech* importera aux yeux de Yahvé" (être, vie)

1Sam.28,9: "Pourquoi tends-tu un piège à mon *nephech* pour me mettre à mort ?" (être, vie)

1Sam.28,21: "J'ai exposé mon *nephech* dans ma paume et j'ai obéi ..."
(j'ai risqué ma vie)

1Sam.30,6: "Car le *nephech* de tout le peuple (était) amer"
(l'être profond, esprit amer)

34x

2. Relevé des sens retenus, au fil du texte, dans ce livret

- l'être profond: l'esprit amer (1° ex.: 1Sam.1,10) (cat.2)

- l'être profond, en situation de détresse (1° exemple: 1Sam.1,15) (cat.2)

- l'être en tant vivant: souhait de vie (1° exemple: 1Sam.1,26) (cat.1) (nouveau)

- désir profond, attente, volonté mais aussi caprice, envie (1°ex.: 1Sam.2,16) (cat.2)

- la gorge comme organe interne et sensible, lieu d'émotion (1° ex.: 1Sam.2,33) (cat.4)

- l'être profond, éprouvant un sentiment amoureux (1° exemple: 1Sam.18,1) (cat.2)

- la vie (humaine) en tant que mise en péril, exposée à la mort (1° ex.: 1Sam.19,5) (cat.1)

Parmi ces 7 sous-catégories, 1 est nouvelle.

<u>**2 Samuel**</u>

1. Les versets, au fil du texte

2Sam.1,9: "... tant que mon *nephech* (est) en moi" (tant que je vis)

2Sam.3,21: "et tu règneras en tout ce que désirera ton *nephech*"
(en tout ce que tu voudras)

2Sam.4,8: "..., ton ennemi qui cherchait ton *nephech*" (qui en voulait à ta vie)

2Sam.4,9: "Que vive Yahvé qui a délivré mon *nephech* de toute angoisse"
(être profond)

2Sam.5,8: "le *nephech* de David hait les boîteux et les aveugles" (être profond)

2Sam.11,11: "Que tu vives et que vive ton *nephech* si je faisais une telle chose"
("Aussi vrai que tu vis et que vit ton *nephech*, je ne ferai pas ...") (imprécation)

2Sam.14,7: "Mettons-le à mort pour le *nephech* de son frère, qu'il a tué"
(l'être, la vie)

2Sam.14,14: "et Elohîm ne relève pas le *nephech*" (l'être qui est mort, le cadavre)

2Sam.14,19: "Que vive ton *nephech*, mon maître le roi !" (vie à toi) (salutation)

2Sam.16,11: "Voici: mon fils qui est sorti de mes entrailles en veut à mon
nephech" (être, vie)

2Sam.17,8: "Toi, tu connais ton père et ses hommes, combien ils sont des héros,
combien ils sont amers de *nephech*" (exaspérés au plus profond d'eux-mêmes)

2Sam.18,13: "Ou bien je mentirais à mon *nephech*"
(je me mentirais à moi-même)

2Sam.19,6a: "... qui ont sauvé aujourd'hui ton *nephech*, (ton être, ta vie)

2Sam.19,6b: le *nephech* de tes fils et de tes filles,

2Sam.19,6c: le *nephech* de tes femmes,

2Sam.19,6d: et le *nephech* de tes concubines"

2Sam.23,17: "(C'est) le sang des hommes qui sont allés au péril de leur *nephech* !" (vie)

17x

2. Relevé des sens retenus, au fil du texte, dans ce livret

- la vie (humaine) en tant que mise en péril, exposée à la mort (1° ex.: 2Sam.1,9) (cat.1)

- désir profond, attente, volonté mais aussi caprice, envie (1°ex.: 2Sam.3,21) (cat.2)

- l'être profond, en situation de détresse mais confiant (1° exemple: 2Sam.4,9) (cat.2)

- l'être profond, sentiment de répulsion (1°exemple: 2Sam.5,8) (cat.2) (nouveau)

- l'être en tant vivant: souhait de vie (1° exemple: 2Sam.11,11) (cat.1)

- l'être ayant perdu la vie, le cadavre (1° exemple: 2Sam.14,14) (cat.1)

- l'être profond: l'esprit amer (1° exemple: 2Sam.17,8) (cat.2)

- la personne comme conscience morale (1° ex.: 2Sam.18,13)(cat.2) (nouveau)

Parmi ces 8 sous-catégories, 2 sont nouvelles.

<u>1 Rois</u>

1. Les versets, au fil du texte

1Rois 1,12a: "Sauve ton <u>*nephech*</u> et le *nephech* de ton fils Salomon" (être, vie)

1Rois 1,12b: "Sauve ton *nepech* et le <u>*nephech*</u> de ton fils Salomon" (être, vie)

1Rois 1,29: "Que vive Yahvé qui a délivré mon *nephech* de toute angoisse" (être profond)

1Rois 2,4: "... pour marcher devant moi fidèlement, de tout leur coeur et de tout leur *nephech*" (engagement plénier de la personne)

1Rois 2,23: "car (c'est) par son *nephech* qu'Adonias a prononcé cette parole"
(être, vie) (au risque de sa vie)

1Rois 3,11: "parce que tu ne m'as pas demandé le *nephech* de tes ennemis"
(être, vie)

1Rois 8,48: "et qu'ils reviennent à toi de tout leur coeur et de tout leur *nephech*"
(cf.2,4)

1Rois 11,37: "Tu régneras sur tout ce que désirera ton *nephech*" (être profond)
(désir)

1Rois 17,21: "Fais revenir le *nephech* de cet enfant en son entraille" (vie, souffle)

1Rois 17,22: "Le *nephech* de l'enfant retourna en son entraille et il vécut"
(vie, souffle)

1Rois 19,2a: "car demain à pareille heure je rendrai ton *nephech* (être, vie)

1Rois 19,2b: comme le *nephech* de l'un d'entre eux" (être, vie) (menace de mort)

1Rois 19,3: "Il vit, se leva et alla pour son *nephech*" (pour sauver sa vie)

1Rois 19,4a: "il consulta son *nephech* pour mourir" (être profond)
(il souhaita mourir)

1Rois 19,4b: "Assez, maintenant, Yahvé, prends mon *nephech*" (être, vie)

1Rois 19,10: "et ils cherchent mon *nephech* pour le prendre" (être, vie)

1Rois 19,14: "et ils cherchent mon *nephech* pour le prendre" (être, vie)

1Rois 20,31: "Peut-être laissera-t-il en vie ton *nephech* ?" (être)

1Rois 20,32: "Que vive donc mon *nephech* !" (Puisé-je rester en vie !)

1Rois 20,39a: "ton <u>*nephech*</u> (sera) à la place de son *nephech*"
(ta vie répondra de sa vie)

1Rois 20,39b: "ton *nephech* (sera) à la place de son <u>*nephech*</u>"
(ta vie répondra de sa vie)

1Rois 20,42a: "ton *nephech* (sera) à la place de son *nephech*"
(ta vie répondra de sa vie)

1Rois 20,42b: "ton *nephech* (sera) à la place de son *nephech*"
(ta vie répondra de sa vie)

23x

2. Relevé des sens retenus, au fil du texte, dans ce livret

- la vie (humaine) en tant que mise en péril, exposée à la mort
(1° ex.: 1Rois 1,12a) (cat.1)

- l'être profond, en situation de détresse mais confiant (1° exemple: 1Rois 1,29) (cat.2)

- la personne comme sujet moral: engagement plénier
(1° exemple: 1Rois 2,4) (cat.2)

- désir profond, attente, volonté mais aussi caprice, envie
(1°ex.: 1Rois 11,37) (cat.2)

- le "souffle de vie" en tant que tel ((1° exemple: 1Rois 17,21) (cat.1)

- l'être profond, en situation de détresse (1° exemple: 1Rois 19,4a) (cat.2)

<u>2 Rois</u>

1. Les versets, au fil du texte

2Rois 1,13a: "Que mon *nephech* et le *nephech* de tes serviteurs soient donc chers
à tes yeux" (vie) (caractère précieux de la vie)

2Rois 1,13b: "Que mon *nephech* et le *nephech* de tes serviteurs soient donc
chers à tes yeux"

2Rois 1,14: "Maintenant, que mon *nephech* soit cher à tes yeux !" (idem)

2Rois 2,2: "Elisée dit: Que vive Yahvé et que vive ton *nephech* ! Je ne te
quitterai pas !" (Aussi vrai que vit Yahvé et que tu vis toi-même, ...)
(imprécation) (cf.2Sam.11,11)

2Rois 2,4: "Il dit: Que vive Yahvé et que vive ton *nephech* !
Je ne te quitterai pas !" (idem)

2Rois 2,6: "Il dit: Que vive Yahvé et que vive ton *nephech* !
Je ne te quitterai pas !" (idem)

2Rois 4,27: "Laisse-la, car son *nephech* (est) amer" (être profond) (esprit amer)

2Rois 4,30: "Elle dit: Que vive Yahvé et que vive ton *nephech* !
Je ne te quitterai pas !" (cf.2,2)

2Rois 7,7: "et ils s'enfuirent (pour sauver) leur *nephech*" (être, vie)

2Rois 9,15: "Si c'est en votre *nephech*, qu'aucun fuyard ne sorte de la ville"
(être profond) (si tel est votre sentiment)

2Rois 10,24a: "son <u>*nephech*</u> (sera) à la place de son *nephech*" (cf 1Rois 20,39 et
42) (la vie du gardien répondra de la vie du fuyard)

2Rois 10,24b: "son *nephech* (sera) à la place de son <u>*nephech*</u>" (idem)

2Rois 12,5: "l'argent des *nephech,* (tel que) estimé" (taxe par personne)

2Rois 23,3: "pour observer ses commandements, ..., de tout coeur et de tout le
nephech" (engagement plénier de la personne) (réf. Deut 4,29)

2Rois 23,25: "Il n'y eut pas, avant lui, de roi comme lui qui soit retourné vers
Yahvé de tout son coeur, de tout son *nephech* et de toute sa force" (réf.Deut.6,5)

15x

2. Relevé des sens retenus, au fil du texte, dans ce livret

- la vie (humaine) en tant que mise en péril, exposée à la mort
(1° ex.: 2Rois 1,13a) (cat.1)

- l'être en tant vivant: souhait de vie (1° exemple: 2Rois 2,2) (cat.1)

- l'être profond: l'esprit amer (1° exemple: 2Rois 4,27) (cat.2)

- désir profond, attente, volonté mais aussi caprice, envie (1°ex.: 2Rois 9,15)
(cat.2)

- l'être comme "sujet fiscal" (1° exemple: 2Rois 12,5) (cat.3)

- la personne comme sujet moral: engagement plénier (1° exemple: 2Rois 23,3) (cat.2)

1 et 2 Chroniques

1. Les versets, au fil du texte

1Chron.5,21: "...deux mille ânes et cent mille *nephech* d'humains" (personnes) (dénombrement)

1Chron.11,19a: "le sang de ces hommes, le boirai-je avec leur *nephech* ? (vie)

1Chron.11,19b: car, par leur *nephech*, ils l'ont apporté" (au péril de leur vie)

1Chron.22,19: "Maintenant, mettez vos coeurs et vos *nephech* à rechercher Yahvé" (sujet moral) (engagement)

1Chron.28,9: "sers-le d'un coeur parfait et d'un *nephech* volontaire" (sujet moral) (engagement)

5x

2Chron.1,11: "Puisque c'est cela qui (est) avec ton coeur et que tu n'as pas demandé la richesse, ni des biens, ni la gloire, ni le *nephech* de ceux qui te haïssent" (la vie)

2Chron.6,38: "et ils revinrent à toi de tout leur coeur et de tout leur *nephech*" (sujet moral) (engagement)

2Chron.15,12: "ils entrèrent dans l'alliance pour rechercher Yahvé, Dieu de leurs pères, de tout leur coeur et de tout leur *nephech*" (idem)

2Chron.34,31: "pour garder ses commandements ... de tout son coeur et de tout son *nephech*" (idem)

4x

2. Relevé des sens retenus, au fil du texte, dans ce livret

- la personne, en tant qu'unité dans un dénombrement (1° exemple: 1Chron.5,21) (cat.3)

- un "principe vital", assimilé au sang (1° exemple: 1Chron.11,19a) (cat.1)

- la vie (humaine) en tant que mise en péril, exposée à la mort
    (1° ex.: 1Chron.11,19b) (cat.1)

- conscience morale: intériorisation de la norme (1° ex.: 1Chron.22,19) (cat.2)

- la personne comme sujet moral: engagement plénier (1° exemple: 2Chron.6,38) (cat.2)

<u>Isaïe</u>

1. Les versets, au fil du texte

Is.1,14: "Vos lunaisons, vos rassemblements, mon *nephech* les a en horreur"
    (être profond) (Y)

Is.3,9: "Ils ne s'en cachent pas. Malheur à leur *nephech* !" (à eux-mêmes)
    (sujet coupable)

Is.3,20: "..., diadèmes, chaînettes, ceintures, boîtes à *nephech*"
    (sans doute: boîtes à parfum)

Is.5,14: "C'est pourquoi le Chéol dilatera son *nephech* et sa bouche s'ouvrira
démesurément" (le // avec bouche et le v. dilater invitent à traduire par "gosier")

Is.10,18: "La splendeur de sa forêt et de son verger, du *nephech* à la chair il
    l'anéantira" (du plus immatériel -le souffle- au plus consistant -la chair-)

Is.15,4: "son *nephech* tremble pour lui" (être profond)

Is.19,10: "tous ceux qui travaillent (pour un) salaire (seront) affligés du
    nephech" (seront mécontents dans leur être profond) (seront atteints dans
    leur existence-même)

Is.26,8: "à ton nom, à ton souvenir (va) le désir du *nephech*" (être profond)
    (désir)

Is.26,9: "Mon *nephech* (a été) en désir de toi pendant la nuit" (être profond) (désir)

Is.29,8a: "C'est comme il rêve, l'affamé: voici qu'il mange; il se réveille et son *nephech* (est) vide" (le contexte alimentaire impose de traduire ici par "gosier")

Is.29,8b: "comme il rêve, l'assoiffé: voici qu'il boit; il se réveille, le voici essoufflé et son *nephech* (est) asséché" (gosier) (soif)

Is.32,6: "pour laisser vide le *nephech* de l'affamé et faire manquer l'assoiffé de boisson" (gosier) (faim)

Is.38,15: "Je cheminerai toutes mes années avec l'amertume de mon *nephech*" (être profond)

Is.38,17: "mais toi, tu as retenu mon *nephech* de la fosse du pourrissement" (ma vie)

Is.42,1: "Voici mon serviteur, je le soutiens; en mon élu, mon *nephech* se complaît" (je me complais) (être profond) (Y)

Is.43,4: "Je mets un humain à ta place, des peuples à la place de ton *nephech*" (je livre un homme à ta place, des peuples en échange de toi / de ta vie)

Is.44,20: "Il ne sauvera pas son *nephech*" (être, vie)

Is.46,2: "Leur *nephech* va en captivité" (être, personne) (le *nephech* des idoles)

Is.47,14: "Ils ne sauveront pas leur *nephech* de la main de la flamme" (être, vie)

Is.49,7: "Ainsi parle Yahvé, ..., au méprisé (quant au) *nephech*, à l'honni des Nations, ..." (être profond)

Is.51,23: "Je placerai (la coupe) dans la main de tes persécuteurs qui disaient à ton *nephech*: courbe-toi, nos allons passer" (menace de mort)

Is.53,10: "mais s'il fait sacrifice d'expiation de son *nephech*, il verra une descendance, il prolongera ses jours" (pour sa personne coupable) (ou sens réfléchi: d'initiative)

Is.53,11: "de la peine de son *nephech*, il verra (le fruit) et se rassasiera" (être profond)

Is.53,12: "parce qu"il a dépouillé à la mort son *nephech*" (pcq il a sacrifié sa vie)
(ou sens réfléchi: de lui-même, d'initiative)

Is.55,2: "Ecoutez, écoutez-moi bien: mangez (ce qui est) bon et vous régalerez
vos *nephech* des (meilleurs) morceaux" (gosier-faim)
(pron. réfléchi: vous vous régalerez)

Is.55,3: "Tendez votre oreille, venez vers moi, écoutez, et votre *nephech* vivra"
(être, vie)

Is.56,11: "Les chiens au *nephech* vorace ne connaissent pas la satiété"
(gosier, appétit)

Is.58,3: "Nous avons affligé nos *nephech* et tu ne le sais pas"
(mortifier son corps par le jeûne)

Is.58,5: "Est-ce là le jeûne que j'aime ? Le jour où l'humain mortifie son
nephech ?" (idem)

Is.58,10a: "Si tu prives ton *nephech* pour l'affamé" (si tu te prives toi-même)
(gosier-faim)

Is.58,10b: "et que tu rassasies le *nephech* du vagabond" (l'être, le gosier, l'appétit)

Is.58,11: "(Yahvé) rassasiera ton *nephech* dans les endroits arides"
(l'être, le gosier, l'appétit)

Is.61,10: "Exulte, j'exulte en Yahvé; mon *nephech* jubile en mon Elohîm"
(être profond)

Is.66,3: "dans leurs abjections, leur *nephech* se complaît" (être profond)

34x

2. Relevé des sens retenus, au fil du texte, dans ce livret

- l'être profond, sentiment de répulsion (1°exemple: Is.1,14) (cat.2)

- la personne comme conscience morale: sujet coupable (1° ex.: Is.3,9)(cat.2)

- en lien avec la fonction respiratoire: le parfum, senteur (1° exemple: Is.3,20)
(cat.4)

- le gosier dans sa fonction alimentaire: "gosier affamé" (1° ex.: Is.5,14) (cat.4)

- l'être profond, en situation de détresse (1° exemple: Is.15,4) (cat.2)

- une "condition de vie" (1° exemple: Is.19,10) (cat.1)

- désir profond, attente, volonté mais aussi caprice, envie (1°ex.: Is.26,8) (cat.2)

- le gosier dans sa fonction alimentaire: "gosier assoiffé" (1°ex.: Is.29,8b)(cat.4)

- l'être profond: l'esprit amer (1° exemple: Is.38,15) (cat.2)

- la vie (humaine) en tant que mise en péril, exposée à la mort (1° ex.: Is.38,17) (cat.1)

- la personne comme sujet moral: thème de l'élection (1°ex.: Is.42,1) (cat.2)

- la personne comme sujet moral: mérite / stérilité morale (1° ex.: Is.46,2) (cat.2)

- l'attitude de la personne envers des prescriptions religieuses (1° ex.: Is.53,10) (cat.2)

- l'être profond: expression de la louange (1° exemple: Is.61,10) (cat.2)

Isaïe recourt à une palette très large de nuances. La cat.3, celle d'un langage plus administratif ou juridique, en est absente.

Jérémie

1. Les versets, au fil du texte

Jér.2,24: "Onagre, habitué au désert, au désir de son *nephech*, il aspire le souffle (*rouakh*). Son rut, qui le freinera ?" (être profond, instinct animal) (proximité avec *rouakh*)

Jér.2,34: "Même dans tes pans (de ton vêtement) se trouve le sang de *nephech* de pauvres" (personnes atteintes dans leur vie)

Jér.3,11: "Elle a justifié son *nephech* la rebelle Israël, plus que la traîtresse Juda" (elle s'est justifié elle-même) (sujet coupable)

Jér.4,10: "Le glaive les a frappé jusqu'au *nephech*" (jusque dans leur vie, à mort)

Jér.4,19: "car le son du cor, tu l'a entendu, mon *nephech* !"
(j'ai moi-même entendu)

Jér.4,30: "ils cherchent ton *nephech*" (ils en veulent à ta vie)

Jér.4,31: "car mon *nephech* s'épuise devant les meurtriers" (ma vie est en péril ...)
(je suis à bout de souffle devant...) (lien avec "gosier")

Jér.5,9: "Est-ce que, contre une telle nation, mon *nephech* ne se vengerait-il
pas ?" (être profond) (colère) (Y)

Jér.6,8: "Corrige-toi, Jérusalem, de peur que mon *nephech* ne se détache de toi"
(idem) (Y)

Jér.6,16: "allez-y et vous trouverez le repos pour vos *nephech*"
(être profond, pron. réfléchi)

Jér.9,8: "Est-ce que, contre une telle nation, mon *nephech* ne se vengerait-il
pas ?" (être profond) (colère)(Y)

Jér.11,21: "contre les gens d'Anatot qui cherchent ton *nephech*"
(qui en veulent à ta vie)

Jér.12,7: "J'ai livré ce que chérissait mon *nephech* à la paume de ses ennemis"
(être profond) (Y)

Jér.13,17: "Si vous ne l'écoutez pas, mon *nephech* pleurera en secret"
(être profond) (Y)

Jér.14,19: "Est-ce que ton *nephech* est dégoûté par Sion ?" (être profond) (Y)

Jér.15,1: "Même si Moïse se tenait, ainsi que Samuel, devant moi, mon *nephech*
(ne reviendrait) pas vers ce peuple" (être profond) (Y)

Jér.15,9: "Elle dépérit, celle qui a enfanté les sept (enfants); son *nephech* est
essoufflé" (gosier-respiration)

Jér.17,21: "Prenez garde à vos *nephech* et ne portez pas de charges le jour du
Sabbat" (prenez garde à vous-mêmes) (avertissement moral)

Jér.18,20: "car ils creusent une fosse pour mon *nephech*" (pour enterrer ma vie)

Jér.19,7: "par la main de ceux qui cherchent leur *nephech*"
    (qui en veulent à leur vie)

Jér.19,9: "... leurs ennemis, ceux qui cherchent leur *nephech*"
    (qui en veulent à sa vie)

Jér.20,13: "car il délivre le *nephech* du malheureux de la main des malfaisants"
    (la vie)

Jér.21,7: "Je livrerai Sédécias ... dans la main de ceux qui cherchent leur
    nephech" (vie)

Jér.21,9: "il vivra et son *nephech* sera pour lui comme butin" (il aura la vie sauve)
("garder son nephech comme butin": l'expression revient 4 x, toutes en Jér.)

Jér.22,25: "Je te livrerai en main de ceux qui cherchent ton *nephech*" (vie)

Jér.22,27: "sur la terre qu'ils portent leur *nephech* à y revenir" (être profond)
    (désir)

Jér.26,19: "Et nous, nous faisons un grand mal à nos *nephech*" (nous-mêmes)
    (sujet coupable)

Jér.31,12: "Leur *nephech* sera comme un jardin irrigué" (être profond)
    (satisfaction) (gosier)

Jér.31,14: "Je rassasierai le *nephech* des prêtres des (meilleurs) morceaux"
    (gosier-faim)

Jér.31,25a: "Car je rassasierai le *nephech* épuisé" (gosier-faim)

Jér.31,25b: "et tout *nephech* mortifié, je le remplirai" (gosier-faim)

Jér.32,41: "de tout mon coeur et de tout mon *nephech*" (engagement plénier)

Jér.34,16: "(esclaves) que vous aviez renvoyés libres de leur *nephech*"
    (de leur personne)

Jér.34,20: "Je les livrerai ... en main de ceux qui cherchent leur *nephech*"
    (être, vie)

Jér.34,21: "Je les livrerai ... en main de ceux qui cherchent leur *nephech*"
    (être, vie)

Jér.37,9: "Ne trompez pas vos *nephech* en disant: ..."
(ne vous abusez pas vous-mêmes)

Jér.38,2: "Son *nephech* sera pour lui pour butin; il vivra" (être, vie) (cf.21,9)

Jér.38,16a: "Que vive Yahvé qui a fait pour nous ce *nephech*-ci" (être vivant)

Jér.38,16b: "Je ne te livrerai pas à la main de ces hommes qui cherchent ton *nephech*" (qui en veulent à ta vie)

Jér.38,17: "Si tu sors vers les chefs du roi de Babel, ton *nephech* vivra" (tu auras la vie sauve)

Jér.38,20: "ce sera bien pour toi et ton *nephech* vivra" (et tu vivras) (être, personne)

Jér.39,18: "Ton *nephech* sera pour toi pour butin" (cf.38,2)

Jér.40,14: "... pour te frapper au *nephech*" (pour attenter à ta vie)

Jér.40,15: "Pourquoi frapperait-il au *nephech* ? (être, vie)

Jér.42,20: "Car vous errez par vos *nephech*" (vous vous égarez vous-mêmes)

Jér.43,6: "hommes, femmes et enfants, ..., tous les *nephech* que Nebuzaradan ... avait laissé avec Godolias" (les personnes, les gens)

Jér.44,7: "Pourquoi faites-vous un grand mal à vos *nephech* ?" (êtres, vous-mêmes)

Jér.44,14: "... eux qui portent leur *nephech* à retourner pour habiter là" (être profond) (désir)

Jér.44,30a: "à la main de ceux qui cherchent son *nephech*" (qui en veulent à sa vie)

Jér.44,30b: "... son ennemi qui cherche son *nephech*" (qui en veut à sa vie)

Jér.45,5: "mais je te donnerai ton *nephech* pour butin" (je te laisserai la vie sauve)

Jér.46,26: "Je les livrerai à la main de ceux qui cherchent leur *nephech*" (à attenter à leur vie)

Jér.48,6: "Fuyez, faites échapper vos *nephech*" (sauvez vos personnes, vos vies)

Jér.49,37: "devant leurs ennemis et devant ceux qui cherchent leur *nephech*"
    (être, vie)

Jér.50,19: "Je ramènerai Israël à son pacage, ..., son *nephech* se rassasiera"
    (être, appétit)

Jér.51,6: "Fuyez du milieu de Babel; que chacun fasse échapper son *nephech*"
    (sauve sa vie)

Jér.51,14: "Iahvé Sabaot l'a juré par son *nephech*" (lui-même)
    (engagement moral) (Y)

Jér.51,45: "Que chacun fasse échapper son *nephech* de l'ardeur de la colère de
    Yahvé" (vie)

Jér.52,29: "En l'an 18 de Nabuchodonosor, 832 *nephech*"
    (personnes; dénombrement)

Jér.52,30a: "En l'an 23 ..., 745 *nephech*" (personnes)

Jér.52,30b: "Tout *nephech*: 4.600" (personnes)

61x

2. Relevé des sens retenus, au fil du texte, dans ce livret

- désir profond, attente, volonté mais aussi caprice, envie (1°ex.: Jér.2,24) (cat.2)

- la vie (humaine) en tant que mise en péril, exposée à la mort (1° ex.: Jér.2,34)
(cat.1)

- la personne comme conscience morale: sujet coupable (1° ex.: Jér.3,11 (cat.2)

- sujet moral: menace de sanction (1° ex.: Jér.4,19)(cat.2)

- l'être profond, menace de détachement (1°exemple: Jér.6,8) (cat.2)

- l'être profond, quiétude retrouvée (1° exemple: Jér.6,16) (cat.2)

- l'être profond, éprouvant un sentiment amoureux (1° exemple: Jér.12,7) (cat.2)

- l'être profond, en situation de détresse: dépit (1° exemple: Jér.13,17) (cat.2)

- l'être profond, sentiment de répulsion (1°exemple: Jér.14,19) (cat.2)

- le gosier dans sa fonction respiratoire: "gosier essoufflé" (1° ex.: Jér.15,9) (cat.4)

- la personne comme sujet moral: appel à la vigilance (1° ex.: Jér.17,21)(cat.2)

- le gosier dans sa fonction alimentaire: "gosier affamé" (1° ex.: Jér.31,14) (cat.4)

- la personne comme sujet moral: engagement plénier
        (1° exemple: Jér.32,41)(cat.2)

- la personne comme sujet de juridiction religieuse (1° exemple: Jér.34,16) (cat.3)

- le personnel, les gens (1° exemple: Jér.43,6) (cat.3)

- la personne comme sujet moral: engagement moral (1°ex.: Jér.51,14) (cat.2)

- la personne, en tant qu'unité dans un dénombrement (1° exemple: Jér.52,29) (cat.3)

Comme Isaïe, Jérémie recourt à une très large palette de nuances.

Ezéchiel

1. Les versets, au fil du texte

Ez.3,19: "mais toi, tu auras sauvé ton *nephech*" (être, vie)

Ez.3,21: "et toi, tu auras sauvé ton *nephech*" (être, vie)

Ez.4,14: "Voici, mon *nephech* n'a pas été souillé; je n'ai pas mangé de charogne ..."
        (sens premier: mon gosier n'a pas été souillé en mangeant de la charogne)
        (sens figuré, moral: "mon être n'a pas été souillé, rendu   impur)

Ez.7,19: "Ils ne rassasieront pas leur *nephech*; ils ne rempliront pas leurs entrailles" (gosier, appétit, pron. pers.)

Ez.13,18a: "Malheur à celles qui cousent des amulettes ... pour prendre au piège les *nephech*" (vise les pratiques divinatoires)

Ez.13,18b: "Prendrez-vous au piège les *nephech* de mon peuple ?" (les "esprits")

Ez.13,18c: "vivraient-ils pour vous les *nephech*?" (idem)

Ez.13,19a: "en faisant mourir des *nephech* qui ne devraient pas mourir" (idem)

Ez.13,19b: "et en faisant vivre des *nephech* qui ne devraient pas vivre" (idem)

Ez.13,20a: "Me voici contre vos amulettes qui vous servent à prendre au piège les *nephech ...*"

Ez.13,20b: "je les déchirerai de vos bras; je renverrai les *nephech* ..." (idem)

Ez.13,20c: "qui vous servent à prendre au piège les *nephech* (faits) pour les envols..." (idem)

Ez.14,14: "eux, par leur justice, sauveraient leur *nephech*" (être, vie)

Ez.14,20: "eux, par leur justice, sauveront leur *nephech*" (être, vie)

Ez.16,5: "Tu fus abandonnée en rase campagne, par dégoût de ton *nephech,* le jour où tu naquis" (par mépris, rejet de toi) (sentiment)

Ez.16,27: "je t'ai livrée au *nephech* de celles qui te haïssent, les filles des Philistins" (désirs)

Ez.17,17: "pour l'extermination de *nephech* nombreux" (personnes, vies)

Ez.18,4a: "Voici, tous les *nephech* (sont) à moi" (être, vie)

Ez.18,4b: "aussi bien le *nephech du père*

Ez.18,4c: que le *nephech* du fils, (ils sont) à moi"

Ez.18,4d: "Le *nephech* qui faute, celui-là mourra" (la personne) (sujet coupable)

Ez.18,20: "Le *nephech* qui faute, celui-là mourra" (être, personne) (sujet coupable)

Ez.18,27: "... et qu'il pratique le droit et la justice, celui-là fait vivre son *nephech*" (il garantit sa vie, il vivra sûrement, il ne mourra pas)

Ez.22,25: "Ils ont dévoré le *nephech* et se sont emparés des richesses et des objets précieux" (ils on fait périr la population) ou (ils ont dévoré la nourriture) (classé en 1b)

Ez.22,27: "... pour répandre le sang, perdre les *nephech*, afin de profiter d'un profit" (vies)

Ez.23,17: "(quand) elle fut souillée par eux, son *nephech* se détacha d'eux" (sujet coupable) (Ez.23,17-28: allégorie de la prostitution d'Israël aux idoles des pays étrangers)

Ez.23,18a: "Mon *nephech* s'est détaché d'elle" (je me suis détaché d'elle) (idem)

Ez.23,18b: comme mon *nephech* s'était détaché de sa soeur" (pron.pers.) (idem)

Ez.23,22: "... ceux dont ton *nephech* s'est détaché" (pron.pers.) (idem)

Ez.23,28: "en main de ceux dont ton *nephech* s'est détaché" (pron.pers.) (idem)

Ez.24,21: "Voici que je profanerai mon sanctuaire, ..., l'émoi de vos *nephech*" (être profond)

Ez.24,25: "le jour où je leur prendrai ... le transport de leur *nephech*" (être profond) (ce qui fait l'objet de leur désir; la passion de leur âme) (il s'agit du Temple)

Ez.25,6: "et que tu te réjouis par tout ton dédain, par (tout) ton *nephech* pour le sol d'Israël" (être profond)

Ez.25,15: "et ils se sont vengé de vengeance par dédain et par *nephech*, pour la destruction, haine de toujours" (être profond)

Ez.27,13: "ils fournissaient ton négoce en *nephech* d'humain et en objets de bronze" (esclaves)

Ez.27,31: "ils pleureront à ton sujet, par amertume de *nephech*, en une lamentation amère" (être profond) (esprit amer)

Ez.32,10: "ils trembleront à tout moment, chacun pour son *nephech*, au jour de ta chute" (chacun pour soi, chacun pour sa propre vie)

Ez.33,5: "mais celui qui a averti, son *nephech* sera sauvé" (il aura la vie sauve)

Ez.33,6: "... et que le glaive vient et enlève parmi eux un *nephech*" (vie)

Ez.33,9: "... mais toi, tu sauveras ton *nephech*" (vie)

Ez.36,5: "... qui se sont attribués ma terre en héritage dans la joie de tout coeur et le mépris du *nephech*" (être profond) (le coeur tout en joie)

Ez.47,9: "Et ce furent tous les *nephech* vivants qui y foisonnent" (êtres vivants)

42x

2. Relevé des sens retenus, au fil du texte, dans ce livret

- la vie (humaine) en tant que mise en péril, exposée à la mort (1° ex.: Ez.3,19) (cat.1)

- l'attitude de la personne envers des prescriptions religieuses (1° ex.: Ez.4,14) (cat.2)

- le gosier dans sa fonction alimentaire: "gosier affamé" (1° ex.: Ez.7,19) (cat.4)

- des êtres immatériels, des esprits (1° ex.: Ez.13,18a) (cat.3) (nouveau)

- l'être profond, sentiment de répulsion (1°exemple: Ez.16,5) (cat.2)

- désir profond, attente, volonté mais aussi caprice, envie (1°ex.: Ez.16,27) (cat.2)

- la personne comme sujet de juridiction religieuse (1° exemple: Ez.18,4a) (cat.3)

- l'être profond, menace de détachement (affectif)(1°exemple: Ez.23,17) (cat.2)

- le personnel, les gens (1° exemple: Ez.27,13) (cat.3)

- l'être profond: l'esprit amer (1° exemple: Ez.27,31) (cat.2)

- "être vivant", en tant qu'animé de souffle de vie (1° exemple: Ez.47,9) (cat.1)

11 nuances, dont 1 nouvelle

<u>**Petits prophètes**</u>

1. Les versets, au fil du texte

Os.4,8: "Du péché de mon peuple ils se nourrissent; vers leur faute ils dirigent leur *nephech* (leur être, leur désir, appétit)

Os.9,4: "Car leur nourriture pour leur *nephech* ne viendra pas dans la maison de Yahvé" (gosier-faim)

Amos 2,14: "le héros ne fera pas échapper son *nephech*" (ne sauvera pas sa vie)

Amos 2,15: "celui qui monte à cheval ne fera pas échapper son *nephech*" (sa vie)

Amos 6,8: "Le Seigneur Yahvé l'a juré par son *nephech:* ..." (par lui-même) (engagement) (Y)

Jonas 1,14: "ne nous fait pas périr à cause du *nephech* de cet homme" (vie)

Jonas 2,6: "Les eaux me cernaient jusqu'au *nephech*" (gosier, cou) (respiration)

Jonas 2,8: "Quand mon *nephech* se recroquevillait sur moi, je me suis souvenu de Yahvé" (vie en péril, souffle)

Jonas 4,3: "Maintenant, Yahvé, prends donc mon *nephech* car ma mort (sera) préférable à ma vie (*khaya*)" (vie)

Jonas 4,8: "Il demanda pour que meure son *nephech*" (vie)

Mich.6,7: "Donnerai-je le fruit de mon ventre pour le péché de mon *nephech*" (le péché commis par moi) (sujet coupable)

Mich.7,1: "pas une figue tendre que mon *nephech* ne désire" (gosier-faim)

Mich.7,3: "le grand (= le notable) parle du désir de son *nephech;* ils tordront (la justice) !" (désir, caprice)

Hab.2,4: "Voici, il est enflé, il n'est pas droit, son *nephech* en lui; mais le juste vivra par sa confiance (en Dieu)" (sujet coupable)

Hab.2,5: "... celui qui, comme le Chéol, dilate son *nephech* et qui, comme la mort, ne se rassasie pas" (gosier)

Hab.2,10: "ton *nephech* a fauté" (sujet coupable)

Aggée 2,13: "Si un impur de *nephech* touche à toutes ces choses (à l'une de ces choses), en sont-elles rendues impures ?" (impur à cause d'un contact avec un cadavre)

Zach.11,8a: "Mon *nephech* s'impatienta envers elles (= les brebis)" (être profond) (je perdis patience envers elles)

Zach.11,8b: et leur *nephech* aussi se dégoûta envers moi" (être profond)

19x

2. Relevé des sens retenus, au fil du texte, dans ce livret

- désir profond, attente, volonté mais aussi caprice, envie (1°ex.: Os.4,8) (cat.2)

- le gosier dans sa fonction alimentaire, gosier gourmand (1° ex.: Os.9,4) (cat.4)

- la vie (humaine) en tant que mise en péril, exposée à la mort (1° ex.: Amos 2,14) (cat.1)

- la personne comme sujet moral: la personne qui s'engage (1°ex.: Amos 6,8) (cat.2)

- le gosier dans sa fonction respiratoire: respiration en péril (1°ex.: Jonas 2,6) (cat.4)

- la personne comme conscience morale (1° ex.: Mich.6,7) (cat.2)

- l'être ayant perdu la vie, le cadavre (1° exemple: Agg.2,13) (cat.1)

- l'être profond, sentiment de répulsion (1°exemple: Zach.11,8a) (cat.2)

<u>Psaumes</u>

1. Les versets, au fil du texte

Ps.3,3: "Nombreux ceux qui disent de mon *nephech*: point de salut pour lui en Elohîm" (ceux qui disent de moi) (sujet présumé coupable)

Ps.6,4: "mon *nephech* (est) grandement bouleversé" (être profond, sensible)

Ps.6,5: "Reviens, Yahvé, délivre mon *nephesh* ... car, dans la mort, nul ne se souvient de Toi" (épargne ma vie) (BJ: délivre mon âme)

Ps.7,3: "de peur que, comme un lion, il ne lacère mon *nephech*" (gorge)

Ps.7,6: "que l'ennemi ne poursuive mon *nephech*, qu'il m'atteigne et ne piétine à terre ma vie"

Ps.10,3: "Car le méchant se loue du désir de son *nephech*" (désir, appétit)

Ps.11,1: "Pourquoi vous dites à mon *nephech*: ..." (sujet coupable)

Ps.11,5: "Yahvé sonde le juste et le méchant; son *nephech* hait celui qui aime la violence" (sujet moral) (Y)

Ps.13,3: "Jusques à quand imposerai-je des soucis en mon *nephech*, l'affliction en mon coeur (tous) les jours ?" (être profond, sensible)

Ps.16,10: "Car tu n'abandonneras pas mon *nephech* au Chéol" (être, vie physique)

Ps.17,9: "mes ennemis de *nephech* me cernent" (ennemis du fond de l'être)

Ps.17,13: "Délivre mon *nephech* du méchant (par) ton glaive" (vie physique)

Ps.19,8: "Le Loi de Yahvé est parfaite, elle réconforte le *nephech*" (l'être profond)

Ps.22,21: "Préserve mon *nephech* du glaive" (vie physique)

Ps.22,30: "devant lui, tous ceux qui descendent à la poussière ploieront (le genou); son *nephech*, il ne vit pas; c'est sa descendance qui servira".
Il est très intéressant de constater que, pour éviter cette affirmation contraire à la croyance -hellénisante- à la survie de "l'âme", la LXX a corrigé en "mon âme vit pour lui" (où la négation *lo'* est arbitrairement corrigée en *low* "pour lui"); la Vulgate suit la LXX; la BJ traduit: "et pour celui qui ne vit plus, sa lignée le servira"; Osty traduit: "et mon âme vivra pour lui, ma descendance le servira"

Ps.23,3: "Il restaure mon *nephech*" (il me nourrit) (gosier-faim)

Ps.24,4: "... celui qui ne porte pas en vain son *nephech*" (sujet moral)

Ps.25,1: "Vers Toi, Yahvé, je porte mon *nephech*" (être profond) (désir)

Ps.25,13: "Son *nephech* sera logé dans le bien et sa descendance possédera la terre" (être moral)

Ps.25,20: "Garde mon *nephech*, préserve-moi !" (garde-moi en vie) (contexte de violence)

Ps.26,9: "Ne confonds pas mon *nephech* avec (celui des) pécheurs; ma vie avec (celle des) hommes de sang" (vie physique) (contexte de violence)

Ps.27,12: "Ne me livre pas au *nephech* de mes oppresseurs" (caprice, appétit)

Ps.30,4: "Yahvé, tu as fait monter mon *nephech* du Chéol; tu m'as m'a fait revivre d'entre ceux qui descendent à la fosse" (vie) (maladie ou péril proche de la mort)

Ps.31,8: "tu connais les détresses de mon *nephech*" (être profond) (détresse)

Ps.31,10: "mon oeil languit de chagrin, (ainsi que) mon *nephech*, mon ventre" (gorge-émotion)

Ps.31,14: "... et qu'ils projettent d'ôter mon *nephech*" (vie physique)

Ps.33,19: "... pour préserver de la mort leur *nephech*" (vie physique)

Ps.33,20: "Notre *nephech* attend après Yahvé; notre secours et notre bouclier, c'est Lui" (sujet moral)

Ps.34,3: "En Yahvé mon *nephech* se loue" (être en louange)

Ps.34,23: "Yahvé rachète le *nephech* de ses serviteurs" (sujet moral) (délivrance du péché) (le thème du rachat est présent 8x dans l'AT dont 6x dans les Psaumes; voir remarques sur l'AT au chap.2)

Ps.35,3: "Dis à mon *nephech*: ton salut, c'est moi !" (sujet moral) (salut en Dieu)

Ps.35,4: "Qu'ils soient honteux et confus ceux qui cherchent mon *nephech*" (ceux qui en veulent à ma vie)

Ps.35,7: "Car sans raison, ils m'ont caché le piège de leur filet; sans raison, ils ont creusé(un piège) pour mon *nephech*" (pour me faire périr)

Ps.35,9: "Mon *nephech* se réjouit en Yahvé; il exulte en son salut" (être en louange)

Ps.35,12: "Ils me rendent le mal pour le bien; stérilité pour mon *nephech*"
(sujet moral)

Ps.35,13: "je meurtris mon *nephech* par la jeûne" (sujet moral) (pénitence)
(l'expression revient 10 x dans l'AT; voir Remarques sur l'AT au chap.2)
(à noter que *nephech* y désigne le corps !)

Ps.35,17: "Fais revenir mon *nephech* des rugissants, des lionceaux mon unique
(vie)" (sauve mon unique vie de la griffe des lions)

Ps.35,25: "Qu'il ne disent pas en leur coeur: Ah, notre *nephech* ! Qu'ils ne disent
pas: Nous l'avons avalé" (Voilà notre ration, notre bouchée; nous l'avons
avalée) (gosier)

Ps.38,13: "Ils (me) tendent des pièges, ceux qui cherchent mon *nephech*"
(ceux qui en veulent à ma vie)

Ps.40,15: "Qu'ils soient honteux et confondus, ensemble, ceux qui cherchent
mon *nephech*"

Ps.41,3: "Tu ne le livres pas au *nephech* de ses ennemis"
(appétit, voracité au sens figuré)

Ps.41,5: "Yahvé, aie pitié de moi ! Guéris mon *nephech* car j'ai péché contre
Toi" (sujet coupable)

Ps.42,2: "ainsi mon *nephech* soupire après toi, Elohîm" (être profond) (désir)

Ps.42,3: "Mon *nephech* a soif d'Elohîm, d'El vivant" (être profond) (désir)

Ps.42,5: "et j'épanche sur moi mon *nephech*" (être profond) (détresse)

Ps.42,6: "Pourquoi tu défailles, mon *nephech*, et gémis sur moi ?" (idem)

Ps.42,7: "sur moi, mon *nephech* est affligé" (idem)

Ps.42,12: "Pourquoi tu défailles, mon *nephech*; pourquoi tu gémis sur moi ?"
(idem)

Ps.43,5: "Pourquoi tu défailles, mon *nephech*; pourquoi tu gémis sur moi ?"
(idem)

Ps.44,26: "car notre *nephech* s'abaisse à la poussière et notre ventre colle à la terre" (gorge)

Ps.49,9: "il est coûteux le rachat de leur *nephech*" (sujet moral)

Ps.49,16: "Mais Elohîm rachètera mon *nephech* de la main du Chéol" (être, vie physique)

Ps.49,19: "car son *nephech* qu'en sa vie il bénissait ... " (vie, existence opulente)

Ps.54,5: "des violents cherchent mon *nephech*" (en veulent à ma vie)

Ps.54,6: "Voici ! Elohîm vient à mon aide, Adônaï, par ceux qui soutiennent mon *nephech*" (sujet moral) (appel à la délivrance)

Ps.55,19: "Il rachète mon *nephech* dans la paix" (sujet moral) (délivrance)

Ps.56,7: "comme (des gens) qui guettent mon *nephech*" (qui cherchent à m'ôter la vie)

Ps.56,14: "car tu as préservé mon *nephech* de la mort" (être, vie)

Ps.57,2: "car en Toi s'abrite mon *nephech* " (sujet moral) (protection)

Ps.57,5: "Mon *nephech* (étant) au milieu des lions, je me couche" (vie menacée)

Ps.57,7: "Ils ont tendu un filet sous mes pas; mon *nephech* fléchit" (vie menacée)

Ps.59,4: "Car voici, ils s'embusquent contre mon *nephech*" (vie menacée)

Ps.62,2: "En Elohîm seul, tranquillité (pour) mon *nephech*" (sujet moral) (protection)

Ps.62,6: En Elohîm seulement, sois au repos, mon *nephech*" (idem)

Ps.63,2: "Mon *nephech* a soif de Toi, ma chair languit après Toi" (gosier-soif)

Ps.63,6: "Comme de graisse et de moelle mon *nephech* sera rassasié, ..." (gosier-faim)

Ps.63,9: "Mon *nephech* s'attache à toi; ta (main) droite (est) un soutien pour moi" (sujet moral) (protection)

Ps.63,10: "mais ceux qui, pour un rien, cherchent mon *nephech*"
(en veulent à ma vie)

Ps.66,9: "lui qui a gardé notre *nephech* en vie" (vie physique)

Ps.66,16: "Venez, écoutez, et je vous raconterai ... ce qu'il a fait pour mon *nephech*" (pour préserver ma vie)

Ps.69,2: "Sauve-moi, Elohîm, car les eaux (m') atteignent jusqu'au *nephech*"
(gorge)

Ps.69,11: "Quand je pleure pendant le jeûne de mon *nephech*, cela me vaut de l'opprobre" (sujet moral) (pénitence)

Ps.69,19: "Approche-toi de mon *nephech*, rachète-le" (sujet moral) (rachat)

Ps.70,3: "Qu'ils aient honte et soient confondus ceux qui cherchent mon *nephech*" (vie)

Ps.71,10: "ceux qui guettent mon *nephech* se concertent ensemble"
(pour m'ôter la vie)

Ps.71,13: "Qu'ils soient honteux et dépérissent ceux qui accusent mon *nephech*"
(sujet moral)

Ps.71,23: "Mes lèvres crieront de joie quand je chanterai pour Toi; mon *nephech* que tu as racheté" (sujet moral) (rachat)

Ps.72,13: "Il sauvera les *nephech* des indigents" (vies)

Ps.72,14: "de l'oppression et de la violence, il protège leur *nephech*; leur sang est précieux à ses yeux" (vie physique)

Ps.74,19: "Ne livre pas à l'animal le *nephech* de ta tourterelle" (le cou à croquer)

Ps.77,3: "Mon *nephech* a refusé d'être consolé" (être profond)

Ps.78,18: "... en demandant à manger pour leur *nephech*" (gosier-faim)

Ps.78,50: "il ne préserva pas de la mort leur *nephech*" (être, vie)

Ps.84,3: "Mon *nephech* languit et même défaille après les parvis de Yahvé"
(être profond)

Ps.86,2: "Garde mon *nephech* car je suis pieux" (garde-moi en vie)

Ps.86,4a: "Réjouis le *nephech* de ton serviteur" (sujet moral)

Ps.86,4b: "car vers Toi Adonaï, je porte mon *nephech*" (être profond) (désir)

Ps.86,13: "tu as préservé mon *nephech* du Chéol d'en bas" (être, vie physique)

Ps.86,14: "une bande de violents cherchent mon *nephech*" (en veulent à ma vie)

Ps.88,4: "Car mon *nephech* est rassasié de malheurs et ma vie (*khaya*) aboutit au Chéol" (mon existence est rassasiée de malheurs)
(équivalence entre *nephech* et *khaya*)

Ps.88,15: "Pourquoi Yahvé rejettes-tu mon *nephech* ?" (sujet coupable)

Ps.89,49: "Son *nephech* échappera-t-il de la main du Chéol ?" (être, vie physique)

Ps.94,17: "Si Yahvé ne m'avait secouru, pour un peu mon *nephech* aurait habité le silence" (ma vie aurait rejoint le Chéol)

Ps.94,19: "tes consolations délectent mon *nephech*" (sujet moral) (protection)

Ps.94,21: "Ils s'attroupent contre le *nephech* du juste; ils condamnent le sang innocent" (vie)

Ps.97,10: "Il garde les *nephech* des pieux; de la main des méchants il les délivre
"   (être, vie)

Ps.103,1: "Que mon *nephech* bénisse Yahvé et que toute mon entraille (bénisse) son saint nom" (être en louange)

Ps.103,2: "Que mon *nephech* bénisse Yahvé et qu'il n'oublie aucun de ses bienfaits" (idem)

Ps.103,22: "Que mon *nephech* bénisse Yahvé !" (idem)

Ps.104,1: "Que mon *nephech* bénisse Yahvé !" (idem)

Ps.104,35: "Que mon *nephech* bénisse Yahvé ! Alleluia !" (idem)

Ps.105,18: "On meurtrit ses pieds par des chaînes, son *nephech* fut mis au fer "
(cou)

Ps.105,22: "(Il l'établit maître pour sa maison) ... pour lier ses chefs à son *nephech*" (personne) (engagement)

Ps.106,15: "Il leur accorda leur demande et envoya le dégoût à leur *nephech*" (gosier-faim) (allusion à la manne)

Ps.107,5: "Affamés, de plus assoiffés, leur *nephech* s'y sentait défaillir" (gosier-faim/soif)

Ps.107,9a: "car il rassasie le *nephech* assoiffé" (gosier)

Ps.107,9b: et le *nephech* affamé, il le remplit bien" (gosier)

Ps.107,18: "Leur *nephech* avait en horreur toute nourriture" (être, gosier)

Ps.107,26: "Montant aux sommets, descendant aux creux, leur *nephech* était dangereusement ballotté" (description d'une tempête)

Ps.109,20: "Telle (est) l'oeuvre de mes accusateurs, ..., des diseurs de mal contre mon *nephech*" (contre ma personne, contre moi) (sujet moral) (coupable)

Ps.109,31: "... pour sauver son *nephech* de ses juges" (sa vie)

Ps.116,4: "De grâce, Yahvé, délivre mon *nephech*"
(de la mort au Chéol, cf. contexte)

Ps.116,7: "Retourne, mon *nephech*, à ton repos car Yahvé t'a récompensé"
(être profond)

Ps.116,8: "car il a préservé mon *nephech* de la mort" (vie physique)

Ps.119,20: "Mon *nephech* se consume à désirer tes jugements en tout temps"
(désir)

Ps.119,25: "Mon *nephech* est collé à la poussière, fais-moi vivre selon ta parole"
(gorge)

Ps.119,28: "Mon *nephech* sanglote d'affliction; relève-moi selon ta parole"
(être profond)

Ps.119,81: "Mon *nephech* languit après ton salut; j'attends après ta parole"
(être profond)

Ps.119,109: "Mon *nephech* (est exposé) sur ma paume, toujours; je n'oublie pas ta Torah" (vie)

Ps.119,129: "Merveilles que tes témoignages; aussi mon *nephech* les garde" (sujet moral)

Ps.119,167: "Mon *nephech* observe tes témoignages; je les aime fort" (sujet moral)

Ps.119,175: "Que vive mon *nephech* et qu'il te loue" (vie à moi, que je vive)

Ps.120,2: "Yahvé, délivre mon *nephech* de la lèvre de mensonge" (sujet moral) (délivrance)

Ps.120,6: "Trop (longtemps) mon *nephech* a habité avec ceux qui haïssent la paix" (moral)

Ps.121,7: "Yahvé te gardera de tout mal; il gardera ton *nephech*" (sujet moral) (préservation)

Ps.123,4: "Trop, notre *nephech* a été rassasié (par) le sarcasme des satisfaits"(sujet moral)

Ps.124,4: "Alors les eaux nous auraient inondé, le torrent aurait passé sur notre *nephech*" (gorge comme zone du corps mise en péril)

Ps.124,5: "Alors il aurait passé sur notre *nephech*, (en) eaux écumantes" (idem)

Ps.124,7: "Notre *nephech*, comme un oiseau, s'est échappé du filet des oiseleurs" (sujet moral)

Ps.130,5: "J'attends Yahvé, mon *nephech* attend; j'espère en ta parole" (être profond)

Ps.130,6: "Mon *nephech* (attend) après Adonaï, plus que les veilleurs après l'aurore" (être prof.)

Ps.131,2a: "N'ai-je pas tenu mon *nephech* calme et silencieux comme un nourrisson sur sa mère ?" (être profond) (+ souffle)

Ps.131,2b: "comme un nourrisson sur moi (est) mon *nephech* !" (être profond) (+ souffle)

Ps.138,3: "La jour où j'ai crié, tu m'as répondu; tu as accru la force en mon *nephech*" (sujet moral) (appel-délivrance)

Ps.139,14: "Merveilleuses (sont) tes oeuvres; mon *nephech* le sait bien" (être profond)

Ps.141,8: "en Toi je m'abrite; ne dépouille pas mon *nephech*" (sujet moral) (appel)

Ps.142,5: "nul ne se soucie de mon *nephech*" (allusion à 1Sam.22,1: David en danger)

Ps.142,8: "Fais sortir mon *nephech* du cachot pour la célébration de ton nom" (idem)

Ps.143,3: "Car l'ennemi pourchasse mon *nephech*; il écrase à terre ma vie" (vie)

Ps.143,6: "Mon *nephech* (est) comme une terre altérée après toi " (être profond) (+gosier)

Ps.143,8: "Car vers Toi j'élève mon *nephech*" (être profond)

Ps.143,11: "en ta justice fais sortir mon *nephech* de la détresse" (être profond)

Ps.143,12: "Fais périr tous les oppresseurs de mon *nephech*" (être profond)

Ps.146,1: "Loue Yahvé, ô mon *nephech*" (être en louange)

144x

2. Relevé des sens retenus, au fil du texte, dans ce livret

- la personne comme conscience morale (en ses diverses nuances) (1° ex.: Ps.3,3) (cat.2)

- l'être profond, en situation de détresse (1° exemple: Ps.6,4) (cat.2)

- la vie (humaine) en tant que mise en péril, exposée à la mort (1° ex.: Ps.6,5) (cat.1)

- le cou, comme zone du corps cible de violence (1° exemple: Ps.7,3) (cat.4)

- désir profond, attente, volonté mais aussi caprice, envie (1°ex.: Ps.10,3) (cat.2)

- l'être profond, sentiment de répulsion, d'inimitié (1°exemple: Ps.17,9) (cat.2)

- l'être profond, en situation de détresse, quiétude retrouvée (1° exemple: Ps.19,8) (cat.2)

- le gosier dans sa fonction alimentaire: "gosier affamé" (1° ex.: Ps.23,3) (cat.4)

- la gorge comme organe interne et sensible, lieu d'émotion (1° ex.: Ps.31,10) (cat.4)

 - l'être profond: expression de la louange (1°exemple: Ps.34,3) (cat.2)

- l'attitude de la personne envers des prescriptions religieuses (1° ex.: Ps.35,13) (cat.2)

- une "condition de vie" (1° exemple: Ps.49,19) (cat.1)

- le gosier dans sa fonction respiratoire: respiration en péril (1° exemple: Ps.69,2) (cat.4)

- une personnalité, une autorité (1° ex.: Ps.105,22) (cat.3)

- le gosier dans sa fonction alimentaire: "gosier assoiffé"
        (1° exemple: Ps.107,9a) (cat.4)

.   **<u>Job</u>**

1. Les versets, au fil du texte

Job 2,4: "tout ce qu' (il y a) pour l'homme, il (le) donne pour son *nephech*"
        (pour sauver sa vie)

Job 2,6: "Le voici dans ta main, mais préserve son *nephech*" (vie, existence)

Job 3,20: "Pourquoi donne-t-il la lumière à un malheureux et la vie aux amers du
        nephech" (être profond) (amertume)

Job 6,7: "Ce que mon *nephech* refuse de toucher; (c'est) ça mon pain comme de
        maladie" (gosier-faim)

Job 6,11: "Quel (est) mon avenir pour que je prolonge mon *nephech* ?" (ma vie)

Job 7,11: "je me plaindrai dans l'amertume de mon *nephech*" (être profond)
(amertume)

Job 7,15: "Mon *nephech* préférerait l'étranglement, la mort plutôt que mes os"
(gosier-respiration) (je préférerais être étranglé, être mort plutôt que
(de voir) ces os (qui me restent))

Job 9,21: "Suis-je innocent ? Je ne connais pas mon *nephech*" (sujet moral)
(conscience morale) (je ne le sais pas moi-même)

Job 10,1a: "Mon *nephech* est dégoûté par la vie" (être profond)

Job 10,1b: "je parlerai dans l'amertume de mon *nephech*" (être profond)
(amertume)

Job 11,20: "Leur espoir ? L'expiration du *nephech* ! (gosier-respiration)

Job 12,10: "Lui qui a en main le *nephech* de tout vivant, le souffle (*rouakh*) de
toute chair d'homme" (souffle)

Job 13,14: "Pourquoi je porterais ma chair avec mes dents et mon *nephech*
porterais-je de la paume ?" (exposer sa vie)

Job 14,22: "mais sa chair, sur lui-même, s'afflige; son *nephech*, sur lui-même, se
lamente" (être profond) (complainte)

Job 16,4a: "si votre _nephech_ était à la place de mon *nephech*" (sujet moral)

Job 16,4b: "si votre *nephech* était à la place de mon _nephech_"
(si vous étiez à ma place)

Job 18,4: "Il déchire son *nephech* dans sa fureur" (être profond) (détresse)

Job 19,2: "Jusques à quand affligerez-vous mon *nephech*, m'accablerez-vous de
mots ?" (être profond) (plainte)

Job 21,25: "et un tel meurt, l'amertume dans le *nephech*" (être profond)
(amertume)

Job 23,13: "(ce que) son *nephech* désire, il (le) fait" (être profond) (désir)

Job 24,12: "le *nephech* des blessés appelle (au secours)" (gosier,souffle,
respiration, râle)

Job 27,2: "Chaddaï a rendu amer mon *nephech"* (être profond) (amertume)

Job 27,8: "car quel est l'espoir de l'impie quand il est intéressé, quand Eloah abandonne son *nephech ?"* (souffle de vie)

Job 30,16: "Maintenant, sur moi, mon *nephech* se répand" (être profond) (complainte)

Job 30,25: "mon *nephech* n'a-t-il pas eu pitié pour l'indigent ?" (être profond)

Job 31,30: "... pour réclamer son *nephech* par une imprécation ?" (sa vie)

Job 31,39: "... ou (si) j'ai fait rendre le *nephech* à ses maîtres" (la vie)

Job 32,2: " à cause de Job s'enflamma sa narine car il avait justifié son *nephech* par rapport à Elohîm" (il s'était justifié lui-même) (sujet moral)

Job 33,18: "il préserve son *nephech* de la fosse" (être, vie)

Job 33,20: "Sa vie est dégoûtée du pain; son *nephech* de la nourriture appétissante" (gosier)

Job 33,22: "son *nephech* s'approche de la fosse; sa vie, de ceux qui sont morts" (sa vie)

Job 33,28: "il a racheté mon *nephech* de passer par la fosse" (ma vie)

Job 33,30: "pour arracher son *nephech* de la fosse" (ma vie)

Job 36,14: "leur *nephech* meurt en pleine jeunesse" (leur vie)

Job 41,13: "son *nephech* allume des charbons; une flamme jaillit de sa gueule"(son gosier, son souffle) (description du Léviathan)

35x

2. Relevé des sens retenus, au fil du texte, dans ce livret

- la vie (humaine) en tant que mise en péril, exposée à la mort (1° ex.: Job 2,4) (cat.1)

- l'être profond: l'esprit amer (1° exemple: Job 3,20) (cat.2)

- le gosier dans sa fonction alimentaire (1° exemple: Job 6,7) (cat.4)

- le gosier dans sa fonction respiratoire: dernier souffle (1° exemple: Job 7,15) (cat.4)

- la personne comme conscience morale (1° exemple: Job 9,21) (cat.2)

- l'être profond, sentiment de répulsion (1°exemple: Job 10,1a) (cat.2)

- le "souffle de vie" en tant que tel ((1° exemple: Job 12,10) (cat.1)

- l'être profond, en situation de détresse (1° exemple: Job 14,22) (cat.2)

- désir profond, attente, volonté mais aussi caprice, envie (1°exemple: Job 23,13) (cat.2)

- le gosier dans sa fonction respiratoire: le souffle sortant du gosier
        (1° ex.: Job 41,13 (cat.4)

Proverbes

1. Les versets, au fil du texte

Prov.1,18: "Eux, ils sont à l'affût après leur sang; ils guettent après leur *nephech*" (vie)

Prov.1,19: "elle (= la rapine) prendra le *nephech* à ceux qui (s'en) saisissent" (vie)

Prov.2,10: "car la sagesse viendra en ton coeur; le savoir sera doux à ton *nephech*" (gosier) (image de la sagesse douce comme le miel au gosier) (cf. 16,24 ou 27,7)

Prov.3,22: "elles seront vie pour ton *nephech* et grâce pour ta gorge" (gosier-respiration) (les paroles de sagesse seront le souffle qui te donne vie et une parure à ton cou)

Prov.6,16: "Six (vices) que hait Yahvé; sept (qui sont) abominations de son *nephech*" (être profond) (Y)

Prov.6,26: "mais une femme d'un (autre) homme prend au piège un *nephech* précieux" (vie) (une relation avec une femme adultère représente un risque de mort)

Prov.6,30: "On ne méprise pas le voleur quand il vole pour remplir son *nephech* quand il a faim" (gosier-faim)

Prov.6,32: "il perdra son *nephech*, celui qui fait cela" (il se perdra lui-même) (perdre sa vie)

Prov.7,23: "et il ne sait pas quand de son *nephech* c'est" (sans savoir qu'il y va de sa vie)

Prov.8,36: "Qui m'offense fait violence à son *nephech*; tous ceux qui me haïssent aiment la mort" (à lui-même, à sa vie)

Prov.10,3: "Yahvé n'affame pas le *nephech* du juste" (gosier-faim)

Prov.11,17: "l'homme miséricordieux apporte du bienfait à son *nephech*" (être profond)

Prov.11,25: "Le *nephech* de bénédiction sera engraissé; celui qui abreuve sera, lui aussi, abreuvé" (la personne bienfaisante sera elle-même comblée) (appétit au sens figuré)

Prov.11,30: "Le fruit du juste (est) arbre de vie; le sage s'attire les *nephech*" (sujet moral)

Prov.12,10: "Le juste connaît le *nephech* de son bétail" (le gosier, l'appétit, les besoins)

Prov.13,2: "Du fruit de la bouche de l'homme (sage), il mange (ce qui est) bon, mais le *nephech* des impies (n'est que) violence" (appétit au sens figuré)

Prov.13,3: "Qui surveille sa bouche (= ses paroles) préserve son *nephech*" (sujet moral)

Prov.13,4a: "le paresseux convoite (de la nourriture) mais en vain (pour) son *nephech*" (gosier)

Prov.13,4b: "mais le *nephech* des diligents engraisse" (gosier, appétit)

Prov.13,8: "La garantie du *nephech* d'un homme, (c'est) sa richesse; mais le pauvre n'entend pas (= n'est pas soumis à) la menace" (vie, existence)

Prov.13,19: "Un désir satisfait est agréable pour le *nephech*" (gosier, appétit)

Prov.13,25: "Le juste mange à satiété de son *nephech"* (gosier, appétit) mais le ventre (*bethen*) des méchants est en manque"

Prov.14,10: "Le coeur connaît l'amertume de son *nephech"* (être profond)

Prov.14,25: "Un témoin véridique sauve des *nephech"* (êtres, vies)
(en ne portant pas de faux-témoignages lors d'un procès)

Prov.15,32: "Qui rejette la correction méprise son *nephech"*
(se méprise lui-même) (moral)

Prov.16,17: "Il préserve son *nephech,* celui qui surveille son chemin
(= sa conduite)" (moral)

Prov.16,24: "Rayon de miel que paroles suaves; douceur pour le *nephech,*
guérison pour l'os" (gosier)

Prov.16,26: "Le *nephech* du laborieux, un labeur pour lui car sa bouche le
presse" (gosier, appétit, faim) (c'est la faim du travailleur qui le fait
travailler)

Prov.18,7: "La bouche du sot (est) ruine pour lui; ses lèvres, le piège de son
nephech" (pour sa vie, pour lui-même)

Prov.19,2: "Assurément, sans réflexion, le *nephech* n'est pas bon" (le désir)

Prov.19,8: "Qui acquiert du coeur aime son *nephech"* (être profond, lui-même)

Prov.19,15: "Le *nephech* du nonchalant aura faim" (gosier, l'appétit)

Prov.19,16: "Qui garde le précepte, garde son *nephech"* (sujet moral)
(préservation)

Prov.19,18: "à le faire mourir, ne porte pas ton *nephech"* (désir, intention)
(sans qu'il soit dans tes intentions de le faire mourir prématurément)

Prov.20,2: "Qui le fait s'emporter (en colère) risque son *nephech"* (être, vie)

Prov.21,10: "Le *nephech* du méchant désire le mal; son prochain ne trouve pas
grâce à ses yeux" (sujet moral)

Prov.21,23: "Qui garde sa bouche et sa langue garde son *nephech* des
tourments" (moral)

Prov.22,5: "Qui veut garder son *nephech* s'éloigne de ceux-ci (= des pièges)"
(vie)

Prov.22,23: "il ravira à leurs ravisseurs le *nephech*" (vie)

Prov.22,25: "de peur que tu ne t'instruises de ses voies et que tu ne rencontres un
piège pour ton *nephech*" (sujet moral)

Prov.23,2: "Mets un couteau à ta gorge (*lôa°*) si le maître (est) le *nephech* de
toi" (appétit) (si ton appétit est ton maître)

Prov.23,7: "car (il est) comme quelqu'un qui calcule en son *nephech*"
(sujet moral)

Prov.23,14: "Toi donc, frappe-le du bâton; tu sauveras son *nephech* du Chéol"
(sa vie)

Prov.24,12: "Celui qui observe ton *nephech* sait, lui; et il rend à l'humain
selon son oeuvre" (moral)

Prov.24,14: "Ainsi, sache-le, (sera) la sagesse pour ton *nephech*" (moral)

Prov.25,13: "il réconforte le *nephech* de ses maîtres" (sujet moral)

Prov.25,25: "De l'eau fraîche pour un *nephech* altéré, (ainsi) une bonne
nouvelle ..." (gosier)

Prov.27,7a: "Un *nephech* rassasié dédaigne le rayon de miel" (gosier)

Prov.27,7b: "mais un *nephech* affamé trouve doux toute amertume" (gosier)

Prov.27,9: "L'huile et le parfum réjouissent le coeur, ..., plus que le conseil du
nephech" (de soi-même) (moral)

Prov.28,17: "Un humain chargé du sang d'un *nephech* fuira jusqu'à la fosse" (vie)

Prov.28,25: "(L'homme) large du *nephech* suscite la querelle" (gorge, appétit,
d'où: l'envieux)

Prov.29,10: "Les hommes de sang haïssent l'intègre; les (hommes) droits
cherchent son *nephech*" (sa personne, sa compagnie) (sujet moral)

Prov.29,17: "Corrige ton fils ..., il procurera des jouissances à ton *nephech*"
(sujet moral)

Prov.29,24: "Qui partage avec un voleur hait son *nephech*" (sujet moral) (se fait
du tort à lui-même en se compromettant)

Prov.31,6: "Donnez de l'alcool à celui qui dépérit, du vin aux amers du *nephech*"
(être profond) (amertume)

56x

2. Relevé des sens retenus, au fil du texte, dans ce livret

- la vie (humaine) en tant que mise en péril, exposée à la mort (1° ex.: Prov.1,18)
(cat.1)

- le gosier dans sa fonction alimentaire: goût, faim (1° ex.: Prov.2,10) (cat.4)

- le gosier dans sa fonction respiratoire: le souffle (1°ex.: Prov.3,22) (cat.4)

- la personne comme conscience morale (1° ex.: Prov.6,16) (cat.2)

- l'être profond, situation de détresse ou quiétude retrouvée
        (1° exemple: Prov.11,17) (cat.2)

- une personnalité, une autorité (1° ex.: Prov.11,30) (cat.3)

- une "condition de vie" (1° exemple: Prov.13,8) (cat.1)

- l'être profond: l'esprit amer (1° exemple: Prov. 14,10) (cat.2)

- désir profond, attente, volonté mais aussi caprice, envie (1°ex.: Prov.19,2)
(cat.2)

- le gosier dans sa fonction alimentaire: "gosier assoiffé" (1°ex.: Prov. 25,25)
(cat.4)

<u>**Qohelet**</u>

Qoh.2,24: "Il n'y a de bon pour l'homme que de manger, de boire et de faire voir à son *nephech* le bien dans son travail" (gosier-appétit)

Qoh.4,8: "Pour qui dois-je peiner et priver mon *nephech* de bonheur ?" (être profond)

Qoh.6,2: "(Voilà) un homme auquel Dieu a donné la richesse, des ressources, la gloire et à qui rien ne manque pour son *nephech* de tout ce qu'il désire" (gosier, appétit)

Qoh.6,3: "(mais) son *nephech* n'est pas rassasié de bonheur" (gosier, appétit)

Qoh.6,7: "... et pourtant son *nephech* n'est pas comblé !" (gosier, appétit)

Qoh.6,9: "Mieux (vaut) de voir des yeux que de suivre le *nephech*" (désir, caprice)

Qoh.7,28: "Ce que mon *nephech* cherche encore (mais que) je n'ai pas trouvé: ..." (idem)

7x

sens retenus:

- le gosier dans sa fonction alimentaire: "gosier affamé" (1° ex.: Qoh.2,24) (cat.4)

- désir profond, attente, volonté mais aussi caprice, envie (1°ex.: Qoh.4,8) (cat.2)

<u>**Ruth**</u>

Ruth 4,15: "Il sera pour toi comme celui qui (te) restaurera le *nephech* et comme celui qui (te) nourrira (dans) ta vieillesse" (gosier-faim)

1x

- sens retenu: le gosier dans sa fonction alimentaire: la faim (1° ex.: Ruth.4,15) (cat.4)

<u>**Cantique**</u>

Cant.1,7: "Raconte-moi, aimé de mon *nephech*, où tu fais paître (ton troupeau)"

Cant.3,1: "Sur ma couche, durant les nuits, j'ai cherché l'aimé de mon *nephech*"

Cant.3,2: "sur les marchés, sur les places, je chercherai l'aimé de mon *nephech*"

Cant.3,3: "L'aimé de mon *nephech*, l'avez-vous vu ?"

Cant.3,4: "A peine les avais-je dépassés que je trouvai l'aimé de mon *nephech*"

Cant.5,6: "Mon *nephech* sortit (de moi ?) à sa parole (d'adieu ?)" (être profond)

Cant.6,12: "Je ne savais pas que mon *nephech* m'avait mise (sur) les attelages d'Ammi-Nadiv"(Amminadab ? image allégorique de l'emportement amoureux ?)

    7x

- sens retenu: l'être profond, éprouvant un sentiment amoureux
    (1° exemple: Cant.1,7) (cat.2)

<u>**Lamentations**</u>

Lam.1,11: "ils donnent leurs trésors pour de la nourriture, pour retrouver le *nephech*" (vie)

Lam.1,16: "car il est éloigné de moi celui qui console, celui qui redonne le *nephech*" (vie)

Lam.1,19: "car ils cherchent de la nourriture pour eux-mêmes (*lâmô*) et ils retrouvent le *nephech*" (afin de retrouver vie)

Lam.2,12: "quand leur *nephech* s'exhale sur le sein de leurs mères" (respiration)

Lam.2,19: "élève tes paumes vers Lui pour le *nephech* de tes nourrissons" (vie)

Lam.3,17: "Tu éloignes de la paix mon *nephech*" (être profond)

Lam.3,20: "Se souvenir ? Il se souvient et s'effondre sur moi, mon *nephech*" (être profond)

Lam.3,24: "Ma part, (c'est) Yahvé, dit mon *nephech*. Aussi j'espère en lui"
   (être profond)

Lam.3,25: "Yahvé est bon pour qui se fie en lui, pour le *nephech* qui s'enquiert
   de lui" (idem)

Lam.3,51: "Mon oeil s'afflige pour mon *nephech* à cause de filles de ma ville"
   (idem)

Lam.3,58: "Tu combats, Seigneur, les combats de mon *nephech*; tu rachètes ma
   vie (*khaya*) (sujet moral)

Lam.5,9: "Par nos *nephech*, nous faisons venir notre pain à la face du glaive du
   désert" (au péril de nos vies nous rapportons notre pain en affrontant le
   glaive au désert)

   12x

sens retenus:

- la vie (humaine) en tant que mise en péril, exposée à la mort (1° ex.: Lam.1,11)
(cat.1)

- le gosier dans sa fonction respiratoire: dernier souffle (1° ex.: Lam.2,12) (cat.4)

- l'être profond, situation de détresse ou quiétude retrouvée
   (1° exemple: Lam.3,17) (cat.2)

- la personne comme conscience morale (1° ex.: Lam.3,58) (cat.2)

Esther

Esth.4,13: "N'imagine pas en ton *nephech* d'échapper (à la mort), (étant) dans la
   maison du roi, parmi toutes les judéennes" (en toi-même) (sujet moral)

Esth.7,3: "que mon *nephech* me soit donné à ma demande et mon peuple à ma
   requête" (vie)

Esth.7,7: "Haman resta pour implorer au sujet de son *nephech* auprès d'Esther, la
   reine" (pour avoir la vie sauve)

Esth.8,11: "(lettres) par lesquelles le roi donna au Judéens ... (le droit) de se rassembler et de demeurer en leur *nephech* pour faire périr, exterminer, anéantir ..." (en leur vie)

Esth.9,16: "ils demeurèrent en leur *nephech*, prirent du repos du côté de leurs ennemis " (vie)

Esth.9,31: "et comme ils (les) avaient institués pour leur *nephech* et pour leur semence" (pour eux-mêmes et pour leur descendance) (sujet moral)

6x

sens retenus:

- la personne comme conscience morale (1° ex.: Esth.4,13) (cat.2)

- la vie (humaine) en tant que mise en péril, exposée à la mort (1° ex.: Esth.7,3) (cat.1)

Tableau récapitulatif de la répartition par livret

Genèse:	43
Exode:	17
Lévitique:	60
Nombres:	50
Deutéronome:	35
total Torah:	205
Josué:	16
Juges:	10
1 Samuel:	34
2 Samuel:	17
1 Rois:	23
2 Rois:	15
1 Chroniques:	5
2 Chroniques:	4
total Livres Historiques:	124
Isaïe:	34
Jérémie:	61
Ezéchiel:	42
total Grands prophètes:	137
Osée:	2
Joël:	-
Abdias:	-

Jonas: 5

Michée   3

Nahum: -

Habacuc: 3

Sophonie: -

Aggée: 1

Zacharie: 2

Malachie: -

Amos: 3

    total Petits prophètes: 19

Psaumes: 144

Job: 35

Proverbes: 56

Qohélet: 7

    total Ecrits sapientiaux: 242

Ruth: 1

Cantique: 7

Lamentations: 12

Esther: 6

Esdras: -

Néhémie: -

Daniel hébreu: -

    total autres Ecrits: 26

Total général: 753

<u>Par ordre de fréquence, pour les 12 premiers, nous obtenons:</u>

1. Psaumes: 144

2. Jérémie: 61

3. Lév : 60

4. Proverbes: 56

5. Nombres : 50

6. Genèse : 43

7. Ezéchiel: 47

8. Deutéronome: 35

9. Job : 35

10. Isaïe: 34

11. 1Samuel : 34

12. 1 Rois: 23

Il apparaît clairement que le mot *nephech* est le mieux représenté dans les <u>écrits sapientiaux</u> (242x) où domine le thème de l'être intérieur. Mais le mot est également bien représenté dans la <u>Torah</u> (205x), surtout dans ses parties législatives, avec un sens banalisé (ayant valeur de pronom indéfini ou démonstratif).

Le point de départ cette enquête est le texte hébreu mais il est évidemment intéressant de suivre l'histoire sémantique du mot *nephech* dans les textes complémentaires de la LXX et dans le NT, surtout que c'est là que s'est joué sa mutation en concept métaphysique.

Sur les 753 mentions de *nephech* en hébreu, 664 sont traduites par le mot *psuchè* dans la LXX. Dans les textes complémentaires de la LXX, le mot est encore présent 152 x.

<u>**Tobie**</u>

Tob.1,11: "Mais moi, je gardai mon *psuchè* d'en manger"

Tob.1,12: "parce que je me souvenais de Dieu de tout mon *psuchè*"

Tob.3,1 SIN: "Devenu désolé du *psuchè* et, soupirant, je pleurai et commençai cette prière: ..."

Tob.3,10 SIN: "Ce jour-là, elle fut affligée en son *psuchè*, elle pleura, ..." (SIN = Sinaïticus)

Tob.8,20 SIN: "mais tu resteras là à boire et à manger chez moi et à réjouir le *psuchè* de ma fille qui est accablée"

Tob.12,10 SIN: "Ceux qui commettent le péché et l'injustice sont ennemis de leur *psuchè*" (d'eux-mêmes; d'autres mss. ont: *zôè*)

Tob.13,6: "Si vous revenez vers Lui de tout votre coeur et de tout votre *psuchè* pour agir devant Lui en vérité, ..."

Tob.14,11: "Leur disant ces paroles, sur le lit, son *psuchè* s'échappa"

8x

sens retenus:

- le gosier dans sa fonction alimentaire (1° ex.: Tob.1,11) (cat.4 de l'hébreu) (n.b.: les catégories se réfèrent à celles de l'hébreu)

- la personne comme conscience morale (1° ex.: Tob.1,12) (cat.2h)

- l'être profond, en situation de détresse (1° exemple: Tob.3,1) (cat.2h)

- le gosier dans sa fonction respiratoire: dernier souffle (1° exemple: Tob.14,11) (cat.4h)

Judith

Jud.4,9: "et ils humilièrent leur *psuchè* avec un grand zèle" (pratique de pénitence) (*psuchè* équivaut ici à "corps" ! thème AT, cf. Lév.16,29)

Jud.7,27a: "nous deviendrions certes esclaves mais notre *psuchè* vivra" (... mais nous aurons la vie sauve)

Jud.7,27b: "et nous ne verrons pas de nos yeux la mort de nos petits, ni nos femmes et nos enfants rendant leur *psuchè*" (dernier souffle)

Jud.8,24: "Et maintenant, frères, soyons en exemple pour nos frères car leur *psuchè* dépend de nous" (vie physique)

Jud.10,15: "Tu as sauvé ton *psuchè* en te hâtant de descendre au devant de notre maître" (tu as sauvé ta vie)

Jud.11,7: "Vive Nabuchodonosor, ..., lui qui t'a envoyé remettre tout *psuchè* dans le droit chemin" (conscience morale)

Jud.11,8: "Nous avons entendu (parler), en effet, (de) ta sagesse et des ressources de ton *psuchè*" (esprit, sagesse)

Jud.12,4: "Que vive ton *psuchè*, mon seigneur, parce que ta servante n'aura pas épuisé les biens (qui sont) avec moi avant que le Seigneur ne réalise par ma main ce qu'il avait projeté" (salutation)

Jud.12,16 "Le coeur d'Holopherne fut ravi d'elle et son *psuchè* en fut troublé" (sentiment)

Jud.13,20: "puisque tu n'as pas ménagé ton *psuchè* devant l'humiliation de notre race" (vie)

Jud.14,19: "ils déchirèrent leurs habits et leur *psuchè* fut profondément bouleversé" (être intérieur)

Jud.16,9: "sa beauté captiva son *psuchè*" (être int., sentimental; pron. pers.)

12x

sens retenus:

- attitude de la personne envers des prescriptions religieuses (1° ex.: Jud.4,9) (cat.2h)

- la vie (humaine) en tant que mise en péril, exposée à la mort (1° ex.: Jud.7,27a) (cat.1h)

- le gosier dans sa fonction respiratoire: dernier souffle (1° ex.: Jud.7,27b) (cat.4h)

- la personne comme conscience morale (1° ex.: Jud.11,7) (cat.2h)

- esprit, sagesse, fonction mentale (1°exemple: Jud.11,8) (nouveau LXX+) (cat.2h)

- l'être en tant vivant: souhait de vie (1° exemple: Jud.12,4) (cat.1h)

- l'être profond, éprouvant un trouble sentimental (1° exemple: Jud.12,16) (cat.2h)

- l'être profond, expression de la détresse (1° exemple: Jud.14,19) (cat.2h)

Une sous-catégorie nouvelle apparaît en LXX+: esprit, sagesse (niveau mental)

<u>Sagesse</u>

Sag.1,4: "car dans un *psuchè* malfaisant, la sagesse n'entrera pas; elle ne s'établira pas dans un corps (*sôma*) tributaire du péché" (csc. morale)

Sag.1,11: "une bouche mensongère détruit le *psuchè*" (conscience morale)

Sag.2,22: "ils ne reconnaissent pas le privilège des *psuchè* irréprochables" (conscience morale)

Sag.3,1: "Les *psuchè* des justes (sont) dans la main de Dieu" (conscience morale)

Sag.3,13: "elle (= la femme stérile) aura du fruit à l'inspection des *psuchè*" (conscience morale)

Sag.4,11: "de peur que le mal n'altère sa compréhension (*sunesis*) et que la fourberie ne leurre son *psuchè*" (conscience morale)

Sag.4,14: "Son *psuchè* était agréable au Seigneur" (conscience morale)

Sag.7,27: "se transmettant, à travers les générations, aux *psuchè* saints, elle forme des amis de Dieu et des prophètes" (conscience morale)

Sag.8,19: "J'étais un enfant d'un naturel heureux et j'avais bénéficié d'un *psuchè* bon; ou plutôt, étant bon, j'étais venu dans un corps sans souillure" (conscience morale)

Sag.9,3: "...et qu'il exerce le jugement en droiture de *psuchè*" (conscience morale)

Sag.9,15: "un corps corruptible appesantit en effet le *psuchè*" (conscience morale)

Sag.10,7: "et une colonne de sel se dresse en mémorial d'un *psuchè* incrédule" (csc. morale)

Sag.10,16: "elle entra dans le *psuchè* d'un serviteur du Seigneur" (csc. morale)

Sag.12,6: "ces parents meurtriers de *psuchè* sans défense" (vies) (sacrifices d'enfants)

Sag.14,5: "c'est ainsi que les hommes confient leur *psuchè* à un petit morceau de bois" (vie) (à une frêle embarcation)

Sag.14,11: "elles sont devenues ... un scandale pour les *psuchè* des hommes" (csc. morale)

Sag.14,26: "souillure des *psuchè*, inversion du genre, désordre des mariages, ..." (csc. morale)

Sag.15,8: "lui à qui il sera demandé le dû de son *psuchè*" (vie)

Sag.15,11: "car il n'a pas reconnu Celui qui l'a façonné et Celui qui lui a insufflé un *psuchè* agissant et inspiré un souffle (*pneuma*) vital" (vie)

Sag.15,14: "mais tous insensés et pitoyables plus que le *psuchè* d'un nourrisson (étaient) les ennemis de ton peuple qui l'ont opprimé" (esprit, sagesse)

Sag.16,9: "et il n'a pas été trouvé de remèdes pour leur *psuchè*" (pour sauver leur vie)

Sag.16,14: "L'homme peut bien tuer dans sa malice mais il ne peut faire revenir le souffle (*pneuma*) parti ni délier le *psuchè* qui a été recueilli (par l'Hadès)" (vie)

Sag.17,1: "c'est pourquoi des *psuchè* sans instruction se sont égarés" (esprit, sagesse)

Sag.17,8: "ceux qui promettaient de chasser les craintes et les troubles du *psuchè* malade, ..."

Sag.17,15: "tantôt poursuivis par des spectres monstrueux, tantôt paralysés par la défaillance de leur *psuchè*" (mss.: pas dans toutes les versions)

25x

sens retenus:

- être intérieur (avec connotation morale) (1° exemple: Sag.1,4) (cat.2h)

- la vie (humaine) en tant que mise en péril, exposée à la mort (1° ex.: Sag.14,5) (cat.1h)

- le "souffle de vie" en tant que tel (1° exemple: Sag.15,11) (cat.1h)

- esprit, sagesse, fonction mentale (1°exemple: Sag.15,14) (cat.2h)

- être intérieur (avec connotation psychologique) (1° exemple: Sag.17,8) (cat.2h)

Siracide

Sir.1,30: "et que tu n'attires pas sur ton *psuchè* le déshonneur" (csc. morale)

Sir.2,1: "(Mon) enfant, si tu t'approches pour servir le Seigneur, prépare ton *psuchè* à l'épreuve" (csc. morale)

Sir.2,17: "Ceux qui craignent le Seigneur préparent leur coeur et, devant Lui, humilient leur *psuchè*" (csc. morale)

Sir.4,2: "N'accable pas le *psuchè* de l'affligé et n'irrite pas l'homme dans le dénuement" (condition de vie)

Sir.4,6: "te maudissant en effet dans l'amertume de son *psuchè*, Celui qui l'a fait sera attentif à sa demande" (être sentimental)

Sir.4,17: "jusqu'à ce qu'elle (la sagesse) ait confiance en son *psuchè*" (csc. morale)

Sir.4,20: "Surveille le bon moment et garde-toi du mal; n'aie pas honte au sujet de ton *psuchè*" (toi-même) (csc. morale)

Sir.4,22: "Ne prends pas un (mauvais) visage par rapport à ton *psuchè*" (csc. morale) (= ne te déconsidère pas toi-même); n'aie pas honte jusqu'à (risquer) ta chute"

Sir.5,2: "Ne laisse pas ton *psuchè* ni ta force t'entraîner aux convoitises de ton coeur" (csc.morale)

Sir.6,2a: "Ne t'élève pas toi-même dans le conseil de ton *psuchè*" (csc. morale) (ne sois pas imbu de ta propre opinion)

Sir.6,2b: "afin que ton *psuchè* ne soit déchiré (comme un taureau)" (la comparaison avec un taureau vient obscurcir le texte) (csc. morale)

Sir.6,4: "Un *psuchè* maladif perd celui qui le possède; il fera de lui la risée de (ses) ennemis" (une passion maladive) (être sentimental)

Sir.6,26: "De tout ton *psuchè* approche-toi d'elle (= la sagesse); de toute ta force (*dunamis*) observe ses voies" (cf. Deut.5,6) (csc. morale)

Sir.6,32: "Si tu appliques ton *psuchè*, tu deviendras habile" (csc. morale)

Sir.7,11: "Ne te moque pas de l'homme qui est dans l'amertume de son *psuchè*" (sentimental)

Sir.7,17: "Humilie fortement ton *psuchè* car le châtiment de l'impie, (c'est) le feu et la vermine" (csc. morale) (image de l'enfer et non plus du Chéol hébreu)

Sir.7,20: "Ne maltraite pas le domestique qui travaille honnêtement, ni le salarié qui donne son *psuchè*" (qui se donne tout entier; qui met son coeur à l'ouvrage) (csc. morale)

Sir.7,21: "Que ton *psuchè* aime le domestique intelligent" (sentim.)

Sir.7,26: "Une femme est-elle à toi selon ton *psuchè* ? Ne la renvoie pas" (sentim.)

Sir.7,29: "De tout ton *psuchè* révère le Seigneur et honore ses prêtres" (csc. morale)

Sir.9,2: "Ne donne pas à la femme ton *psuchè* (au point qu') elle l'emporte sur ta force" (sent.)

Sir.9,6: "Ne donne pas aux prostituées ton *psuchè* afin que tu ne perdes pas ton héritage" (id.)

Sir.9,9: "de peur que ton *psuchè* n'incline vers elle" (être sent., "coeur")

Sir.10,28: "(Mon) enfant, glorifie ton *psuchè* avec modestie et donne-lui honneur selon son mérite" (csc. morale)

Sir.10,29: "Celui qui pèche envers son *psuchè*, qui le justifiera ? Et qui glorifiera celui qui méprise sa propre vie ?" (csc. morale)

Sir.12,11: "Même s'il se fait humble et marche courbé, tiens ton *psuchè* en éveil et méfie-toi de lui" (csc. morale)

Sir.14,2: "Heureux celui que son *psuchè* ne condamne pas" (conscience morale)

Sir.14,4: "Celui qui amasse aux dépens de son propre *psuchè* amasse pour d'autres et de ses biens à lui d'autres profiteront" (csc. morale)

Sir.14,8: "(Il est) mauvais, celui à l'oeil jaloux, détournant la face et méprisant les *psuchè*" (csc. morale)

Sir.14,9: "L'oeil du cupide n'est pas satisfait de sa part; l'iniquité mauvaise dessèche le *psuchè*" (csc. morale)

Sir.14,16: "Donne et reçois; réjouis ton *psuchè* car il n'y a pas à chercher le plaisir dans l'Hadès" (sentimental)

Sir.16,17: "Qu'est ce que mon *psuchè* dans l'immense Création ?" (vie)

Sir.16,30: "Du *psuchè* de tout vivant il en couvrit la face (= de la terre) et vers elle, le retour d'eux (tous)" (= et ils retourneront à la terre) (vie)

Sir.18,31: "Si tu accordes à ton *psuchè* la satisfaction de la convoitise, il fera de toi la risée de tes ennemis" (csc. morale)

Sir.19,3: "et le *psuchè* téméraire sera extirpé" (par une mort prématurée) (csc. morale)

Sir.19,4: "Celui qui pèche fait tort à son *psuchè*" (à lui-même) (csc. morale)

Sir.19,16: "Il y a (un tel) qui glisse, mais pas de son *psuchè*" (pas de sa volonté, pas exprès) (csc. morale)

Sir.20,22: "Il y a (un tel) qui perd son *psuchè* par honte; il la perd à cause de la face (= de la présence) d'un insensé" (csc. morale)

Sir.21,2: "ses dents (sont) comme des dents de lion qui ôtent les *psuchè* des hommes" (vie)

Sir.21,27: "Quand l'impie maudit Satan, il maudit son propre *psuchè*" (lui-même) (csc. morale)

Sir.21,28: "le rapporteur souille son propre *psuchè*" (lui-même) (csc. morale)

Sir.23,6: "au *psuchè* impudique, ne me livre pas" (csc. morale)

Sir.23,17: "...: le *psuchè* chaud comme un feu brûlant" (csc. morale)

Sir.23,18: "l'homme coupable ... disant en son *psuchè*: Qui me voit ?" (en lui-même) (csc. morale)

Sir.24,1: "La sagesse loue son *psuchè*" (se loue elle-même, fait son propre éloge) (sagesse)

Sir.25,2: "Mon *psuchè* déteste trois sortes (de gens)" (csc. morale)

Sir.26,14: "il n'y a pas de comparaison par rapport au *psuchè* éduqué" (csc. morale)

Sir.26,15: "il n'y a pas de balance assez fiable par rapport au *psuchè* maître de
soi" (csc. morale)

Sir.27,16: "Qui révèle les secrets perd la confiance et ne trouve plus d'ami pour
son *psuchè*"

Sir.29,15: "N'oublie pas le bienfait de ton garant, car il a donné son *psuchè* pour
toi" (vie)

Sir.30,21: "Ne donne pas ton *psuchè* à la tristesse" (sentim.)

Sir.30,23: "Réjouis ton *psuchè*, console ton coeur et chasse la tristesse loin de
toi" (sentim.)

Sir.31,20: "il se lève de bon matin et son *psuchè* (est) avec lui" (sentim.)

Sir.31,28: "Allégresse du coeur et gaieté du *psuchè*, (tel est) le vin bu en son
temps et à suffisance" (sentim.)

Sir.31,29: "Amertume du *psuchè*, (tel est) le vin bu de trop ..." (sentim.)

Sir.32,23: "En toute oeuvre, aie confiance en ton *psuchè*" (en toi-même)
(csc. morale)

Sir.33,32: "Il y a pour toi un seul domestique ? Traite-le comme un frère car tu
as besoin de lui comme de ton *psuchè*" (comme de toi-même) (sentim.)

Sir.34,15: "Heureux (est) le *psuchè* de qui craint le Seigneur" (csc. morale)

Sir.34,17: "élevant le *psuchè*, illuminant les yeux, donnant la santé, la vie et la
louange" (csc. morale)

Sir.37,6: "N'oublie pas l'ami en ton *psuchè*; ne perds pas son souvenir dans tes
richesses" (sent.)

Sir.37,8: "Du conseiller préserve ton *psuchè*; sache d'abord quel (est) son
intérêt" (csc. morale)

Sir.37,12a: "(l'homme pieux) ... qui en son *psuchè* (est) selon ton *psuchè*"
(sentim.)

Sir.37,12b: "(l'homme pieux) ... qui en son *psuchè* (est) selon ton *psuchè*"
(sentim.)

Sir.37,14: "Le *psuchè* de l'homme avertit parfois mieux que sept veilleurs ...."
(csc. morale)

Sir.37,19: "Tel homme est habile pour l'instruction de beaucoup (de gens) mais,
pour son propre *psuchè*, il est inutile" (csc. morale)

Sir.37,22: "(Tel) est sage d'après (*epi*) son propre *psuchè*"
(d'après son propre jugement) (sag.)

Sir.37,27: "(Mon) enfant, dans (*en*) ta vie, éprouve ton *psuchè* et vois ce qui est
mauvais pour lui et ne (le) lui accorde pas" (csc. morale)

Sir.37,28: "Car tout ne convient pas à tous et tout *psuchè* ne se complaît pas en
tout" (csc. morale)

Sir.39,1: "Excepté celui qui consacre son *psuchè* et sa réflexion à la Loi
du Très-Haut" (sag.)

Sir.40,29: "Il souille son *psuchè* de mets étrangers" (sens premier: gorge)

Sir.45,23: "dans la bonté de son ardent *psuchè*" (csc. morale)

Sir.47,15: "Ton *psuchè* recouvrit la terre" (à propos de Salomon) (sagesse)

Sir.50,25: "Contre deux peuples mon *psuchè* est irrité" (sentim.)

Sir.51,3: "(Tu m'as racheté) ... de la main de ceux qui cherchent mon *psuchè*"
(qui en veulent à ma vie)

Sir.51,6: "Mon *psuchè* était proche de la mort et ma vie (*zôè*) touchait à l'Hadès
d'en-bas" (vie)

Sir.51,19: "Mon *psuchè* a combattu avec elle (= avec l'aide de la sagesse)"
(csc. morale)

Sir.51,20: "J'ai dirigé mon *psuchè* vers elle (= la sagesse)" (csc. morale)

Sir.51,24: "alors que vos *psuchè* (en) ont tellement soif ?" (sens premier: gorge)

Sir.51,26: "Mettez votre cou sous le joug et que votre *psuchè* reçoive
l'instruction" (csc. morale)

Sir.51,29: "Que votre *psuchè* se réjouisse dans sa miséricorde" (sentim.)

80x

sens retenus:

- être intérieur (avec connotation morale) (1° exemple: Sir.1,30) (cat.2h)

- une "condition de vie" (1° exemple: Sir.4,2) (cat.1h)

- être intérieur (avec connotation sentimentale, psychologique)
     (1° exemple: Sir.4,6) (cat.2h)

-   "être vivant", en tant qu'animé de souffle de vie (1° exemple: Sir.16,17)
(cat.1h)

- la vie (humaine) en tant que mise en péril, exposée à la mort (1° ex.: Sir.21,2)
(cat.1h)

- esprit, sagesse, fonction mentale (1°exemple: Sir.24,1) (cat.2h)

- le gosier dans sa fonction alimentaire: faim, soif (1° ex.: Sir.40,29) (cat.4h)

Daniel grec

Dan.Suz.55a: "Tu as bel et bien menti contre ton propre *psuchè*" (csc. morale)

Dan.Suz.55b: "et l'ange du Seigneur te bisera le *psuchè* aujourd'hui même"

Dan.grec 3,39: "Mais agrée-nous en (notre) *psuchè* brisé et (notre) esprit
     (*pneuma*) humilié"

Dan.grec 3,86: "Esprits (*pneuma*) et *psuchè* des justes, bénissez le Seigneur"

     4x

sens retenus:

- être intérieur (avec connotation morale) (1° exemple: Dan.Suz.55a) (cat.2h)

- la vie (humaine) en tant que mise en péril, exposée à la mort
     (1° ex.: Dan.Suz.55b) (cat.1h)

- être intérieur (avec connotation psychologique) (1° ex.: Dan.3,39) (cat.2h)

- l'être profond: expression de la louange (1°exemple: Dan.3,86) (cat.2h)

1 et 2 Maccabées

1Macc.1,48: "de laisser leurs fils incirconcis, rendant abominables leur *psuchè* par toute espèce d'impureté ..." (csc. morale)

1Macc.2,38: "jusqu'à mille *psuchè* d'humains" (massacre) (dénombrement)

1Macc.2,40: "si nous ne combattons pas contre les peuples pour notre *psuchè*" (vie)

1Macc.2,50: "et donnez votre *psuchè* pour l'Alliance de nos pères" (vie)

1Macc.3,21: "mais nous, nous combattons pour nos *psuchè* et nos coutumes" (vie)

1Macc.3,31: "Il était fort embarrassé quant à son *psuchè* et il résolut d'aller en Perse ..." (int.)

1Macc.8,27: "les Romains participeront au combat du (fond du) *psuchè*" (engagement)

1Macc.9,2: "et ils firent périr de nombreux *psuchè* d'humains" (dénombrement)

1Macc.9,9: "Nous ne pouvons rien sinon sauver nos propres *psuchè* maintenant" (vies)

1Macc.9,44: "Levons-nous et combattons pour nos *psuchè*" (vies)

1Macc.10,33: "Tout *psuchè* des Juifs qui ont été déportés ..." (dénombrement)

1Macc.12,51: "Les poursuivants virent qu'il en allait, pour ceux-là, de leur *psuchè*" (vie)

1Macc.13,5: "et maintenant, qu'il ne m'arrive pas de me préserver le *psuchè*" (vie)

13x

2Macc.1,3: "Qu'il vous donne un coeur à tous pour le vénérer et faire ses volontés de grand coeur et d'un *psuchè* résolu" (engagement)

2Macc.3,16: "en effet, son aspect et son teint altéré faisaient apparaître l'angoisse de son *psuchè*" (être int.)

2Macc.5,11: "Aussi, quittant l'Egypte, enragé quant au *psuchè*, il prit la ville d'assaut" (être int.)

2Macc.6,30: "j'endure sous les fouets de cruelles souffrances en mon corps mais, en mon *psuchè*, je les supporte avec joie ..." (être int.)

2Macc.7,12: "si bien que le roi lui-même et ceux avec lui furent frappés par le *psuchè* du jeune homme" (engagement)

2Macc.7,37: "Quant à moi, comme mes frères, je livre et mon corps et mon *psuchè*" (vie)

2Macc.11,9: "Tous ensemble, ils bénirent le Dieu miséricordieux et raffermirent leur *psuchè* non seulement contre les hommes, mais aussi les bêtes sauvages ..." (engagement)

2Macc.14,38: "ayant exposé (son) corps et (son) *psuchè* pour le judaïsme" (vie)

2Macc.15,17: "Réconfortés par les paroles de Juda, toutes belles et capables de porter à la vertu et de rendre viriles les *psuchè* des jeunes gens, ..." (engagement)

2Macc.15,30: "Le protagoniste qui s'était consacré de tout son corps et de (tout) son *psuchè* pour ses concitoyens, ..." (engagement)

10x

sens retenus:

- être intérieur (avec connotation morale) (1° exemple: 1Macc.1,48) (cat.2h)

- la personne, en tant qu'unité dans un dénombrement (1° exemple: 1Macc.2,38) (cat.3h)

- la vie (humaine) en tant que mise en péril, exposée à la mort (1° ex.: 1Macc.2,40) (cat.1h)

- être intérieur (avec connotation psychologique) (1° ex.: 1Macc.3,31) (cat.2h)

- la personne comme sujet moral: engagement plénier (1° exemple: 1Macc.8,27) (cat.2h)

<u>Tableau récapitulatif de la répartition par livret :</u>

1. Siracide   80x

2. Sagesse   25x

3. 1Macc.   13x

4. Judith   12x

5. 2Macc.   10x

6. Tobie   8x

7. Dan.grec 4x

<u>grec NT</u>   *103 x*

Le NT hérite du mot *psuchè* de la LXX. Dans le NT, il est attesté 103 x dont une quarantaine par hébraïsme (citations de l'A.T. ou formulations typiques de l'hébreu).

<u>Evangiles</u>

1. Les versets, au fil du texte

Mtt.2,20: "ils sont morts ceux qui cherchaient le *psuchè* de l'enfant" (vie)

Mtt.6,25a: "Ne vous inquiétez pas pour votre *psuchè* ni de ce que vous allez manger" (vie)

Mtt.6,25b: "le *psuchè* n'est-il pas plus que la nourriture et le corps (sôma) que le vêtement ?"

Mtt.10,28a: "Ne craignez pas ceux qui tuent le corps (*sôma*) mais qui ne peuvent tuer le *psuchè*" (âme)

Mtt.10,28b: "Craignez plutôt celui qui peut perdre et le *psuchè* et le corps dans la Géhenne"

Mtt.10,39a: "Qui aura trouvé son *psuchè* le perdra" (vie mondaine)

Mtt.10,39b: "et qui aura perdu son *psuchè* à cause de moi le trouvera" (vie physique)

Mtt.11,29: "et vous trouverez le répit pour vos *psuchè*" (cit. Jér.6,16) (être int.sent.)

Mtt.12,18: "mon bien-aimé envers lequel se complaît mon *psuchè*" (cit. Is.42,1) (id.)

Mtt.16,25a: "celui qui veut sauver son *psuchè* le perdra" (cf.10,39)

Mtt.16,25b: "celui qui perdra son *psuchè* à cause de moi le trouvera"

Mtt.16,26a: "que gagne l'homme en effet si, gagnant tout l'univers, il lèse son *psuchè* ?"

Mtt.16,26b: "ou que donnera l'homme en échange de son *psuchè* ?" (vie)

Mtt.20,28: "de même que le Fils de l'Homme n'est pas venu pour être servi mais pour servir et donner son *psuchè* en rançon pour beaucoup" (vie)

Mtt.22,37: "tu aimeras le Seigneur ton Dieu de tout ton coeur et de tout ton *psuchè* et de toute ta pensée *(dianoia)*" (engagement plénier)

Mtt.26,38: "Mon *psuchè* est triste à en mourir" (être int. sent.)

16x

Mc.3,4: "Est-il permis, au sabbat, de faire le bien ou de faire le mal, de sauver un *psuchè* ou de tuer ?" (vie)

Mc.8,35a: "celui qui veut sauver son *psuchè* le perdra" (cf. Mtt.16,25)

Mc.8,35b: "celui qui perdra son *psuchè* à cause de moi et de l'évangile le sauvera"

Mc.8,36: "à quoi sert-il à l'homme de gagner l'univers entier et de léser son *psuchè* ?"

Mc.8,37: "Que peut donner l'homme en échange de son *psuchè* ? (vie)

Mc.10,45: "en effet, le Fils de l'Homme n'est pas venu pour être servi mais pour servir et donner son *psuchè* en rançon pour beaucoup" (vie)

Mc.12,30: "Tu aimeras le Seigneur ton Dieu de tout ton coeur, de tout ton *psuchè*, de toute ta pensée (*dianoia*), de toute ta force (*ischus*)" (engagement plénier)

Mc.14,34: "Mon *psuchè* est triste à en mourir" (être int.sent.)

8x

Lc.1,46: "Mon *psuchè* magnifie le Seigneur et mon esprit (*pneuma*) exulte en Dieu mon Sauveur" (être int. sent.)

Lc.2,35: "et toi-même, une épée te transpercera le *psuchè* afin que se révèlent les pensées de bien des coeurs" (être int. sent.)

Lc.6,9: "s'il est permis, au sabbat, de faire du bien ou de faire du mal, de sauver ou de perdre un *psuchè* ?" (vie physique)

Lc.9,24a: "celui qui veut sauver son *psuchè* le perdra" (vie)

Lc.9,24b: "celui qui perdra son *psuchè* à cause de moi, celui-là le sauvera" (vie)

Lc.10,27: "Tu aimeras le Seigneur ton Dieu de (*ex*) tout ton coeur, avec (*en*) tout ton *psuchè*, avec toute ta force, avec toute ta pensée" (engagement plénier)

Lc.12,19a: "et je dirai à mon *psuchè*: ..." (fonction mentale)

Lc.12,19b: " *psuchè*, tu as beaucoup de biens en réserve ..." (fonction mentale)

Lc.12,20: "Insensé, cette nuit même on va te redemander ton *psuchè*" (vie physique)

Lc.12,22: "Ne vous inquiétez pas pour votre *psuchè* de ce que vous mangerez, ni pour votre corps (*sôma*) de quoi vous le vêtirez" (vie)

Lc.12,23: "le *psuchè* n'est-il pas plus que la nourriture et le corps que le vêtement ?" (vie)

Lc.14,26: "Si quelqu'un vient vers moi et ne hait pas son père, sa mère, ..., et même son propre *psuchè*, il ne peut être mon disciple" (vie physique)

Lc.17,33: "celui qui cherchera à préserver son *psuchè* le perdra et celui qui le perdra le sauvergardera" (vie)

Lc.21,19: "Par votre persévérance vous conserverez vos *psuchè*" (vie physique)

14x

Jn.10,11: "Le bon berger expose son *psuchè* pour les brebis" (vie)

Jn.10,15: "et j'expose mon *psuchè* pour les brebis" (vie)

Jn.10,17: "parce que moi j'expose mon *psuchè* pour le prendre à nouveau" (vie)

Jn.10,24: "jusques à quand tiendras-tu notre *psuchè* (en suspens)" (fonction mentale)

Jn.12,25a: "Qui aime son *psuchè* le perd" (vie)

Jn.12,25b: "et qui hait son *psuchè* en ce monde la gardera pour la vie (*zôè*) éternelle" (vie)

Jn.12,27: "Maintenant, mon *psuchè* est troublé" (Jésus) (être int. sent.)

Jn.13,37: "J'exposerais mon *psuchè* pour toi" (vie)

Jn.13,38: "Tu exposerais ton *psuchè* pour moi ?" (vie)

Jn.15,13: "Personne n'a de plus grand amour que celui-ci: d'exposer son *psuchè* pour ses amis" (vie)

10x

2. Relevé des sens retenus, au fil du texte, dans les évangiles

- en lien avec la vie, vie mise en péril (1° exemple: Mtt.2,20) (cat.1)

- être intérieur (sens moral), âme (1° exemple: Mtt.10,28a) (cat.2)

- être intérieur (émotion, attachement, détresse) (1° exemple: Mtt.11,29) (cat.2)

- fonction mentale (1° exemple: Lc.12,19a) (cat.2)

Actes

1. Les versets, au fil du texte

Ac.2,27: "même ma chair (*sarx*) s'abritera dans l'espérance car tu n'abandonneras pas mon *psuchè* à l'Hadès" (cit. Ps.16,10) (vie)

Ac.2,41: "furent ajoutés ce jour-là environ trois mille *psuchè*" (dénombrement)

Ac.2,43: "La crainte advenait à tout *psuchè*" (être int. sent.)

Ac.3,23: "il adviendra que tout *psuchè*, s'il n'écoute pas (la parole) de ce prophète, sera retranché du peuple" (réf. Lév.7,20) (traitement juridique)

Ac.4,32: "La multitude de ceux qui avaient cru était d'un coeur et d'un *psuchè* unique"(engagement plénier)

Ac.7,14: "Joseph fit alors venir Jacob son père et toute sa parenté: 75 *psuchè*" (dénombrement)

Ac.14,2: "et ils indisposèrent les *psuchè* des gens contre les frères" (fonction mentale)

Ac.14,22: "... affermissant les *psuchè* des disciples" (être int. sent.)

Ac.15,24: "quelques uns des nôtres vous ont troublés par leurs paroles et ont bouleversé vos *psuchè*, ..." (fonction mentale)

Ac.15,26: "... des gens qui ont livré leur *psuchè* pour le Nom de NSJC" (vie)

Ac.20,10: "Ne faites pas de tumulte ! Son *psuchè* est, en effet, en lui" (son souffle vital)

Ac.20,24: "Mais d'aucune façon je ne rends mon *psuchè* précieux pour moi" (vie)

Ac.27,10: "non seulement pour la cargaison et le bateau mais aussi pour nos *psuchè*" (vies)

Ac.27,22: "Il n'y aura de perte du *psuchè* d'aucun d'entre vous, sauf du bateau" (vie)

Ac.27,37: "Nous étions, tous les *psuchè* dans le bateau: 273" (dénombrement)

15x

2. Relevé des sens retenus, au fil du texte, dans ce livret

- en lien avec la vie, vie mise en péril (1° exemple: Ac.2,27) (cat.1)

- dénombrement (1° exemple: Ac.2,41) (cat.3)

- être intérieur (émotion, attachement, détresse) (1° exemple: Ac.2,43) (cat.2)

- la personne, traitement juridique (1° exemple: Ac.3,23) (cat.3)

- fonction mentale (1° exemple: Ac.14,2) (cat.2)

<u>Epîtres</u>

1. Les versets, au fil du texte

Rm.2,9: "Tribulation et angoisse à tout *psuchè* d'homme qui s'adonne au mal" (être int.)

Rm.11,3: "Moi je suis resté seul et ils cherchent mon *psuchè*" (en veulent à ma vie) (1R19,10)

Rm.13,1: "Que tout *psuchè* soit soumis aux autorités supérieures" (traitement juridique)

Rm.16,4: "eux qui ont risqué leur cou pour (sauver) mon propre *psuchè*" (vie)

1Cor.15,45: "le premier homme, Adam, devint *psuchè* vivant" (réf. Gn.2,7) (être vivant)

2Cor.1,23: "Quant à moi, je prends Dieu à témoin sur mon propre *psuchè*: ..." (engagement)

2Cor.12,15: "Quant à moi, c'est avec plaisir ... que je me dépenserai pour vos *psuchè*" (int.)

Eph.6,6: "faisant la volonté de Dieu *ek psuchè*"
(d'eux-mêmes, du fond d'eux-mêmes)

Php.1,27: "... que vous tenez en un seul esprit (*pneuma*), luttant en un seul *psuchè* pour la foi de l'évangile" (être int. sent.) (volonté)

Php.2,30: "car c'est à cause de l'oeuvre du Christ qu'il a été près de la mort, risquant son *psuchè* pour ..." (sa vie)

Col.3,23: "Quoi que vous fassiez, travaillez *ek psuchè* comme pour le Seigneur et non (comme) pour les hommes" (du fond de vous-mêmes)
(engagement plénier)

1Thess.2,8: "nous aurions été contents de vous communiquer non seulement l'évangile de Dieu mais nos propres *psuchè* parce que vous nous étiez devenus chers" (sentiments)

1Thess.5,23: "et que tout votre être, esprit (*pneuma*), *psuchè* (être int.) et corps (*sôma*), soit gardé irréprochable pour la venue de NSJC"

13x

Hébr.4,12: "(la Parole de Dieu) ... pénètre jusqu'à la séparation du *psuchè* et de l'esprit (*pneuma*), des articulations et des moelles" (être int.)

Hébr.6,19: "(la promesse divine) laquelle nous avons pour notre *psuchè* comme une ancre, sûre et certaine" (être int.)

Hébr.10,38: "mais, s'il se dérobe, mon *psuchè* ne se complaît plus en lui"
(être int. sent.)

Hébr.10,39: "mais (nous sommes) (des hommes) de foi, pour la préservation du *psuchè*" (int.)

Hébr.12,3: "afin que, épuisés, vous ne fatiguiez pas (pour) vos *psuchè*" (être int.)

Hébr.13,17: "Obéissez à vos chefs et soyez soumis; ils veillent, en effet, à vos *psuchè*" (traitement juridique)

6x

Jac.1,21: "... la Parole ... qui est capable de sauver vos *psuchè*" (âme)

Jac.5,20: "celui qui ramène un pécheur de son chemin égaré sauvera ce *psuchè* de la mort"

1Pi.1,9: "obtenant la finalité de la foi (qui est) le salut des *psuchè*" (âme)

1Pi.1,22: "Ayant purifié vos *psuchè* par l'obéissance à la vérité pour une amitié sans feinte"

1Pi.2,11: "... de vous abstenir de convoitises charnelles qui combattent contre le *psuchè*"

1Pi.2,25: "mais maintenant vous êtes retournés au berger et au surveillant de vos *psuchè*"

1Pi.3,20: "... l'arche, dans laquelle peu de personnes, ce qui représente huit *psuchè*, furent sauvés malgré l'eau" (dénombrement)

1Pi.4,19: "Ainsi donc, que ceux qui souffrent selon la volonté de Dieu confient leur *psuchè* au Créateur fidèle, par des oeuvres bonnes" (être int.)

2Pi.2,8: "à cause de ce qu'il voyait et entendait, ce juste (= Lot), habitant parmi eux au jour le jour, éprouvait son *psuchè* juste par (ces) oeuvres iniques" (être int.)

2Pi.2,14: "..., insatiables de péchés, appâtant les *psuchè* instables, ..." (être int.)

1Jn.3,16a: "en ceci nous avons reconnu l'amour: que Celui-ci a donné son *psuchè* pour nous"

1Jn.3,16b: "nous aussi, nous devons donner nos *psuchè* pour nos frères" (vie)

3Jn.v.2: "Cher (ami), je te souhaite d'aller bien en tout et d'être en (bonne) santé, autant que ton *psuchè* va bien" (vie) (salutation)

Jud.v.15: "... et confondre tout *psuchè* au sujet de toutes les oeuvres d'impiété ..." (personne)

14x

2. Relevé des sens retenus, au fil du texte, dans les épîtres

- être intérieur (plutôt au sens psychologique) (1° exemple: Rm.2,9) (cat.2)

- en lien avec la vie (éventuellement au sens allégorique), vie mise en péril .
(1° exemple: Rm.11,3) (cat.1)

- la personne, traitement juridique (1° exemple: Rm.13,1) (cat.3)

- être intérieur (plutôt au sens moral), (1° exemple: 2Cor.1,23) (cat.2)

- la personne, en tant qu'unité dans un dénombrement (1° exemple: 1Pi.3,20)
(cat.3)

<u>Apocalypse</u>

1. Les versets, au fil du texte

Apoc.6,9: "j'ai vu sous l'autel les *psuchè* de ceux qui ont été égorgés à cause de
la Parole de Dieu ..." (vie)

Apoc.8,9: "le tiers des créatures qui (vivent) dans la mer périt, celles qui avaient
des *psuchè*"

Apoc.12,11: "et ils n'aimèrent pas leur *psuchè*, jusqu'à la mort" (vie terrestre)

Apoc.16,3: "et tout *psuchè* de vie (*zôè*) mourut" (tout être en vie)

Apoc.18,13: "(cargaisons) de chevaux, de chariots, de corps (= esclaves ou
marmaille ?) et de *psuchè* d'hommes" (dénombrement) (..., de corps et de
personnes humaines)

Apoc.18,14: "et le fruit de la convoitise de ton *psuchè* s'en est allé loin de toi"
(être int.)

Apoc.20,4: "(je vis) aussi les *psuchè* de ceux qui avaient été décapités à cause du
témoignage de Jésus et à cause de la Parole de Dieu" (vies exposées à la mort)

7x

2. Relevé des sens retenus, au fil du texte, dans ce livret

- en lien avec la vie (éventuellement au sens allégorique), vie mise en péril (1° exemple: Apoc.6,9) (cat.1)

- la personne, en tant qu'unité dans un dénombrement (1° exemple: Apoc.18,13) (cat.3)

- être intérieur (plutôt au sens moral), (1° exemple: Apoc.18,14) (cat.2)

<u>Tableau récapitulatif de la répartition par livrets (total: 103)</u>:

1. Matthieu	16x	5. évangile de Jean	10x
2.Actes	15x	6. Marc	8x
3a. Luc	14x	7. Apocalypse	7x
3b. épîtres catholiques:	14x	8. Hébreux	6x
4. épîtres pauliniennes	13x		

CHAPITRE 2:

CLASSEMENT PAR CATÉGORIE

Les usages du mot peuvent être regroupés en 4 grandes catégories:

1. l'être, en tant que vivant	290 x
2. l'être, en tant qu'intériorité	290 x
3. l'être, en tant qu'individu	101 x
4. le gosier, la gorge, le cou	72 x

La quantification n'est pas un critère en soi du point de vue sémantique. Elle témoigne simplement de l'usage dans le corpus donné.

L'étiquettage en catégories est une opération risquée mais méthodologiquement utile car elle oblige à soupeser les sens possibles (le plus consciencieusement, espère-t-on). On a privilégié le sens qui se rapproche le plus de la fonction physiologique. Les sous-catégories permettent de regrouper les versets des formulation stylistique semblable ou de thématique proche mais ne sont pas essentielles.

Les versets cités entre parenthèses sont cités pour mémoire mais ne sont pas comptabilisés dans cette catégorie.

Le lecteur ne s'étonnera pas que certains commentaires seront répétés, chaque capitre pouvant être consulté séparément. Il s'agit aussi d'éviter au lecteur l'inconfort du renvoi à une autre page.

1. <u>l'être, en tant que vivant</u> *ou dont la vie est en péril*   *290 x*

En voici d'abord le synoptique:

<table>
<tr><td>1a. l'être en tant que doué de vie</td><td>27x</td></tr>
<tr><td>- l'être vivant, en tant qu'animé d'un souffle de vie</td><td></td></tr>
<tr><td>- le souffle, en tant que souffle de vie</td><td></td></tr>
<tr><td>- le principe vital, assimilé au sang</td><td></td></tr>
<tr><td>1b. la personne dont la vie est mise en péril</td><td>232x</td></tr>
<tr><td>1c. l'être ayant perdu la vie, le cadavre</td><td>14x</td></tr>
<tr><td>1d. souhait de vie: salutation, imprécation</td><td>12x</td></tr>
<tr><td>1e. la condition de vie, l'existence</td><td>5x</td></tr>
</table>

1a. l'être en tant que doué de vie   27x

- l'être vivant, en tant qu'animé d'un souffle de vie

Gn.1,20: "Que les eaux foisonnent d'une foison de *nephech* de vie" (d'êtres vivants)

Gn.1,21: "Elohîm créa les grands monstres (marins), tout *nephech* de vie mouvant" (idem)

Gn.1,24: "Elohîm dit: Que la terre produise le *nephech* de vie selon son espèce" (idem)

Gn.2,7: "Il insuffla dans ses narines un souffle (*nechâmah*) de vie et l'humain (*adam*) devint pour (prép. *l-*) *nephech* de vie" (être vivant)

Gn.2,19: "tout ce dont l'humain appellera le *nephech* de vie, ce sera son nom"
(être vivant)

Gn.9,10: "avec tout *nephech* de vie qui (est) avec vous ... j'établis mon alliance"
(être vivant)

Gn.9,12: "... (alliance) ... entre moi et vous, et entre tout *nephech* de vie ..."
(être vivant)

Gn.9,15: "... entre moi et vous, et entre tout *nephech* de vie, en toute chair"
(être vivant)

Gn.9,16: " (l'arc dans la nuée) ... entre Elohîm et tout *nephech* de vie"
(être vivant)

Lév.11,10: "... et parmi tout *nephech* qui (vit) dans les eaux"
(être vivant, ici animal)

Lév.11,46a: "Voilà la loi pour l'animal, le volatile et tout *nephech* vivant qui
rampe dans les eaux..." (être vivant, ici animal aquatique)

Lév.11,46b: "et pour tout *nephech* qui pullule sur la terre"
(être vivant, ici animal terrestre)

Ez.47,9: "Et ce furent tous les *nephech* vivants qui y foisonnent" (êtres vivants)

- le souffle, en tant que souffle de vie
(voir aussi à "gosier" pour la fonction de respiration ou la respiration mise
en péril)

Gn.1,30: "... avec en lui *nephech* de vie" (vie, souffle de vie)

Gn.35,18: "Au moment où son *nephech* la quitta -car elle décéda- elle cria: ..."
(vie, souffle)

1Rois 17,21: "Fais revenir le *nephech* de cet enfant en son entraille (= en lui)"
(vie, souffle)

1Rois 17,22: "Le *nephech* de l'enfant retourna en son entraille et il vécut"
(vie, soufflc)

Job 12,10: "Lui qui a en main le *nephech* (souffle) de tout vivant, le souffle (*rouakh*) de toute chair d'homme" (*nepech* et *rouakh* sont donnés ici comme des synonymes poétiques)

Job 27,8: "car quel est l'espoir de l'impie quand il est intéressé, quand Eloah abandonne son *nephech* ?" (souffle de vie)

- le principe vital, assimilé au sang

(ayant évidemment observé que l'homme ou l'animal dont le sang est répandu meurt et ne respire plus, on en a certainement déduit que le *nephech* est dans le sang ou est le sang)

Gn.9,4: "mais la chair (avec) son sang en son *nephech*, vous n'en mangerez pas" (son sang, en tant que principe vital)

Lév.17,11a: "car le *nephech* de la chair (est) dans le sang" (le principe vital)

Lév.17,14a: "Car le *nephech* de toute chair, son sang, (est) dans son *nephech*" (idem)

Lév.17,14b: "Car le *nephech* de toute chair, son sang, (est) dans son *nephech*" (idem)

Lév.17,14c: "car le *nephech* de toute chair, c'est son sang" (idem)

Deut.12,23a: "car le sang, c'est le *nephech*" (idem)

Deut.12,23b: "et tu ne mangeras pas le *nephech* avec la chair" (idem)

1Chron.11,19a: "le sang de ces hommes, le boirai-je avec leur *nephech* ? (idem)

1b. la personne dont la vie est mise en péril, exposée à la mort

232x

Gn.9,5a: "mais je revendiquerai votre sang pour (prép. *l-*) vos *nephech*" (au nom de vos vies) (pour venger vos vies) (BJ: de chacun de vous) (Osty: à cause de vos âmes) (DH: comme vos âmes)

Gn.9,5b: "de la main de ..., je revendiquerai le *nephech* de l'humain" (l'être, la vie)

Gn.12,13: "Dis donc que tu es ma soeur pour qu'on me traite bien par égard pour toi et que mon *nephech* vive grâce à toi" (et que j'aie la vie sauve grâce à toi)

Gn.19,17: "Echappe-toi, pour (prép.: °*al*) ton *nephech*, et ne regarde pas derrière toi" (au nom de ta vie, pour sauver ta vie)

Gn.19,19: "Tu as fait grandir la bonté que tu me fais pour la vitalité de mon *nephech*" (verset complet BJ: "Ton serviteur a trouvé grâce à tes yeux et tu as montré une   grande miséricorde à mon égard en m'assurant la vie. Mais moi, je ne puis me sauver à la montagne sans que ne m'atteigne le malheur et que je meure")

Gn.19,20: "Je m'échapperai donc là, ..., et mon *nephech* vivra" (et je vivrai)

Gn.32,31: "car j'ai vu Elohîm face à face et mon *nephech* est sauf" (ma vie est sauve)

Gn.37,21: "Ne (le) frappons pas (quant à son) *nephech*" (= ne le frappons pas à mort)

Ex.4,19: "car ils sont morts tous les hommes cherchant (à faire périr) ton *nephech*" (qui en veulent à ta vie) (cette expression "chercher le *nephech* de" est présente 32x)

Ex.21,23a: "Mais s'il y a blessure, tu donneras <u>*nephech*</u> contre *nephech*, oeil contre oeil, dent contre dent, pied contre pied" (vie contre vie)

Ex.21,23b: "Mais s'il y a blessure, tu donneras *nephech* contre <u>*nephech*</u>, ..." (idem)

Ex.21,30: "Si une rançon est exigée de lui, il donnera le rachat de son *nephech* selon tout ce qui sera exigé de lui" (rachat de sa vie) (compensation financière en substitution à la peine de mort; il s'agit d'une procédure juridique)

Lév.24,17: "Quand un homme frappe tout *nephech* d'un humain, ..." (frapper le *nephech* : blesser, s'en prendre à la vie de; l'expression est présente 17x) (tout nephech: n'importe quel; valeur de pronom indéfini)

Lév.24,18a: "Celui qui frappe le *nephech* d'un animal, paiera: ..." (frapper à mort)

Lév.24,18b: "il paiera <u>*nephech*</u> contre *nephech*" (vie pour vie)

Lév.24,18c: "il paiera *nephech* contre <u>*nephech*</u>" (vie pour vie)

Nbr.17,3: "Les cassolettes de ces pécheurs au prix de leur *nephech*"
(qui ont payé de leur vie leur péché) (châtiment de Coré et comparses)

Nbr.23,10: "Que meure mon *nephech* de la mort des justes" (que je meure)

Nbr.31,19: "Tout meurtrier d'un *nephech*, ...,"
(d'une personne en tant qu'être vivant)

Nbr.35,11: "le meurtrier qui a frappé un *nephech* par inadvertance s'enfuira là"
(idem)

Nbr.35,15: "pour que s'enfuie là tout frappeur de *nephech* par inadvertance"
(idem)

Nbr.35,30a: "tout frappeur de *nephech* selon la bouche (= les dires) de
témoins ..." (idem)

Nbr.35,30b: "un témoin unique n'accusera pas contre un *nephech* (passible) de
mort" (idem)

Deut.19,6: "Il frapperait le *nephech* alors qu'il n'est pas passible de mort" (il
frapperait la personne mortellement, en tant qu'être vivant)

Deut.19,11: "si ... il frappe le *nephech* et qu'il meurt" (idem)

Deut.19,21a: "Ton oeil ne sera pas indulgent: <u>*nephech*</u> contre *nephech*,
oeil contre oeil, dent contre dent, main contre main, pied contre pied"
(personne physique, vie)

Deut.19,21b: "Ton oeil ne sera pas indulgent: *nephech* contre <u>*nephech*</u>,
oeil contre oeil, dent contre dent, main contre main, pied contre pied"
(personne physique, vie)

Deut.22,26: "c'est comme un homme qui se lève contre son ami et tue (le)
nephech" (et tue la personne en tant qu'être vivant)

Deut.24,6: "car ce serait prendre en gage le *nephech* lui-même"
(la vie, l'existence)

Deut.27,25: "Maudit soit celui qui prend une récompense pour frapper le *nephech* d'un sang innocent"
(BJ: pour frapper mortellement un vie innocente)

Jos.2,13: "... et que vous préserverez nos *nephech* de la mort"
(nos personnes, nos vies)

Jos.2,14: "Nos *nephech*, à votre place, pour la mort"
(BJ: nous mourrons plutôt nous-mêmes)

Jos.9,24: "Nous avons eu fort peur pour nos *nephech* devant vos faces"
(personnes, vies)

Jos.10,28: "(il fit) *herem* d'eux et de tout *nephech* qui (se trouvait) en elle
(= dans la ville)" (*herem*: destruction de tous les biens et de toute vie, humaine ou animale)

Jos.10,30: "et il frappa à bouche de glaive tout *nephech* qui (se trouvait) en elle"
(et il passa au fil de l'épée tout être vivant, humain ou animal, qui se trouvait dans la ville)

Jos.10,32: "... ainsi que tout *nephech* qui (se trouvait) en elle"
(être vivant, humain ou animal)

Jos.10,35: "et ils frappèrent à bouche de glaive tout *nephech* qui (se trouvait) en elle"

Jos.10,37a: "... ainsi que tout *nephech* qui (se trouvait) en elle" (être vivant)

Jos.10,37b: "il fit *herem* d'eux et de tout *nephech* qui (se trouvait) en elle"
(être vivant)

Jos.10,39: "et ils firent *herem* de tout *nephech* qui (se trouvait) en elle"
(être vivant)

Jos.11,11: "Ils frappèrent tout *nephech* qui (se trouvait) en elle par la bouche du glaive, (au nom de) l'*herem*" (cf.10,30)

Jos.20,3: "... pour que s'y enfuie celui qui a frappé un *nephech* par inadvertance"
(une personne en tant qu'être vivant)

Jos.20,9: "... pour que s'y enfuie celui qui a frappé un *nephech* par inadvertance"

Jug.5,18: "Zabulon, peuple qui a exposé son *nephech* à la mort"
(qui a risqué sa vie)

Jug.5,21: "Marche, mon *nephech*, hardiment !" (malgré le risque de mort)

Jug.9,17: "Il a jeté son *nephech* contre eux et vous a délivré de la main de
Madian" (il a risqué sa vie)

Jug.12,3: "J'ai mis mon *nephech* dans ma paume" (J'ai risqué ma vie)
(l'expression revient 5x)

(Jug.16,16: "Son nephech s'impatienta pour la mort" (il fut excédé à en mourir)
(classé à "être intérieur")

Jug.16,30: "Samson dit: Que meure mon *nephech* avec les Philistins"
(que je meure)

Jug.18,25b: "(de sorte que) tu ajouterais ton <u>*nephech*</u> au *nephech* de ton peuple"
(la perte de ton être, de ta vie)

Jug.18,25c: "(de sorte que) tu ajouterais ton *nephech* au <u>*nephech*</u> de ton peuple"
(à la perte d'une vie pour ton peuple)

1Sam.19,5: "Il a exposé son *nephech* dans sa paume et il a frappé le Philistin"
(il a risqué sa vie)

1Sam.19,11: "Si tu ne sauves pas ton *nephech* cette nuit, demain tu seras mort"
(être, vie)

1Sam.20,1: "... car il exige mon *nephech*" (il en veut à ma vie)

1Sam.22,23a: "car qui cherche mon <u>*nephech*</u>, cherche ton *nephech*"
(car qui cherche à attenter à ma vie, ...)

1Sam.22,23b: "car qui cherche mon *nephech*, cherche ton *nephech*" (idem)

1Sam.23,15: "David s'aperçut que Saül était sorti pour chercher son *nephech*"
(pour attenter à la vie de David)

1Sam.24,12: "mais toi, tu cherches mon *nephech* pour le prendre" (être, vie)

1Sam.25,29a: "Un humain se lèvera pour te poursuivre et chercher ton *nephech*"
(être, vie)

1Sam.25,29b: "mais le *nephech* de mon maître est enserré dans le bouquet des vivants" (variante: mais la vie de mon maître est inscrite dans le Livre des vivants)

1Sam.25,29c: "le *nephech* de tes ennemis, il le frondera du creux de la fronde" (être, vie)

1Sam.26,21: "pour ce que mon *nephech* a été cher à tes yeux aujourd'hui" (être, vie) (BJ: "puisque ma vie a eu aujourd'hui tant de prix à tes yeux") (ce thème du caractère précieux de la vie -en tant qu'exposée à la mort- est présent 8x; voir remarques gén.)

1Sam.26,24a: "Voici, comme ton *nephech* importait en ce jour à mes yeux" (idem)

1Sam.26,24b: "ainsi mon *nephech* importera aux yeux de Yahvé" (idem)

1Sam.28,9: "Pourquoi tends-tu un piège à mon *nephech* pour me mettre à mort ?" (être, vie)

1Sam.28,21: "J'ai exposé mon *nephech* dans ma paume et j'ai obéi ..." (j'ai risqué ma vie)

2Sam.1,9: "... tant que mon *nephech* (est) en moi" (tant que je vis)

2Sam.4,8: "..., ton ennemi qui cherchait ton *nephech*" (qui en voulait à ta vie)

2Sam.14,7: "Mettons-le à mort pour le *nephech* de son frère, qu'il a tué" (l'être, la vie) (mettons-le à mort en raison du meurtre de son frère)

2Sam.16,11: "Voici: mon fils qui est sorti de mes entrailles en veut à mon *nephech*" (être, vie)

2Sam.19,6a: "... qui ont sauvé aujourd'hui ton *nephech*, (ton être, ta vie)

2Sam.19,6b: le *nephech* de tes fils et de tes filles,

2Sam.19,6c: le *nephech* de tes femmes,

2Sam.19,6d: et le *nephech* de tes concubines"

2Sam.23,17: "(C'est) le sang des hommes qui sont allés au péril de leur *nephech* !" (être, vie)

1Rois 1,12a: "Sauve ton *nephech* et le *nephech* de ton fils Salomon" (être, vie)

1Rois 1,12b: "Sauve ton *nepech* et le *nephech* de ton fils Salomon" (être, vie)

1Rois 2,23: "car (c'est) par son *nephech* qu'Adonias a prononcé cette parole" (être, vie) (au risque de sa vie)

1Rois 3,11: "parce que tu ne m'as pas demandé le *nephech* de tes ennemis" (être, vie)

(1Rois 17,21: "Fais revenir le *nephech* de cet enfant en son entraille (= en lui)"

(1Rois 17,22: "Le *nephech* de l'enfant retourna en son entraille et il vécut")

1Rois 19,2a: "car demain à pareille heure je rendrai ton *nephech* (être, vie)

1Rois 19,2b: comme le *nephech* de l'un d'entre eux" (être, vie) (menace de mort)

1Rois 19,3: "Il vit, se leva et alla pour son *nephech*" (pour sauver sa vie)

1Rois 19,4b: "Assez, maintenant, Yahvé, prends mon *nephech*" (être, vie)

1Rois 19,10: "et ils cherchent mon *nephech* pour le prendre" (être, vie)

1Rois 19,14: "et ils cherchent mon *nephech* pour le prendre" (être, vie)

1Rois 20,31: "Peut-être laissera-t-il en vie ton *nephech* ?"
        (Peut-être te laissera-t-il en vie ?)

1Rois 20,39a: "ton *nephech* (sera) à la place de son *nephech*"
        (ta vie répondra de sa vie)

1Rois 20,39b: "ton *nephech* (sera) à la place de son *nephech*" (idem)

1Rois 20,42a: "ton *nephech* (sera) à la place de son *nephech*" (idem)

1Rois 20,42b: "ton *nephech* (sera) à la place de son *nephech*" (idem)

2Rois 1,13a: "Que mon *nephech* et le *nephech* de tes serviteurs soient donc chers à tes yeux" (vie) (caractère précieux de la vie)

2Rois 1,13b: "Que mon *nephech* et le *nephech* de tes serviteurs soient donc chers à tes yeux" (idem)

2Rois 1,14: "Maintenant, que mon *nephech* soit cher à tes yeux !" (idem)

2Rois 7,7: "et ils s'enfuirent (pour sauver) leur *nephech*" (être, vie)

2Rois 10,24a: "son *nephech* (sera) à la place de son *nephech*"
(cf 1Rois 20,39 et 42) (la vie du gardien répondra de la vie du fuyard)

2Rois 10,24b: "son *nephech* (sera) à la place de son *nephech*" (idem)

Is.38,17: "mais toi, tu as retenu mon *nephech* de la fosse du pourrissement"
(ma vie)

Is.43,4: "Je mets un humain à ta place, des peuples à la place de ton *nephech*"
(je livre un homme à ta place, des peuples en échange de toi / de ta vie)

Is.44,20: "Il ne sauvera pas son *nephech*" (être, vie)

Is.47,14: "Ils ne sauveront pas leur *nephech* de la main de la flamme"
(concerne des idoles)

Is.51,23: "Je placerai (la coupe) dans la main de tes persécuteurs qui disaient à
ton *nephech*: courbe-toi, nous allons passer" (menace de mort)

(Is.53,12: "parce qu"il a dépouillé à la mort son *nephech*" (il a fait pénitence à
l'extrême) (ou de lui-même, d'initiative ?) (cf contexte 53,10 et 11)

Is.55,3: "Tendez votre oreille, venez vers moi, écoutez, et votre *nephech* vivra"
(et vous vivrez) (au lieu de périr)

Jér.2,34: "Même dans tes pans (de ton vêtement) se trouve le sang de *nephech* de
pauvres" (personnes atteintes dans leur vie)

Jér.4,10: "Le glaive les a frappé jusqu'au *nephech*" (jusque dans leur vie, à mort)

Jér.4,30: "ils cherchent ton *nephech*" (ils en veulent à ta vie)

Jér.4,31: "car mon *nephech* s'épuise devant les meurtriers" (ma vie est en péril ...)
(je suis à bout de souffle devant... mais lien avec 4,30)

Jér.11,21: "contre les gens d'Anatot qui cherchent ton *nephech*"
(qui en veulent à ta vie)

Jér.18,20: "car ils creusent une fosse pour mon *nephech*" (pour enterrer ma vie)

Jér.19,7: "par la main de ceux qui cherchent leur *nephech*"
(qui en veulent à leur vie)

Jér.19,9: "... leurs ennemis, ceux qui cherchent leur *nephech*"
(qui en veulent à sa vie)

Jér.20,13: "car il délivre le *nephech* du malheureux de la main des malfaisants"
(la vie)

Jér.21,7: "Je livrerai Sédécias ... dans la main de ceux qui cherchent leur
nephech" (vie)

Jér.21,9: "il vivra et son *nephech* sera pour lui comme butin" (il aura la vie sauve)
(cette expression revient 4x, ici en Jérémie)

Jér.22,25: "Je te livrerai en main de ceux qui cherchent ton *nephech*" (vie)

Jér.34,20: "Je les livrerai ... en main de ceux qui cherchent leur *nephech*"
(être, vie)

Jér.34,21: "Je les livrerai ... en main de ceux qui cherchent leur *nephech*"
(être, vie)

Jér.38,2: "Son *nephech* sera pour lui pour butin; il vivra" (être, vie) (cf.21,9)

Jér.38,16a: "Que vive Yahvé qui a fait pour nous ce *nephech*-ci" (être vivant)

Jér.38,16b: "Je ne te livrerai pas à la main de ces hommes qui cherchent ton
nephech" (qui en veulent à ta vie, qui cherchent à te faire mourir)

Jér.38,17: "Si tu sors vers les chefs du roi de Babel, ton *nephech* vivra"
(tu auras la vie sauve)

Jér.38,20: "ce sera bien pour toi et ton *nephech* vivra" (idem) ou (et tu vivras)

Jér.39,18: "Ton *nephech* sera pour toi pour butin" (cf.38,2)

Jér.40,14: "... pour te frapper au *nephech*" (pour attenter à ta vie)

Jér.40,15: "Pourquoi frapperait-il au *nephech* ? (être, vie)

Jér.44,30a: "à la main de ceux qui cherchent son *nephech*"
(qui en veulent à sa vie)

Jér.44,30b: "... son ennemi qui cherche son *nephech*" (qui en veut à sa vie)

Jér.45,5: "mais je te donnerai ton *nephech* pour butin" (je te laisserai la vie sauve)

Jér.46,26: "Je les livrerai à la main de ceux qui cherchent leur *nephech*" (à attenter à leur vie)

Jér.48,6: "Fuyez, faites échapper vos *nephech*" (sauvez vos personnes, vos vies)

Jér.49,37: "devant leurs ennemis et devant ceux qui cherchent leur *nephech*" (être, vie)

Jér.51,6: "Fuyez du milieu de Babel; que chacun fasse échapper son *nephech*" (sauve sa vie)

Jér.51,45: "Que chacun fasse échapper son *nephech* de l'ardeur de la colère de Yahvé" (vie)

Ez.3,19: "mais toi, tu auras sauvé ton *nephech*" (être, vie)

Ez.3,21: "et toi, tu auras sauvé ton *nephech*" (être, vie)

Ez.14,14: "eux, par leur justice, sauveraient leur *nephech*" (être, vie)

Ez.14,20: "eux, par leur justice, sauveront leur *nephech*" (être, vie)

Ez.17,17: "pour l'extermination de *nephech* nombreux" (êtres, vies)

Ez.18,27: "... et qu'il pratique le droit et la justice, celui-là fait vivre son *nephech*" (il garantit sa vie, il vivra sûrement, il ne mourra pas)

Ez.22,25: "Ils ont dévoré le *nephech* et se sont emparés des richesses et des objets précieux" (ils on fait périr la population) (ou "ils ont dévoré la nourriture" ?)

Ez.22,27: "... pour répandre le sang, perdre les *nephech*, afin de profiter d'un profit" (vies)

Ez.32,10: "ils trembleront à tout moment, chacun pour son *nephech*, au jour de ta chute" (chacun pour soi, chacun pour sa propre vie)

Ez.33,5: "mais celui qui a averti, son *nephech* sera sauvé" (il aura la vie sauve)

Ez.33,6: "... et que le glaive vient et enlève parmi eux un *nephech*" (vie)

Ez.33,9: "... mais toi, tu sauveras ton *nephech*" (vie)

Amos 2,14: "le héros ne fera pas échapper son *nephech*" (ne sauvera pas sa vie)

Amos 2,15: "celui qui monte à cheval ne fera pas échapper son *nephech*" (sa vie)

Jonas 1,14: "ne nous fait pas périr à cause du *nephech* de cet homme" (vie)

Jonas 2,8: "Quand mon *nephech* se recroquevillait sur moi, je me suis souvenu de Yahvé" (vie en péril, souffle)

Jonas 4,3: "Maintenant, Yahvé, prends donc mon *nephech* car ma mort (sera) préférable à ma vie"

Jonas 4,8: "Il demanda pour que meure son *nephech*" (vie)

Ps.6,5: "Reviens, Yahvé, délivre mon *nephech* ... car, dans la mort, nul ne se souvient de Toi"

Ps.7,6: "que l'ennemi ne poursuive mon *nephech*, qu'il m'atteigne et ne piétine à terre ma vie"

Ps.16,10: "Car tu n'abandonneras pas mon *nephech* au Chéol" (être, vie physique)

Ps.17,13: "Délivre mon *nephech* du méchant (par) ton glaive" (vie physique)

Ps.22,21: "Préserve mon *nephech* du glaive" (vie physique)

Ps.22,30: "devant lui, tous ceux qui descendent à la poussière ploieront (le genou); son *nephech*, il ne vit pas; c'est sa descendance qui servira"

Il est très intéressant de constater que, pour éviter cette affirmation contraire à la croyance -hellénisante- à la survie de "l'âme", la LXX a corrigé en "mon âme vit pour lui" (où la négation *lo'* est arbitrairement corrigée en *low* "pour lui"); la Vulgate suit la LXX; la BJ traduit: "et pour celui qui ne vit plus, sa lignée le servira"; Osty traduit: "et mon âme vivra pour lui, ma descendance le servira"

Ps.25,20: "Garde mon *nephech*, préserve-moi !" (garde-moi en vie) (contexte de violence de la part d'ennemis)

Ps.26,9: "Ne confonds pas mon *nephech* avec (celui des) pécheurs; ma vie avec (celle des) hommes de sang" (vie physique) (contexte de violence)

Ps.30,4: "Yahvé, tu as fait monter mon *nephech* du Chéol; tu m'as fait revivre d'entre ceux qui descendent à la fosse" (vie) (maladie ou péril proche de la mort)

Ps.31,14: "... et qu'ils projettent d'ôter mon *nephech*" (vie physique)

Ps.33,19: "... pour préserver de la mort leur *nephech*" (vie physique)

Ps.35,4: "Qu'ils soient honteux et confus ceux qui cherchent mon *nephech*" (ceux qui en veulent à ma vie)

Ps.35,7: "Car sans raison, ils m'ont caché le piège de leur filet; sans raison, ils ont creusé (un piège) pour mon *nephech*" (pour me faire périr)

Ps.35,17: "Fais revenir mon *nephech* des rugissants, des lionceaux mon unique (vie)" (sauve mon unique vie de la griffe des lions)

Ps.38,13: "Ils (me) tendent des pièges, ceux qui cherchent mon *nephech*" (ceux qui en veulent à ma vie)

Ps.40,15: "Qu'ils soient honteux et confondus, ensemble, ceux qui cherchent mon *nephech*"

Ps.49,16: "Mais Elohîm rachètera mon *nephech* de la main du Chéol" (être, vie physique)

Ps.54,5: "des violents cherchent mon *nephech*" (en veulent à ma vie)

Ps.54,6: "Mais voici, Elohîm vient à mon aide, ... , par ceux qui soutiennent mon *nephech*" (qui défendent ma vie contre les ennemis) (contexte de violence)

Ps.56,7: "comme (des gens) qui guettent mon *nephech*" (qui cherchent à m'ôter la vie)

Ps.56,14: "car tu as préservé mon *nephech* de la mort" (être, vie)

Ps.57,2: "car en Toi s'abrite mon *nephech* " (vie en péril, au milieu des lions)

Ps.57,5: "Mon *nephech* (étant) au milieu des lions, je me couche" (vie menacée)

Ps.57,7: "Ils ont tendu un filet sous mes pas; mon *nephech* fléchit" (vie menacée)

Ps.59,4: "Car voici, ils s'embusquent contre mon *nephech*" (vie menacée)

Ps.63,10: "mais ceux qui, pour un rien, cherchent mon *nephech*"
(en veulent à ma vie)

Ps.66,9: "lui qui a gardé notre *nephech* en vie" (vie physique)

Ps.66,16: "Venez, écoutez, et je vous raconterai ... ce qu'il a fait pour mon
nephech" (pour préserver ma vie)

Ps.70,3: "Qu'ils aient honte et soient confondus ceux qui cherchent mon
nephech" (vie)

Ps.71,10: "ceux qui guettent mon *nephech* se concertent ensemble"
(pour m'ôter la vie)

Ps.72,13: "Il sauvera les *nephech* des indigents" (vies)

Ps.72,14: "de l'oppression et de la violence, il protège leur *nephech*; leur sang est
précieux à ses yeux" (vie physique)

Ps.78,50: "il ne préserva pas de la mort leur *nephech*" (vie physique)

Ps.86,2: "Garde mon *nephech* car je suis pieux" (garde-moi en vie)

Ps.86,13: "tu as préservé mon *nephech* du Chéol d'en bas" (être, vie physique)

Ps.86,14: "une bande de violents cherche mon *nephech*" (en veut à ma vie)

Ps.89,49: "Son *nephech* échappera-t-il de la main du Chéol ?" (être, vie physique)

Ps.94,17: "Si Yahvé ne m'avait secouru, pour un peu mon *nephech* aurait habité
le silence" (ma vie aurait rejoint le Chéol)

Ps.94,21: "Ils s'attroupent contre le *nephech* du juste; ils condamnent le sang
innocent" (vie)

Ps.97,10: "Il garde les *nephech* des pieux; de la main des méchants il les délivre
" (être, vie)

Ps.107,26: "Montant aux sommets, descendant aux creux, leur *nephech* était pris
de malaise" (vies en péril lors d'une tempête) (trad. spiritualisante BJ:
"sous le mal, leur âme fondait")

Ps.109,31: "... pour sauver son *nephech* de ses juges" (sa vie)

Ps.116,4: "De grâce, Yahvé, délivre mon *nephech*"
   (de la mort au Chéol, cf. contexte)

Ps.116,8: "car il a préservé mon *nephech* de la mort" (vie physique)

Ps.119,109: "Mon *nephech* (est exposé) sur ma paume, toujours; je n'oublie pas
   ta Torah" (je suis prêt à risquer ma vie à tout moment)

Ps.141,8: "en Toi je m'abrite; n'expose pas mon *nephech*" (n'expose pas ma vie)

Ps.142,5: "nul ne se soucie de mon *nephech*"
   (allusion à 1Sam.22,1: David en danger)

Ps.143,3: "Car l'ennemi pourchasse mon *nephech*; il écrase à terre ma vie" (vie)

Job 2,4: "tout ce qu' (il y a) pour l'homme, il (le) donne pour son *nephech*"
   (pour sauver sa vie)

Job 2,6: "Le voici dans ta main, mais préserve son *nephech*" (vie, existence)

Job 6,11: "Quel (est) mon avenir pour que je prolonge mon *nephech* ?" (ma vie)

(Job 7,15: "Mon *nephech* préférerait l'étranglement, la mort, plutôt que ces os"
(je préférerais être étranglé, mourir, que de voir ces os décharnés) (cf gosier)

Job 13,14: "Pourquoi je porterais ma chair avec mes dents et mon *nephech*
   porterais-je de la paume ?" (exposer sa vie)

(Job 27,8: "quel est l'espoir de l'impie ... quand Eloah abandonne son *nephech* ?"
   (quand Eloah interrompt la respiration de cet impie) (cf gosier)

Job 31,30: "... pour réclamer son *nephech* par une imprécation ?" (sa vie)

Job 31,39: "... ou (si) j'ai fait rendre le *nephech* à ses maîtres" (la vie)

Job 33,18: "il préserve son *nephech* de la fosse" (être, vie)

Job 33,22: "son *nephech* s'approche de la fosse; sa vie, de ceux qui sont morts"
   (sa vie)

Job 33,28: "il a racheté mon *nephech* de passer par la fosse" (ma vie)

Job 33,30: "pour arracher son *nephech* de la fosse" (ma vie)

Job 36,14: "leur *nephech* meurt en pleine jeunesse" (leur vie)

Prov.1,18: "Eux, ils sont à l'affût après leur sang; ils guettent après leur *nephech*" (vie)

Prov.1,19: "elle (= la rapine) prendra le *nephech* à ceux qui (s'en) saisissent" (vie) (la pratique de la rapine finira par coûter la vie à ceux qui en usent)

Prov.6,26: "mais une femme d'un (autre) homme prend au piège un *nephech* précieux" (vie) (une relation avec une femme adultère représente un risque de mort)

Prov.6,32: "il perdra son *nephech*, celui qui fait cela" (il se perdra lui-même) (perdre sa vie)

Prov.7,23: "et il ne sait pas quand de son *nephech* c'est" (sans savoir qu'il y va de sa vie)

Prov.8,36: "Qui m'offense fait violence à son *nephech*; tous ceux qui me haïssent aiment la mort" (à lui-même, à sa vie)

Prov.14,25: "Un témoin véridique sauve des *nephech*" (il sauve des vies en ne faisant pas de faux témoignages)

Prov.20,2: "Qui le fait s'emporter (en colère) risque son *nephech*" (être, vie)

Prov.22,5: "Qui veut garder son *nephech* s'éloigne de ceux-ci (= des pièges)" (vie)

Prov.22,23: "il ravira à leurs ravisseurs le *nephech*" (vie)

Prov.23,14: "Toi donc, frappe-le du bâton; tu sauveras son *nephech* du Chéol" (sa vie)

Prov.28,17: "Un humain chargé du sang d'un *nephech* fuira jusqu'à la fosse" (vie)

Lam.1,11: "ils donnent leurs trésors pour de la nourriture, pour retrouver le *nephech*" (vie)

Lam.1,16: "car il est éloigné de moi celui qui console, celui qui redonne le *nephech*" (vie)

Lam.1,19: "car ils cherchent de la nourriture pour eux-mêmes (*lâmô*) et ils retrouvent le *nephech*" (afin de retrouver vie)

Lam.2,19: "élève tes paumes vers Lui pour le *nephech* de tes nourrissons" (vie)

(Lam.3,58: "Tu combats, Seigneur, les combats de mon *nephech*; tu rachètes ma vie (*khaya*)" (il s'agit ici plutôt d'un combat moral; classé à "être intérieur")

Lam.5,9: "Par nos *nephech*, nous faisons venir notre pain à la face du glaive du désert" (au péril de nos vies nous rapportons notre pain en affrontant le glaive au désert)

Esth.7,3: "que mon *nephech* me soit donné à ma demande et mon peuple à ma requête" (que la vie sauve me soit accordée)

Esth.7,7: "Haman resta pour implorer au sujet de son *nephech* auprès d'Esther, la reine" (pour avoir la vie sauve)

Esth.8,11: "(lettres) par lesquelles le roi donna au Judéens ... (le droit) de se rassembler et de demeurer en leur *nephech* pour faire périr, exterminer, anéantir ..." (de garder leur vie sauve ou "de pourvoir rester sur leur qui-vive")

Esth.9,16: "ils demeurèrent en leur *nephech*, prirent du repos du côté de leurs ennemis " (vie)

Esth.9,31: "et comme ils (les) avaient institués pour leur *nephech* et pour leur semence" (pour leur propre vie et pour leur descendance)

1Chron.11,19b: car, par leur *nephech*, ils l'ont apporté" (au péril de leur vie)

2Chron.1,11: "Puisque c'est cela qui (est) avec ton coeur et que tu n'as pas demandé la richesse, ni des biens, ni la gloire, ni le *nephech* de ceux qui te haïssent" (la vie)

1c. l'être ayant perdu la vie, le cadavre   14x

Lév.19,28: "Vous ne ferez pas d'entailles dans votre chair pour un *nephech*" (être décédé)

Lév.21,1: "Il ne se rendra pas impur pour un *nephech* en son peuple"
   (par ne personne décédée de sa parenté)

Lév.21,11: "Il ne viendra auprès d'aucun *nephech* mort; il ne viendra ni pour son
père ni pour sa mère; il ne se rendra pas impur" (personne décédée, cadavre)

Lév.22,4: "Celui qui touche à tout *nephech* impur, ..."
   (tout ce qui a été rendu impur par le contact avec un cadavre)

Nbr.5,2: "(Ordonne de renvoyer du camp) ... tout impur à cause d'un *nephech*"
   (cadavre)

Nbr.6,6: "Tout le jour (= toute la durée) de son naziréat pour Yahvé, il ne
   viendra pas auprès d'un *nephech* mort" (être décédé, cadavre)

Nbr.6,11: "Il fera expiation sur lui, pour ce qu'il a péché, à cause du *nephech*"
   (à cause du fait d'avoir touché à un cadavre)

Nbr.9,6: "Or il y avait des hommes qui étaient impurs à cause d'un *nephech*
   d'humain" (idem)

Nbr.9,7: "Nous sommes impurs à cause d'un *nephech* d'un humain" (idem)

Nbr.9,10: "Quand un homme est impur à cause d'un *nephech* ou par une route
   lointaine (= en voyage)" (à cause du contact avec un cadavre)

Nbr.19,11: "Celui qui touche à un mort, à tout *nephech* d'un humain, sera impur
   sept jours" (à tout cadavre d'un humain)

Nbr.19,13a: "Tout qui a touché à un mort, à un *nephech* d'un humain qui se
   meurt, ..."   (cadavre)

2Sam.14,14: "et Elohîm ne relève pas le *nephech*" (l'être qui est mort, le cadavre)

Aggée 2,13: "Si un impur de *nephech* touche à toutes ces choses (à l'une de ces
   choses), en sont- elles rendues impures ?" (impur à cause d'un contact
   avec un cadavre)

   1d. souhait de vie: salutation, imprécation   12x

1Sam.1,26: "Plaise, mon maître ! Vive ton *nephech*, mon maître ! " (vie à toi) (l'expression, antithèse de la malédiction, est devenue une pure salutation; elle revient 12x)

1Sam.17,55: "Abner dit: Que vive ton *nephech*, ô roi, si je le savais !" (idem) (BJ: "Aussi vrai que tu es vivant, ô roi, je n'en sais rien")

1Sam.20,3: "Et pourtant, que vive Yahvé et que vive ton *nephech* car (il n'y a que) une enjambée entre moi et la mort" (vie à toi) (salutation, imprécation) (BJ: "Aussi vrai que vit Yahvé et que tu vis toi-même, ...")

1Sam.25,26: "Maintenant, mon maître, que vive Yahvé et que vive ton *nephech*" (vie à toi)

2Sam.11,11: "Que tu vives et que vive ton *nephech* si je faisais une telle chose" ("Aussi vrai que tu vis et que vit ton *nephech*, je ne ferai pas ...") (imprécation)

2Sam.14,19: "Que vive ton *nephech*, mon maître le roi !" (vie à toi) (salutation)

1Rois 20,32: "Que vive donc mon *nephech* !" (Puisé-je rester en vie !)

2Rois 2,2: "Elisée dit: Que vive Yahvé et que vive ton *nephech* ! Je ne te quitterai pas !" (Aussi vrai que vit Yahvé et que tu vis toi-même, ...) (imprécation) (cf.2Sam.11,11)

2Rois 2,4: "Il dit: Que vive Yahvé et que vive ton *nephech* ! Je ne te quitterai pas !" (idem)

2Rois 2,6: "Il dit: Que vive Yahvé et que vive ton *nephech* ! Je ne te quitterai pas !" (idem)

2Rois 4,30: "Elle dit: Que vive Yahvé et que vive ton *nephech* ! Je ne te quitterai pas !" (cf.2,2)

Ps.119,175: "Que vive mon *nephech* et qu'il te loue" (vie à moi, que je vive)

       1e. la condition de vie, l'existence   5x

Ex.23,9: "Tu n'opprimeras pas le (résident) étranger; vous avez connu le *nephech* de l'étranger car vous avez été des étrangers au pays d'Egypte" (la condition de vie)

(Deut.24,6: "car ce serait prendre en gage le *nephech* lui-même"
(la vie, l'existence) (1b.)

Is.19,10: "tous ceux qui travaillent (pour un) salaire (seront) affligés du *nephech*" (seront atteints dans leur condition de vie)

Ps.49,19: "car son *nephech* qu'en sa vie il bénissait ... " (vie, existence opulente)

Ps.88,4: "Car mon *nephech* est rassasié de malheurs et ma vie (*khaya*) aboutit au Chéol" (mon existence est rassasiée de malheurs) (progression entre *nephech* et *khaya*)

(Ps.107,26: "leur *nephech* se dissolvait dans le malheur" (existence) (classé en 2a)

(Job 2,4: "tout ce qu' (il y a) pour l'homme, il (le) donne pour son *nephech*" (survie, existence) (classé en 1b.)

Prov.13,8: "La garantie du *nephech* d'un homme, (c'est) sa richesse; mais le pauvre n'entend pas la menace" (vie, existence, subsistance) (la perte de richesse n'est pas perçue comme une menace par le pauvre puisqu'il n'en a pas)

(Lam.3,17: "Tu éloignes de la paix mon *nephech*" (existence) (classé en 2a)

2. l'être, en tant qu'intériorité   *290 x*

En voici d'abord le synoptique:

2a. la personne dans son aspect, sentimental   164 x

- l' "être" profond, sensible, en détresse

- expression de cette détresse, appel à l'aide

- quiétude retrouvée, confiance, espérance

- désir profond, attente, volonté mais aussi caprice, envie

- attachement, détachement, rejet

- attachement, sentiment amoureux

- sentiment de répulsion, de rejet, de dédain

- menace de détachement

- esprit amer, sentiment d'amertume, mélancolie, acédie

- expression de la louange

2b. la personne comme sujet moral   126x

- engagement moral plénier de la personne

- être de bénédiction (engagement moral)

- de tout ton coeur et de tout ton *nephech*
  (engagement moral plénier)

- pratique des voeux (engagement juridique du sujet)

- engagement moral du sujet

- soutien moral, thème de l'élection

- attitude de la personne envers les prescriptions religieuses

- thématique du pur et de l'impur

- pratique de pénitence: mortifier son corps par le jeûne

- thématique de l'expiation

- thématique de l'agrément ou du rejet
  (des prescriptions religieuses)

- par rapport à la conscience morale

- prendre garde à, avertissement moral

- intériorisation de la norme (religieuse ou morale)

- conscience morale

- sujet accusé, coupable

- menace de sanction morale

- désapprobation morale

- mérite / stérilité morale

- récompense morale pour le sujet

- thématique du rachat moral

- appel à la délivrance morale, délivrance

- préservation

- piège moral, occasion de péché

2a. la personne dans son aspect psychologique, sentimental   164 x

- l' "être" profond, sensible, en détresse   52x

- expression de cette détresse, appel à l'aide   32x

Gn.42,21: "nous avons vu la détresse de son *nephech* dans sa supplication envers nous" (être profond)

Deut.28,65: "Yahvé te donnera là un coeur tremblant, l'épuisement des yeux, l'angoisse du *nephech*"

Jug.10,16: "et ils servirent Yahvé dont le *nephech* s'impatienta à cause de la peine d'Israël" (l'être profond) (Y)

Jug.16,16: "son *nephech* s'impatienta pour la mort" (il fut excédé à en mourir)

1Sam.1,15: "Je répands mon *nephech* à la face de Yahvé" (être profond)

1Rois 19,4a: "il consulta son *nephech* pour mourir" (être profond)
(il souhaita mourir)

Is.15,4: "son *nephech* tremble pour lui" (être profond)

Is.53,11: "de la peine de son *nephech*, il verra (le fruit) et se rassasiera"
     (être profond)

Jér.13,17: "Si vous ne l'écoutez pas, mon *nephech* pleurera en secret"
     (être profond) (Y)

Ps.6,4: "mon *nephech* (est) grandement bouleversé" (être profond, sensible)

Ps.13,3: "Jusques à quand imposerai-je des soucis en mon *nephech*, l'affliction
     en mon coeur (tous) les jours ?" (être profond, sensible)

Ps.31,8: "tu connais les détresses de mon *nephech*" (être profond)

Ps.42,5: "et j'épanche sur moi mon *nephech*" (être profond)

Ps.42,6: "Pourquoi tu défailles, mon *nephech*, et gémis sur moi ?" (idem)

Ps.42,7: "sur moi, mon *nephech* est affligé" (idem)

Ps.42,12: "Pourquoi tu défailles, mon *nephech*; pourquoi tu gémis sur moi ?"
     (idem)

Ps.43,5: "Pourquoi tu défailles, mon *nephech*; pourquoi tu gémis sur moi ?"
     (idem)

Ps.77,3: "Mon *nephech* a refusé d'être consolé" (être profond)

Ps.84,3: "Mon *nephech* languit et même défaille après les parvis de Yahvé"
     (être profond)

Ps.86,4a: "Réjouis le *nephech* de ton serviteur" (l'être profond)
     (prière dans l'épreuve)

Ps.119,28: "Mon *nephech* sanglote d'affliction; relève-moi selon ta parole"
     (être profond)

Ps.142,8: "Fais sortir mon *nephech* du cachot pour la célébration de ton nom"
     (idem)

Ps.143,8: "Car vers Toi j'élève mon *nephech*" (être profond) (complainte)

Ps.143,11: "en ta justice fais sortir mon *nephech* de la détresse" (être profond)

Ps.143,12: "Fais périr tous les oppresseurs de mon *nephech*" (être profond)

Job 14,22: "mais sa chair, sur lui-même, s'afflige; son *nephech,* sur lui-même, se lamente" (être profond)

Job 18,4: "Il déchire son *nephech* dans sa fureur" (être profond) (colère)

Job 19,2: "Jusques à quand affligerez-vous mon *nephech*, m'accablerez-vous de mots ?" (être profond)

Job 30,16: "Maintenant, sur moi, mon *nephech* se répand" (être profond)

Lam.3,17: "Tu éloignes de la paix mon *nephech*" (être profond)

Lam.3,20: "Se souvenir ? Il se souvient et s'effondre sur moi, mon *nephech*" (être profond)

Lam.3,51: "Mon oeil s'afflige pour mon *nephech* à cause de filles de ma ville" (idem)

- quiétude retrouvée, confiance, espérance   20x

2Sam.4,9: "Que vive Yahvé qui a délivré mon *nephech* de toute angoisse" (être profond)

1Rois 1,29: "Que vive Yahvé qui a délivré mon *nephech* de toute angoisse" (idem)

Jér.6,16: "allez-y et vous trouverez le repos pour vos *nephech*" (être profond, pron. réfléchi)

Jér.31,12: "Leur *nephech* sera comme un jardin irrigué" (être profond) (+ gosier)

Ps.19,8: "Le Loi de Yahvé est parfaite, elle réconforte le *nephech*" (l'être profond)

Ps.62,2: "En Elohîm seul, tranquillité (pour) mon *nephech*"

Ps.62,6: En Elohîm seulement, sois au repos, mon *nephech*" (idem)

Ps.63,9: "Mon *nephech* s'attache à toi; ta (main) droite (est) un soutien
pour moi"

Ps.94,19: "tes consolations délectent mon *nephech*" (l'être profond)

Ps.116,7: "Retourne, mon *nephech*, à ton repos car Yahvé t'a récompensé"
(être profond)

Ps.121,7: "Yahvé te gardera de tout mal; il gardera ton *nephech*"
(psaume des montées)

Ps.131,2a: "N'ai-je pas tenu mon *nephech* calme et silencieux comme un
nourrisson sur sa   mère ?" (être profond) (+ souffle)

Ps.131,2b: "comme un nourrisson sur moi (est) mon *nephech* !" (être profond)
(+ souffle)

Ps.138,3: "La jour où j'ai crié, tu m'as répondu; tu as accru la force en mon
nephech"

Ps.139,14: "Merveilleuses (sont) tes oeuvres; mon *nephech* le sait bien"
(être profond)

Prov.11,17: "l'homme miséricordieux apporte du bienfait à son *nephech*"
(être profond)

Prov.11,25: "Le *nephech* de bénédiction sera engraissé; celui qui abreuve sera,
lui aussi, abreuvé" (la personne bienfaisante sera elle-même comblée)
(être profond)

Prov.19,8: "Qui acquiert du coeur aime son *nephech*" (être profond, lui-même)

Lam.3,24: "Ma part, (c'est) Yahvé, dit mon *nephech*. Aussi j'espère en lui"
(être profond)

Lam.3,25: "Yahvé est bon pour qui se fie en lui, pour le *nephech* qui s'enquiert
de lui" (idem)

- désir profond, attente, volonté mais aussi caprice, envie
(l'appétit au sens figuré est classé ici; l'appétit au sens physique est classé à
"gosier")   49x

Gn.23,8: "Si c'est votre *nephech* de (me laisser) ensevelir ma (femme) morte ..."
(votre être profond, votre intention profonde)

Deut.12,15: "Seulement, selon tout désir de ton *nephech*, tu immoleras et mangeras ..." (selon ton bon vouloir)

Deut.12,20a: "Quand ton *nephech* désirera manger de la chair"
(quand tu voudras manger de la viande)

Deut.12,20b: "selon tout le désir de ton *nephech*, tu mangeras de la chair"
(tu pourras manger de la viande autant que tu voudras)

Deut.12,21: "tu (en) mangeras dans tes portes selon tout le désir de ton *nephech*"
(tu pourras en manger dans ta localité autant que tu en voudras)

Deut.14,26a: "tu donneras de l'argent pour tout ce que désire ton *nephech*, ..."
(pour tout ce que tu désireras)

Deut.14,26b: "..., tout ce que ton *nephech* demandera" (tout ce qui te fera envie)

Deut.18,6: "selon tout le désir de son *nephech*" (selon son bon vouloir)

Deut.23,25: "tu pourras manger des raisins selon ton *nephech*, à satiété"
(selon ton désir)

Deut.24,15: "car c'est un pauvre et vers cela (= son salaire) il dirige son *nephech*" (désir)

1Sam.2,16: "Prends pour toi ce que désire ton *nephech*" (ce que tu veux)

1Sam.2,35: "Je susciterai pour moi un prêtre fidèle qui agira selon mon coeur, selon mon *nephech*" (selon ma volonté, mon désir profond) (Y)

1Sam.20,4: "Jonathan dit à David: Ce que dira ton *nephech*, je le ferai pour toi"(ce que tu voudras, ...)

1Sam.23,20: "Et maintenant, à tout désir de ton *nephech*, ô roi, de descendre ..."
(dès que tu voudras descendre)

2Sam.3,21: "... et tu règneras en tout ce que désirera ton *nephech*"
(sur tout ce que tu désireras)

1Rois 11,37: "Tu régneras sur tout ce que désirera ton *nephech*" (idem)

2Rois 9,15: "Si c'est en votre *nephech*, qu'aucun fuyard ne sorte de la ville"
(si telle est votre volonté)

Is.26,8: "à ton nom, à ton souvenir (va) le désir du *nephech*" (être profond)

Is.26,9: "Mon *nephech* (a été) en désir de toi pendant la nuit" (être profond)

Jér.2,24: "Onagre, habitué au désert, au désir de son *nephech*, il aspire le souffle
(*rouakh*). Son rut, qui le freinera ?" (être profond, instinct animal)

Jér.22,27: "sur la terre qu'ils portent leur *nephech* à y revenir" (être profond)
(sur la terre où ils désirent ardemment revenir)

Jér.44,14: "... eux qui portent leur *nephech* à retourner pour habiter là"
(être profond) (eux qui désirent ardemment y retourner pour y habiter)

Ez.16,27: "je t'ai livrée au *nephech* de celles qui te haïssent, les filles des
Philistins" (désirs)

Ez.24,25: "le jour où je leur prendrai ... le transport de leur *nephech*"
(être profond) (ce qui fait l'objet de leur désir) (il s'agit du Temple)

Os.4,8: "Du péché de mon peuple ils se nourrissent; vers leur faute ils dirigent
leur *nephech* (leur être, leur désir, appétit)

Mich.7,3: "le grand (= le notable) parle du désir de son *nephech;* ils tordront
(la justice) !" (désir, caprice)

Ps.10,3: "Car le méchant se loue du désir de son *nephech*" (désir, appétit)

Ps.25,1: "Vers Toi, Yahvé, je porte mon *nephech*" (être profond) (désir)

Ps.27,12: "Ne me livre pas au *nephech* de mes oppresseurs" (caprice, appétit)

Ps.33,20: "Notre *nephech* attend après Yahvé; notre secours et notre bouclier,
c'est Lui" (être profond, attente, désir)

Ps.41,3: "Tu ne le livres pas au *nephech* de ses ennemis"
(appétit, voracité au sens figuré)

Ps.42,2: "Comme la biche soupire après les eaux courantes, ainsi mon *nephech*
soupire après toi, Elohîm" (être profond) (désir)

Ps.42,3: "Mon *nephech* a soif d'Elohîm, d'El vivant" (être profond) (désir)

Ps.63,2: "Mon *nephech* a soif de Toi, ma chair languit après Toi" (être profond)
(+ soif physique)

Ps.86,4b: "car vers Toi Adonaï, je porte mon *nephech*" (être profond) (désir)

Ps.119,20: "Mon *nephech* se consume à désirer tes jugements en tout temps"
(être profond)

Ps.119,81: "Mon *nephech* languit après ton salut; j'attends après ta parole"
(être profond)

Ps.130,5: "J'attends Yahvé, mon *nephech* attend; j'espère en ta parole"
(être profond)

Ps.130,6: "Mon *nephech* (attend) après Adonaï, plus que les veilleurs après
l'aurore" (idem)

Ps.143,6: "Mon *nephech* (est) comme une terre altérée après toi " (être profond)
(+gosier)

Job 23,13: "(ce que) son *nephech* désire, il (le) fait" (être profond) (Y)

Prov.19,2: "Assurément, sans réflexion, le *nephech* n'est pas bon" (le désir)
(sens moral)

Prov.19,18: "à le faire mourir, ne porte pas ton *nephech*" (désir, intention) (sans
qu'il soit dans tes intentions de le faire mourir prématurément)

Qoh.4,8: "Pour qui dois-je peiner et priver mon *nephech* de bonheur ?"
(être profond) (+ gosier,appétit, mais on passe ici au sens figuré)

Qoh.6,2: "(Voilà) un homme auquel Dieu a donné la richesse, des ressources, la
gloire et à qui rien ne manque pour son *nephech* de tout ce qu'il désire"
(être profond)

Qoh.6,3: "(mais) son *nephech* n'est pas rassasié de bonheur" (idem)

Qoh.6,7: "... et pourtant son *nephech* n'est pas comblé !" (idem)

Qoh.6,9: "Mieux (vaut) de voir des yeux que de suivre le *nephech*"
(désir, caprice)

Qoh.7,28: "Ce que mon *nephech* cherche encore (mais que) je n'ai pas trouvé: ..." (être profond)

       - attachement, détachement, rejet   38 x

           - attachement, sentiment amoureux   18x

Gn.34,3: "Son *nephech* s'attacha à Dina, fille de Jacob" (son être profond)

Gn.34,8: "Son *nephech* s'est attaché à votre fille; donnez-la lui donc pour femme" (idem)

Gn.44,30a: "et son *nephech* est attaché à son *nephech*" (l'être profond du fils est attachée à l'être profond du père) (Benjamin - Jacob)

Gn.44,30b: "et son *nephech* est attaché à son *nephech*"

Deut.13,7: "ou ton ami qui est comme ton *nephech*" (comme ta propre personne)

1Sam.18,1a: "Le *nephech* de Jonathan se lia au *nephech* de David" (être profond)

1Sam.18,1b: "Le *nephech* de Jonathan se lia au *nephech* de David" (être profond)

1Sam.18,1c: "Jonathan l'aima comme son *nephech*" (comme lui-même)

1Sam.18,3: "Jonathan conclut une alliance avec David par amour pour lui comme son *nephech*" (BJ: car il l'aimait comme lui-même)

1Sam.20,17: "car son *nephech* l'aimait d'amour" (être profond)
(BJ: car il   l'aimait de toute son âme; DH: ... comme il s'aimait lui-même; BA: ...de tout son coeur; CHOU: car il l'aimait de l'amour de son être)

Jér.12,7: "J'ai livré ce que chérissait mon *nephech* à la paume de ses ennemis" (Y) (ce que je chérissais)

Cant.1,7: "Raconte-moi, aimé de mon *nephech*, où tu fais paître (ton troupeau) "

Cant.3,1: "Sur ma couche, durant les nuits, j'ai cherché l'aimé de mon *nephech*"

Cant.3,2: "sur les marchés, sur les places, je chercherai l'aimé de mon *nephech*"

Cant.3,3: "L'aimé de mon *nephech*, l'avez-vous vu ?"

Cant.3,4: "A peine les avais-je dépassés que je trouvai l'aimé de mon *nephech*"

Cant.5,6: "Mon *nephech* sortit à sa parole"   (verset obscur; proposition: mon
nephech sortit de moi (= mon coeur défaillit) à sa parole d'adieu)

Cant.6,12: "Je ne savais pas que mon *nephech* m'avait mise (sur) les attelages
d'Ammi-Nadiv" (Amminadab ? image allégorique de l'emportement amoureux ?)

- sentiment de répulsion, de rejet, de dédain   13x

2Sam.5,8: "le *nephech* de David hait les boîteux et les aveugles" (être profond)

Is.1,14: "Vos lunaisons, vos rassemblements, mon *nephech* les a en horreur"
(être profond) (Y)

Is.49,7: "Ainsi parle Yahvé, ..., au méprisé (quant au) *nephech*, à l'honni des
Nations, ..."

Jér.14,19: "Est-ce que ton *nephech* est dégoûté par Sion ?" (être profond) (Y)

Jér.15,1: "Même si Moïse se tenait, ainsi que Samuel, devant moi, mon *nephech*
(ne reviendrait) pas vers ce peuple" (être profond) (Y)

Ez.16,5: "Tu fus abandonnée en rase campagne, par dégoût de ton *nephech*, le
jour où tu naquis" (par mépris, rejet de toi)

Ez.25,6: "et que tu te réjouis par tout ton dédain, par (tout) ton *nephech* pour le
sol d'Israël"

Ez.25,15: "et ils se sont vengé de vengeance par dédain et par *nephech*, pour la
destruction, haine de toujours" (être profond)

Ez.36,5: "... qui se sont attribués ma terre en héritage dans la joie de tout coeur
(= le coeur   tout en joie) et le mépris du *nephech*"

Zach.11,8a: "Mon *nephech* s'impatienta envers elles (= les brebis)" (Y)
(je perdis patience ...)

Zach.11,8b: et leur *nephech* aussi se dégoûta envers moi" (être profond)

Ps.17,9: "mes ennemis de *nephech* me cernent" (ennemis du fond de l'être)

Job 10,1a: "Mon *nephech* est dégoûté par la vie"

- menace de détachement (affectif)   7x

Jér.6,8: "Corrige-toi, Jérusalem, de peur que mon *nephech* ne se détache de toi"
(Y)

Ez.23,17: "(quand) elle fut souillée par eux, son *nephech* se détacha d'eux"
(allégorie de la prostitution d'Israël aux idoles des pays étrangers: Ez.23,17-28)

Ez.23,18a: "Mon *nephech* s'est détaché d'elle

Ez.23,18b: comme mon *nephech* s'était détaché de sa soeur"

Ez.23,22: "... ceux dont ton *nephech* s'est détaché"

Ez.23,28: "en main de ceux dont ton *nephech* s'est détaché"

Ez.24,21: "Voici que je profanerai mon sanctuaire, ..., l'émoi de vos *nephech*"
(le sanctuaire ... auquel vous êtes si attachés)

- esprit amer, sentiment d'amertume, mélancolie, acédie   15x
(cet usage très "psychologisant" se réfère en fait au gosier comme organe du
goût)

Jug.18,25a: "de peur que ne vous attaquent les hommes au *nephech* amer"

1Sam.1,10: "Elle, le *nephech* amer, pria Yahvé, pleura, pleura"

1Sam.22,2: "... tout homme qui a le *nephech* amer"

1Sam.30,6: "Car le *nephech* de tout le peuple (était) amer"

2Sam.17,8: "Toi, tu connais ton père et ses hommes, combien ils sont des héros,
combien ils sont amers de *nephech*" (exaspérés au plus profond d'eux-mêmes)

2Rois 4,27: "Laisse-la, car son *nephech* (est) amer"

Is.38,15: "Je cheminerai toutes mes années avec l'amertume de mon *nephech*"

Ez.27,31: "ils pleureront à ton sujet, par amertume de *nephech*, en une
lamentation amère"

Job 3,20: "Pourquoi donne-t-il la lumière à un malheureux et la vie aux amers du
nephech"

Job 7,11: "je me plaindrai dans l'amertume de mon *nephech*"

(Job 10,1a: "Mon *nephech* est dégoûté par la vie"

Job 10,1b: "je parlerai dans l'amertume de mon *nephech*"

Job 21,25: "et un tel meurt, l'amertume dans le *nephech*"

Job 27,2: "Chaddaï a rendu amer mon *nephech"*

Prov.14,10: "Le coeur connaît l'amertume de son *nephech*"

Prov.31,6: "Donnez de l'alcool à celui qui dépérit, du vin aux amers du *nephech*"

         - expression de la louange   10x

Is.61,10: "Exulte, j'exulte en Yahvé; mon *nephech* jubile en mon Elohîm"
        (être profond)

Ps.34,3: "En Yahvé mon *nephech* se loue" (être en louange)

Ps.35,3: "Dis à mon *nephech*: ton salut, c'est moi !" (louange) (salut en Dieu)

Ps.35,9: "Mon *nephech* se réjouit en Yahvé; il exulte en son salut"
        (être en louange)

Ps.103,1: "Que mon *nephech* bénisse Yahvé et que toute mon entraille (bénisse)
        son saint nom" (être en louange)

Ps.103,2: "Que mon *nephech* bénisse Yahvé et qu'il n'oublie aucun de ses
        bienfaits" (idem)

Ps.103,22: "Que mon *nephech* bénisse Yahvé !" (idem)

Ps.104,1: "Que mon *nephech* bénisse Yahvé !" (idem)

Ps.104,35: "Que mon *nephech* bénisse Yahvé ! Alleluia !" (idem)

Ps.146,1: "Loue Yahvé, ô mon *nephech*" (être en louange)

         2b. la personne comme sujet moral   126 x

            - engagement moral plénier de la personne   37x

              - être de bénédiction (engagement moral)   4x

Gn.27,4: "afin que mon *nephech* te bénisse avant que je ne meure"
(afin que je te bénisse)

Gn.27,19: "Mange de mon gibier de sorte que ton *nephech* me bénisse"
(de sorte que tu me bénisses)

Gn.27,25: "Je mangerai le gibier, mon fils, afin que mon *nephech* te bénisse"
(afin que je te bénisse)

Gn.27,31: "... qu'il mange du gibier de son fils de sorte que son *nephech* me
bénisse" (de sorte qu'il me bénisse)

- de tout ton coeur et de tout ton *nephech*   19x
(engagement moral plénier)

Deut.4,29: "... quand tu le chercheras de tout ton coeur et de tout ton *nephech*"
(être, personne, engagement plénier)

Deut.6,5: "Tu aimeras Yahvé, ton Dieu, de tout ton coeur, de tout ton *nephech,*
et de toute ta force"

Deut.10,12: "... de servir Yahvé, ton Dieu, de tout ton coeur, de tout ton
nephech"

Deut.11,13: "... pour le servir de tout votre coeur, de tout votre *nephech*"

Deut.13,4: "pour savoir si vous aimez Yahvé, votre Dieu, de tout votre coeur, de
tout votre *nephech*"

Deut.26,16: "tu les observeras et exécuteras de tout ton coeur et de tout ton
nephech"

Deut.30,2: "... de tout ton coeur et de tout ton *nephech*"

Deut.30,6: "... pour aimer Yahvé, ton Dieu, de tout ton coeur, de tout ton
nephech"

Deut.30,10: "... quand tu reviendras vers Yahvé, ton Dieu, de tout ton coeur, de
tout ton *nephech*"

Jos.22,5: "... pour le servir de tout votre coeur, de tout votre *nephech*"

Jos.23,14: "Comprenez-le de tout votre coeur, de tout votre *nephech*"

1Rois 2,4: "... pour marcher devant moi fidèlement, de tout leur coeur et de tout leur *nephech*"

1Rois 8,48: "et qu'ils reviennent à toi de tout leur coeur et de tout leur *nephech*"

2Rois 23,3: "pour observer ses commandements, ..., de tout coeur et de tout le *nephech*"

2Rois 23,25: "Il n'y eut pas, avant lui, de roi comme lui qui soit retourné vers Yahvé de tout son coeur, de tout son *nephech* et de toute sa force"

Jér.32,41: "de tout mon coeur et de tout mon *nephech*"

2Chron.6,38: "et ils revinrent à toi de tout leur coeur et de tout leur *nephech*"

2Chron.15,12: "ils entrèrent dans l'alliance pour rechercher Yahvé, Dieu de leurs pères, de tout leur coeur et de tout leur *nephech*"

2Chron.34,31: "pour garder ses commandements ... de tout son coeur et de tout son *nephech*"

- pratique des voeux (engagement juridique du sujet)

11x

Nbr.30,3: "Quand un homme voue un voeu à Yahvé ou sermente un serment pour lier un lien sur son *nephech,* il ne profanera pas sa parole"
(en engageant sa personne)

Nbr.30,5a: "et que son père entend son voeu et le lien par lequel elle a lié sur son *nephech*"(idem)

Nbr.30,5b: "tout lien par lequel elle a lié sur son *nephech* est valide"
(sa personne)

Nbr.30,6: "ses liens par lesquels elle a lié sur son *nephech* ne sont pas valides"
(idem)

Nbr.30,7: "ou que ses lèvres ont prononcé ce qu'elle a lié sur son *nephech*"
(idem)

Nbr.30,8: "les liens par lesquels elle a lié sur son *nephech* sont valides" (idem)

Nbr.30,9: "et que ses lèvres ont prononcé ce qu'elle a lié sur son *nephech*" (idem)

Nbr.30,10: "tout ce dont elle a lié sur son *nephech* sera valide pour elle" (idem)

Nbr.30,11: "ou qu'elle lie d'un lien sur son *nephech* par un serment" (idem)

Nbr.30,12: "et tout lien qu'elle a lié sur son *nephech* sera valide" (idem)

Nbr.30,13: "tout ce qui est sorti de ses lèvres pour ses voeux et pour lier son *nephech*" (idem)

(Nbr.30,14: "Tout voeu, tout serment liant pour humilier le *nephech*" (cf. Lév.16,29)

                     - engagement moral du sujet   2x

Jér.51,14: "Iahvé Sabaot l'a juré par son *nephech*" (en s'engageant lui-même) (Y)

Amos 6,8: "Le Seigneur Yahvé l'a juré par son *nephech:* ..." (idem) (Y)

                     - soutien moral, thème de l'élection   1x

Is.42,1: "Voici mon serviteur, je le soutiens; en mon élu, mon *nephech* se complaît" (Y)

                     - attitude de la personne envers les prescriptions religieuses
                                           22x

                     - thématique du pur et de l'impur   4x

Lév.11,43: "Ne rendez pas vos *nephech* abominables ..."
(vos personnes, vous-mêmes)

Lév.11,44: "Ne rendez pas vos *nephech* impurs ..." (vos personnes, vous-mêmes)

Lév.20,25: "Ne rendez pas vos *nephech* immondes par l'animal, le volatile, ..." (personnes)

Ez.4,14: "Voici, mon *nephech* n'a pas été souillé; je n'ai pas mangé de charogne ..." (je ne me suis pas rendu impur en mangeant de la charogne)

                     - pratique de pénitence: mortifier son corps par le jeûne
(à remarquer que dans ces cas, le mot *nephech* équivaut à "corps" !) 10x

Lév.16,29: "... vous humilierez vos *nephech* et ne ferez aucun travail"
(se mortifier, mortifier son corps par le jeûne)

Lév.16,31: "Ce sera sabbat des sabbats pour vous, vous humilierez vos *nephech*;
règle pour toujours" (idem)

Lév.23,27: "Vous humilierez vos *nephech* et vous sacrifierez (par) un feu à
Yahvé" (idem)

Lév.23,32: "Ce sera pour vous sabbat des sabbats: vous humilierez vos *nephech*"
(idem)

Nbr.29,7: "Humiliez vos *nephech* et ne faites aucun travail" (idem)

Nbr.30,14: "Tout voeu, tout serment liant pour humilier le *nephech*" (idem)

Is.58,3: "Nous avons affligé nos *nephech* et tu ne le sais pas"
(mortifier son corps par le jeûne)

Is.58,5: "Est-ce là le jeûne que j'aime ? Le jour où l'humain mortifie son
nephech ?" (idem)

Ps.35,13: "je meurtris mon *nephech* par la jeûne" (idem)

Ps.69,11: "Quand je pleure pendant le jeûne de mon *nephech*, cela me vaut de
l'opprobre" (idem)

- thématique de l'expiation   4x

Lév.17,11b: "et moi je vous l'ai mis sur l'autel pour expiation sur vos *nephech*"
(pour expiation sur vos personnes coupables)

Lév.17,11c: "car c'est le sang qui fait expiation pour le *nephech*"
(pour la personne coupable)

Is.53,10: "mais s'il fait sacrifice d'expiation de son *nephech*, il verra une
descendance, il prolongera ses jours" (pour sa personne coupable)
(ou "d'initiative" ?)

Is.53,12: "parce qu"il a dépouillé à la mort son *nephech*" (il a fait pénitence à
l'extrême) (ou de lui-même, d'initiative ?) (chant du Serviteur souffrant)

- thématique de l'agrément ou du rejet
(des prescriptions religieuses)   4x

Lév.26,11: "et mon *nephech* ne vous dédaignera pas" (je vous pardonnerai) (Y)

Lév.26,15: "Si vous rejetez mes règles et si votre *nephech* dédaigne mes ordonnances, ..." (si vous dédaignez ...)

Lév.26,30: "Mon *nephech* vous dédaignera" (je vous renierai) (Y)

Lév.26,43: "et que leur *nephech* aura dédaigné mes ordonnances" (ils auront ...)

- par rapport à la conscience morale   67x

- prendre garde à, avertissement moral   4x

Deut.4,9: "Seulement, prends garde à toi, garde bien ton *nephech*, de peur de ..." (personne, au sens moral)

Deut.4,15: "Prenez bien garde à vos *nephech*" (idem)

Jos.23,11: "Prenez bien garde à vos *nephech*, pour aimer Yahvé votre Dieu" (à vous-mêmes)

Jér.17,21: "Prenez garde à vos *nephech* et ne portez pas de charges le jour du Sabbat"(prenez garde à vous-mêmes)

- intériorisation de la norme (religieuses ou morales)
5x

Deut.11,18: "Vous mettrez les paroles que voici sur votre coeur, sur votre *nephech*" (personne)

1Chron.22,19: "Maintenant, mettez vos coeurs et vos *nephech* à rechercher Yahvé" (idem)

1Chron.28,9: "sers-le d'un coeur parfait et d'un *nephech* volontaire" (sujet moral)

Ps.119,129: "Merveilles que tes témoignages; aussi mon *nephech* les garde" (sujet moral)

Ps.119,167: "Mon *nephech* observe tes témoignages; je les aime fort" (sujet moral)

139

2Sam.18,13: "Ou bien je mentirais à mon *nephech"* (à moi-même)

Jér.4,19: "car le son du cor, tu l'a entendu, mon *nephech* !"
       (je l'ai moi-même entendu)

Jér.37,9: "Ne trompez pas vos *nephech* en disant: ..."
       (ne vous abusez pas vous-mêmes)

Jér.42,20: "Car vous errez par vos *nephech"* (vous vous égarez vous-mêmes)

Job 9,21: "Suis-je innocent ? Je ne connais pas mon *nephech"*
       (je ne le sais pas moi-même)

Job 16,4a: "si votre *nephech* était à la place de mon *nephech"*
       (si vous étiez à ma place)

Job 16,4b: "si votre *nephech* était à la place de mon *nephech"* (idem)

Job 32,2: " à cause de Job s'enflamma sa narine car il avait justifié son *nephech*
       par rapport à Elohîm" (il s'était justifié lui-même)

Prov.15,32: "Qui rejette la correction méprise son *nephech"*
       (se méprise lui-même)

Prov.23,7: "car (il est) comme quelqu'un qui calcule en son *nephech"*
       (en lui-même)

Prov.24,12: "Celui qui observe ton *nephech* sait, lui; et il rend à l'humain selon
       son oeuvre" (conscience)

Prov.24,14: "Ainsi, sache-le, (sera) la sagesse pour ton *nephech"*
       (conscience morale)

Prov.25,13: "il réconforte le *nephech* de ses maîtres" (agrément moral)

Prov.27,9: "L'huile et le parfum réjouissent le coeur, ..., plus que le conseil du
       nephech" (plus que l'avis de soi seul)

Prov.29,24: "Qui partage avec un voleur hait son *nephech"*
       (trahit sa conscience morale)

Is.3,9: "Ils ne s'en cachent pas. Malheur à leur *nephech* !"
(malédiction sur les coupables)

Is.66,3: "dans leurs abjections, leur *nephech* se complaît"
(complaisance dans le mal)

Jér.3,11: "Elle a justifié son *nephech* la rebelle Israël, plus que la traîtresse Juda"
(elle s'est justifié elle-même) (sujet coupable)

Jér.26,19: "Et nous, nous faisons un grand mal à nos *nephech*" (nous-mêmes)
(sujet coupable)

Jér.44,7: "Pourquoi faites-vous un grand mal à vos *nephech* ?"
(êtres, vous-mêmes)

Mich.6,7: "Donnerai-je le fruit de mon ventre pour le péché de mon *nephech*"
(sujet coupable)

Hab.2,4: "Voici, il est enflé, il n'est pas droit, son *nephech* en lui; mais le juste
vivra par sa confiance (en Dieu)" (sujet coupable)

Hab.2,10: "ton *nephech* a fauté" (sujet coupable)

Ps.3,3: "Nombreux ceux qui disent de mon *nephech*: point de salut pour lui en
Elohîm" (ceux qui disent de moi) (sujet présumé coupable)

Ps.11,1: "Pourquoi vous dites à mon *nephech*: ..." (sujet accusé)

Ps.41,5: "Yahvé, aie pitié de moi ! Guéris mon *nephech* car j'ai péché contre
Toi" (sujet coupable)

Ps.71,13: "Qu'ils soient honteux et dépérissent ceux qui accusent mon *nephech*"
(sujet accusé)

Ps.88,15: "Pourquoi Yahvé rejettes-tu mon *nephech* ?"
(rejet moral du sujet coupable)

Ps.109,20: "Telle (est) l'oeuvre de mes accusateurs, ..., des diseurs de mal contre
mon *nephech*" (contre ma personne, contre moi) (sujet accusé)

Job 30,25: "mon *nephech* n'a-t-il pas eu pitié pour l'indigent ?" (sujet accusé)

Esth.4,13: "N'imagine pas en ton *nephech* d'échapper (à la mort), (étant) dans la maison du roi, parmi toutes les judéennes" (en toi-même, comme si tu n'étais pas coupable)

- menace de sanction morale   2x

Jér.5,9: "Est-ce que, contre une telle nation, mon *nephech* ne se vengerait-il pas ?" (Y)

Jér.9,8: "Est-ce que, contre une telle nation, mon *nephech* ne se vengerait-il pas ?" (Y)

- désapprobation morale   4x

Ps.11,5: "Yahvé sonde le juste et le méchant; son *nephech* hait celui qui aime la violence" (Y)

Prov.6,16: "Six (vices) que hait Yahvé; sept (qui sont) abominations de son *nephech*" (Y)

Prov.13,2: "Du fruit de la bouche de l'homme (sage), il mange (ce qui est) bon, mais le *nephech* des impies (n'est que) violence" (+gosier, appétit)

Prov.21,10: "Le *nephech* du méchant désire le mal; son prochain ne trouve pas grâce à ses yeux" (sujet moral)

- mérite / stérilité morale   3x

Is.46,2: "Leur *nephech* va en captivité" (impuissance des idoles)

Ps.24,4: "... celui qui ne porte pas en vain son *nephech*" (mérite moral)

Ps.35,12: "Ils me rendent le mal pour le bien; stérilité pour mon *nephech*"

- récompense morale pour le sujet 2x

Ps.25,13: "Son *nephech* sera logé dans le bien et sa descendance possédera la terre"

Prov.29,17: "Corrige ton fils ..., il procurera des jouissances à ton *nephech*"

- thématique du rachat moral   6x

(ce thème trouve son origine dans la pratique du rachat de la vie physique, pratique juridique et cultuelle)

Ps.34,23: "Yahvé rachète le *nephech* de ses serviteurs" (sujet moral)

Ps.49,9: "il est coûteux le rachat de leur *nephech*" (sujet moral)

Ps.55,19: "Il rachète mon *nephech* dans la paix" (sujet moral)

Ps.69,19: "Approche-toi de mon *nephech*, rachète-le" (sujet moral)

Ps.71,23: "Mes lèvres crieront de joie quand je chanterai pour Toi; mon *nephech* que tu as racheté" (sujet moral)

Lam.3,58: "Tu combats, Seigneur, les combats de mon *nephech*; tu rachètes ma vie (*khaya*)

- appel à la délivrance morale, délivrance   4x

(ce thème est légèrement différent de la délivrance par rapport à l'angoisse)

Ps.120,2: "Yahvé, délivre mon *nephech* de la lèvre de mensonge" (sujet moral) (délivrance)

Ps.120,6: "Trop (longtemps) mon *nephech* a habité avec ceux qui haïssent la paix" (moral)

Ps.123,4: "Trop, notre *nephech* a été rassasié (par) le sarcasme des satisfaits"(sujet moral)

Ps.124,7: "Notre *nephech*, comme un oiseau, s'est échappé du filet des oiseleurs" (sujet moral)

- préservation   4x

Prov.13,3: "Qui surveille sa bouche préserve son *nephech*" (sujet moral)

Prov.16,17: "Il préserve son *nephech*, celui qui surveille son chemin (= sa conduite)" (moral)

Prov.19,16: "Qui garde le précepte, garde son *nephech*" (sujet moral)

Prov.21,23: "Qui garde sa bouche et sa langue garde son *nephech* des tourments" (moral)

- piège moral, occasion de péché   2x

Prov.18,7: "La bouche du sot (est) ruine pour lui; ses lèvres, le piège de son *nephech*" (sujet moral)

Prov.22,25: "de peur que tu ne t'instruises de ses voies et que tu ne rencontres un piège pour ton *nephech*" (sujet moral)

3. <u>les êtres, en tant qu'individus</u>   **101x**
(ou groupes d'individus)

En voici d'abord le symoptique:

3a. la personne comme sujet de juridiction religieuse	55x
3b. dénombrement de personnes	22x
3c. le personnel, les gens	8x
3d. les esprits (vise les pratiques divinatoires)	8x
3e. un sujet fiscal (impôt de capitation)	5x
3f. une personnalité, des disciples, une compagnie	3x

     3a. la personne comme sujet de juridiction religieuse   55x

(dans tous ces usages, *nephech* peut être remplacé par un pronom indéfini ou démonstratif)

Gn.17,14: "Le mâle incirconcis, ..., ce *nephech*-là sera retranché de sa parenté" (cet être)

144

Ex.12,15: "car tout mangeur de (pain) fermenté, ce *nephech* sera retranché d'Israël" (cette personne sera exclue d'Israël) (celui-là)

Ex.12,16: "il n'y sera fait aucun travail, sauf ce qui sera mangé par tout *nephech*" (chacun)

Ex.12,19: "car tout mangeur de (pain) fermenté, ce *nephech* sera retranché de la communauté d'Israël" (cette personne, celui-là)

Ex.31,14: "car quiconque y fera un travail, ce *nephech* sera retranché du sein de son peuple" (cette personne, celui-là)

Lév.2,1: "Lorsqu'un *nephech* offrira une offrande (en) oblation à Yahvé, ..." (une personne) (lorsque quelqu'un, quiconque, celui qui, ...)

Lév.4,2: "Lorsqu'un *nephech* pèchera par inadvertance ..." (une personne, quelqu'un)

Lév.4,27: "Si un *nephech* du peuple pèche par inadvertance ..." (une personne)

Lév.5,1: "Lorsqu'un *nephech* pèche alors qu'il a entendu la voix de l'imprécation, ..." (personne)

Lév.5,2: "ou bien un *nephech* qui touche à une chose impure, cadavre ..." (une personne)

Lév.5,4: "ou bien un *nephech* qui jure, ..." (une personne)

Lév.5,15: "Un *nephech* qui fraude de fraude ou pèche par inadvertance ..." (une personne)

Lév.5,17: "Si un *nephech* pèche ..." (une personne)

Lév.5,21: "Un *nephech* qui pèche et fraude de fraude envers Yahvé ..." (une personne)

Lév.7,18: "le *nephech* qui en mangera portera une faute" (la personne)

Lév.7,20a: "Le *nephech* qui mangera la chair du sacrifice des pacifications ..." (la personne)

Lév.7,20b: "ce *nephech*-là sera retranché de son peuple" (cette personne-là)

Lév.7,21a: "Le *nephech* qui touche n'importe quelle impureté ..." (la personne)

Lév.7,21b: "ce *nephech*-là sera retranché de son peuple" (cette personne-là)

Lév.7,25: "le *nephech* qui en aura mangé sera retranché de son peuple"
(la personne)

Lév.7,27a: "Tout *nephech* qui mangera de tout sang, ..." (toute personne)

Lév.7,27b: "ce *nephech*-là sera retranché de son peuple" (cette personne-là)

Lév.17,10: "je donnerai mes faces (= j'exprimerai ma colère) contre le *nephech*
qui mangera le sang et je le retrancherai du sein de son peuple"
(contre la personne qui, celui qui)

Lév.17,12: "Aucun *nephech* parmi vous ne mangera de sang" (aucune personne)

Lév.17,15: "Tout *nephech* qui mange une (bête) morte ou lacérée ..."
(toute personne)

Lév.18,29: "les *nephech* qui feront (ces abominations) seront retranchées du sein
de leur peuple" (les personnes)

Lév.19,8: "Ce *nephech* sera retranché de son peuple" (cette personne)

Lév.20,6a: "Le *nephech* qui se tourne vers les nécromants et les devins ..."
(la personne)

Lév.20,6b: "je donnerai mes faces (= je me mettrai en colère) contre ce *nephech*-
là, je le retrancherai du sein de son peuple" (contre cette personne)

Lév.22,3: "..., ce *nephech*-là sera retranché de ma face, moi Yahvé"
(cette personne)

Lév.22,6: "... le *nephech* qui le touche est impur jusqu'au soir" (la personne)

Lév.23,29: "Car tout *nephech* qui ne se sera pas humilié dans l'os de ce jour (=
dans le courant de ce jour) sera retranché de son peuple" (toute personne)

Lév.23,30a: "Tout *nephech* qui fera tout travail dans l'os de ce jour
(= dans le courant de)" (toute personne) (quiconque)

Lév.23,30b: "je ferai périr ce *nephech*-là du sein de son peuple"
   (cette personne-là)

Nbr.5,6: "..., ce *nephech* est coupable" (cette personne)

Nbr.9,13: "..., ce *nephech* sera retranché d'entre ses peuples" (cette personne)

Nbr.15,27: "Si un seul *nephech* faute par inadvertance, ..." (personne)

Nbr.15,28: "Le prêtre fera l'expiation devant Yahvé sur le *nephech* qui a erré ..."
   (la personne)

Nbr.15,30a: "Le *nephech* qui agit à main levée" (la personne qui agit en pleine
   conscience, délibérément, par opposition aux fautes "par inadvertance")

Nbr.15,30b: "Ce *nephech* sera retranché du sein de son peuple" (cette personne)

Nbr.15,31: "Ce *nephech* sera retranché; sa faute en lui" (cette personne)

Nbr.19,13b: "ce *nephech* sera retranché d'Israël" (cette personne)

Nbr.19,18: "et il aspergera sur les tentes, sur tous les objets et sur tous les
   nephech qui seront là" (sur toutes les personnes qui)

Nbr.19,20: "Ce *nephech* sera retranché du milieu de l'assemblée" (cette personne)

Nbr.19,22: "Le *nephech* qui le touche sera impur jusqu'au soir" (la personne)

Nbr.31,50: "pour l'expiation sur nos *nephech* devant la face de Yahvé"
   (personnes)

Nbr.35,31: "Vous n'accepterez pas de rançon pour le *nephech* d'un meurtrier qui
est un criminel (passible) de mort" (pour la personne -juridique- d'un meurtrier)

Deut.21,14: "Si tu ne la désires plus, renvoie-la à son *nephech*"
   (renvoie-la libre comme sujet de droit à part entière) (cf. Jér.34,16)

Deut.24,7: "Quand un homme est trouvé avoir enlevé un *nephech*"
   (une personne)

Jér.34,16: "(esclaves) que vous aviez renvoyés libres de leur *nephech*"
   (libres comme sujets de droit à part entière) (cf. Deut.21,14)

Ez.18,4a: "Voici, tous les *nephech* (sont) à moi" (sujets juridiques)

Ez.18,4b: "aussi bien le *nephech du père*

Ez.18,4c: que le *nephech* du fils, (ils sont) à moi"

Ez.18,4d: "Le *nephech* qui faute, celui-là mourra" (la personne) (sujet coupable)

Ez.18,20: "Le *nephech* qui faute, celui-là mourra" (la personne) (sujet coupable)

      (a+. classé à "vie en péril" mais également sujet de juridiction) (21x)

(Ex.21,23a: "Mais s'il y a blessure, tu donneras <u>*nephech*</u> contre *nephech*,
oeil contre oeil, dent contre dent, pied contre pied" (vie contre vie)

(Ex.21,23b: "Mais s'il y a blessure, tu donneras *nephech* contre <u>*nephech*,</u> ..."

(Ex.21,30: "Si une rançon est exigée de lui, il donnera le rachat de son *nephech*
selon tout ce qui sera exigé de lui" (le rachat de sa vie physique par
substitution à la peine de mort; il s'agit ici d'un procédure juridique)

(Lév.24,17: "Quand un homme frappe tout *nephech* d'un humain, ..."
(n'importe quel être humain, mettant ainsi sa vie en péril)

(Lév.24,18a: "Celui qui frappe le *nephech* d'un animal, paiera: ..."

(Lév.24,18b: "il paiera <u>*nephech*</u> contre *nephech*" (être pour être, vie pour vie)

(Lév.24,18c: "il paiera *nephech* contre <u>*nephech*</u>" (être pour être, vie pour vie)

(Nbr.31,19: "Tout meurtrier d'un *nephech*, ...," (être, personne) (* sujet de Droit)

(Nbr.35,11: "le meurtrier qui a frappé un *nephech* par inadvertance s'enfuira là"
(personne)

(Nbr.35,15: "pour que s'enfuie là tout frappeur de *nephech* par inadvertance"
(personne)

(Nbr.35,30a: "tout frappeur de *nephech* selon la bouche (= les dires) de
témoins ..." (personne)

(Nbr.35,30b: "un témoin unique n'accusera pas contre un *nephech* (passible) de
  mort" (personne)

(Deut.19,6: "Il frapperait le *nephech* alors qu'il n'est pas passible de mort"
  (il frapperait la personne mortellement)

(Deut.19,11: "si ... il frappe le *nephech* et qu'il meurt"
  (personne, en tant que vivant) (s'il le frappe la personne mortellement)

(Deut.19,21a: "Ton oeil ne sera pas indulgent: <u>*nephech*</u> contre *nephech*,
  oeil contre oeil, dent contre dent, main contre main, pied contre pied"
  (personne physique, vie)

(Deut.19,21b: "Ton oeil ne sera pas indulgent: *nephech* contre <u>*nephech*</u>,
  oeil contre oeil, dent contre dent, main contre main, pied contre pied"
  (personne physique, vie)

(Deut.22,26: "c'est comme un homme qui se lève contre son ami et tue (son)
  nephech" (être)

(Deut.24,6: "On ne prendra pas en gage le moulin ni la meule, car ce serait
  prendre en gage le *nephech* lui-même" (existence, moyens d'existence)

(Deut.27,25: "Maudit soit celui qui prend une récompense pour frapper le
  nephech d'un sang innocent" (BJ: pour frapper mortellement un vie
  innocente) (l'être, la vie)

(Jos.20,3: "... pour que s'y enfuie celui qui a frappé un *nephech* par
  inadvertance"

(Jos.20,9: "... pour que s'y enfuie celui qui a frappé un *nephech* par
  inadvertance"

3b. dénombrement de personnes   22x

Gn.46,15: "Tout le *nephech,* ses fils et ses filles: trente-trois "
  (total des personnes)

Gn.46,18: "..., (total): seize *nephech*" (personnes)

Gn.46,22: "Tout le *nephech*: quatorze" (total des personnes)

149

Gn.46,25: "Tout le *nephech*: sept" (total des personnes)

Gn.46,26a: "Tout le *nephech* venu avec Jacob en Egypte ..." (total des personnes)

Gn.46,26b: "... Tout le *nephech*: soixante-six" (total des personnes)

Gn.46,27a: "Fils de Joseph qui lui naquirent en Egypte: deux *nephech*" (personnes)

Ex.1,5a: "C'est tout le *nephech* sorti de la cuisse de Jacob: 70 *nephech*" (personnes)

Ex.1,5b: "C'est tout le *nephech* sorti de la cuisse de Jacob: 70 *nephech*" (personnes)

Ex.12,4: "... d'après le nombre de *nephech*" (personnes)

Ex.16,16: "Récoltez-en, (chaque) homme selon la bouche de sa nourriture (= selon sa faim), un *ômer* par crâne (= par tête, par personne), selon le nombre de vos *nephech*, (chaque) homme prendra selon qui (est) dans sa tente" (nbr. de personnes)

Nbr.31,28: "Prélève une taxe pour Yahvé: ..., un *nephech* sur cinq cents parmi les humains, les bovins, les ânes ou les ovins " (une personne)

Nbr.31,35a: " *nephech* d'humains: ...." (personnes humaines)

Nbr.31,35b: "..., tous les *nephech*: 32.000 (comme) nombre" (personnes)

Nbr.31,40a: " *nephech* d'humains: 16.000 (comme) nombre" (personnes humaines)

Nbr.31,40b: "leur taxe pour Yahvé: 32 *nephech*" (personnes)

Nbr.31,46: "*nephech* d'humains: 16.000 (comme) nombre" (personnes humaines)

Deut.10,22: "Tes pères sont descendus en Egypte avec 70 *nephech*" (personnes)

Jér.52,29: "En l'an 18 de Nabuchodonosor, 832 *nephech*" (êtres, personnes)

Jér.52,30a: "En l'an 23 ..., 745 *nephech*" (personnes)

Jér.52,30b: "Tout *nephech*: 4.600" (personnes)

1Chron.5,21: "...deux mille ânes et cent mille *nephech* d'humains" (personnes)

       3c. le personnel, les gens   8x

Gn.12,5: "Abram prit Saraï sa femme, Lot le fils de son frère, tout leur gain qu'ils avaient gagné et tout le *nephech* qu'ils avaient constitué à Haran" (le personnel, les gens)

Gn.14,21: "Le roi de Sodome dit à Abram: Donne-moi le *nephech* et prends pour toi le gain" (le personnel, les gens)

Gn.36,6: "Esaü prit ses femmes, ses fils, ses filles, tous les *nephech* de sa maison" (les gens)

Gn.46,27b: "Tout le *nephech* de la maison de Jacob venu en Egypte: ..." (tout le personnel)

Lév.22,11: "Quand un prêtre acquiert un *nephech* au prix de son argent, ..." (membre de personnel, serviteur, esclave)

1Sam.22,22: "Moi-même, j'ai causé (de l'embarras) à tout le *nephech* de la maison de mon père" (à tous les gens de la maison de mon père)

Jér.43,6: "hommes, femmes et enfants, ..., tous les *nephech* que Nebuzaradan ...avait laissés avec Godolias" (les personnes, les gens)

Ez.27,13: "ils fournissaient ton négoce en *nephech* d'humain et en objets de bronze" (esclaves)

       3d. les esprits (vise les pratiques divinatoires)   8x

Ez.13,18a: "Malheur à celles qui cousent des amulettes ... pour prendre au piège les *nephech*"

Ez.13,18b: "Prendrez-vous au piège les *nephech* de mon peuple ?" (les "esprits")

Ez.13,18c: "vivraient-ils pour vous les *nephech*?" (idem)

Ez.13,19a: "en faisant mourir des *nephech* qui ne devraient pas mourir" (idem)

Ez.13,19b: "et en faisant vivre des *nephech* qui ne devraient pas vivre" (idem)

Ez.13,20a: "Me voici contre vos amulettes qui vous servent à prendre au piège les *nephech* ..."

Ez.13,20b: "je les déchirerai de vos bras; je renverrai les *nephech* ..." (idem)

Ez.13,20c: "qui vous servent à prendre au piège les *nephech* (faits) pour les envols..." (idem)

3e. un sujet fiscal (impôt de capitation)   5x

Ex.30,12: "(chaque) homme donnera l'impôt de son *nephech*" (impôt de capitation)

Ex.30,15: "... selon l'impôt pour leur *nephech*" (personne physique)

Ex.30,16: "... selon l'impôt pour leur *nephech*" (personne physique)

Lév.27,2: "Quand un homme émet un voeu, (que ce soit) selon ton estimation des *nephech* pour Yahvé" (l'estimation par le prêtre du coût des voeux selon les personnes)

2Rois 12,5: "l'argent des *nephech,* (tel que) estimé" (taxe par personne)

3f. une personnalité, des disciples, une compagnie   3x

Ps.105,22: "(Il l'établit maître pour sa maison) ... pour lier ses chefs à son *nephech*" (à sa personne)

Prov.11,30: "Le fruit du juste (est) arbre de vie; le sage s'attire les *nephech*" (disciples)

Prov.29,10: "Les hommes de sang haïssent l'intègre; les (hommes) droits cherchent son *nephech*" (sa personne, sa compagnie)

En voici d'abord le synoptique:

<table>
<tr><td>4a. le gosier dans sa fonction alimentaire</td><td></td><td>49x</td></tr>
<tr><td>- le gosier affamé, rassasié, gourmand</td><td>45x</td><td></td></tr>
<tr><td>- le gosier assoiffé</td><td>4x</td><td></td></tr>
<tr><td>4b. le gosier dans sa fonction respiratoire</td><td></td><td>14x</td></tr>
<tr><td>- la respiration, le souffle</td><td>4x</td><td></td></tr>
<tr><td>- respiration mise en péril</td><td>4x</td><td></td></tr>
<tr><td>- dernier souffle</td><td>4x</td><td></td></tr>
<tr><td>- parfum</td><td>1x</td><td></td></tr>
<tr><td>- senteur</td><td>1x</td><td></td></tr>
<tr><td>4c. le cou, la gorge, comme zone du corps</td><td></td><td>6x</td></tr>
<tr><td>- une zone du corps, cible de violence</td><td></td><td></td></tr>
<tr><td>- zone du corps, sujette à humiliation</td><td></td><td></td></tr>
<tr><td>4d. la gorge, comme organe interne et sensible, lieu d'émotion</td><td></td><td>3x</td></tr>
</table>

4a. le gosier dans sa fonction alimentaire   49x

- le gosier affamé, rassasié, gourmand   45x

Ex.15,9: "..., je répartirai le butin, mon *nephech* (en) accumulera; je tirerai mon glaive, ma main acquerra (du butin)" (BJ: mon gosier s'en gorgera) (mon gosier se gorgera de vivres pris comme butin)

Nbr.21,5: "car il n'y a ni nourriture ni eau et notre *nephech* est dégoûté par cette nourriture minable"

(Deut.12,20a: "Quand ton *nephech* désirera manger de la chair"
(quand tu voudras manger de la viande) (classé à "désir", cf. 2.)

(Deut.12,20b: "selon tout le désir de ton *nephech*, tu mangeras de la chair"
(tu pourras manger de la viande autant que tu voudras)

(Deut.12,21: "tu (en) mangeras dans tes portes selon tout le désir de ton *nephech*" (tu pourras en manger dans ta localité autant que tu en voudras)

(Deut.23,25: "tu pourras manger des raisins selon ton *nephech*, à satiété" (selon ton désir)

(Deut.24,15: "car c'est un pauvre et vers cela (= son salaire) il dirige son *nephech*" (désir)

(1Sam.2,16: "Prends pour toi ce que désire ton *nephech*" (ce que tu veux) (contexte: "Qu'on fasse d'abord fumer la graisse, puis prends pour toi ce que tu veux manger")

Is.5,14: "C'est pourquoi le Chéol dilatera son *nephech* et sa bouche s'ouvrira démesurément"(le // avec bouche et le v. dilater invitent à traduire par "gosier")

Is.29,8a: "C'est comme il rêve, l'affamé: voici qu'il mange; il se réveille et son *nephech* (est) vide" (le contexte alimentaire impose de traduire ici par "gosier")

Is.32,6: "pour laisser vide le *nephech* de l'affamé et faire manquer l'assoiffé de boisson" (gosier)

Is.55,2: "Ecoutez, écoutez-moi bien: mangez (ce qui est) bon et vous régalerez vos *nephech* des (meilleurs) morceaux" (gosier) (vous vous régalerez ...)

Is.56,11: "Les chiens au *nephech* vorace ne connaissent pas la satiété" (gosier, appétit)

Is.58,10a: "Si tu prives ton *nephech* pour l'affamé" (gosier) (si tu te prives ...)

Is.58,10b: "et que tu rassasies le *nephech* du vagabond" (le gosier, l'appétit)

Is.58,11: "(Yahvé) rassasiera ton *nephech* dans les endroits arides"
(le gosier, l'appétit)

Jér.31,14: "Je rassasierai le *nephech* des prêtres des (meilleurs) morceaux"
(gosier)

Jér.31,25a: "Car je rassasierai le *nephech* épuisé" (gosier)

Jér.31,25b: "et tout *nephech* mortifié, je le remplirai" (gosier)

Jér.50,19: "Je ramènerai Israël à son pacage, ..., son *nephech* se rassasiera"
(gosier, appétit)

(Ez.4,14: "Voici, mon *nephech* n'a pas été souillé; je n'ai pas mangé de
charogne ..."
(sens premier: mon gosier n'a pas été souillé en mangeant de la charogne)
(sens figuré, moral: "mon être n'a pas été souillé, rendu impur)

Ez.7,19: "Ils ne rassasieront pas leur *nephech*; ils ne rempliront pas leurs
entrailles" (idem)

Os.9,4: "Car leur nourriture pour leur *nephech* ne viendra pas dans la maison de
Yahvé" (distinction entre nourriture pour la subsistance et nourriture pour
le culte)

Mich.7,1: "pas une figue tendre que mon *nephech* ne désire" (gosier)
(... que je ne désire)

Hab.2,5: "... celui qui, comme le Chéol, dilate son *nephech* et qui, comme la
mort, ne se rassasie pas"

Ps.23,3: "Il restaure mon *nephech*" (il me nourrit) (Ps. du Bon Pasteur: contexte
de nourriture) (trad. spiritualisante: "Il y refait mon âme")

Ps.35,25: "Qu'il ne disent pas en leur coeur: Ah, notre *nephech* ! Qu'ils ne disent
pas: Nous l'avons avalé" (Voilà notre ration, notre bouchée; nous l'avons
avalée) (gosier)

(Ps.41,3: "Ne le livre pas au *nephech* de ses ennemis"
(appétit, voracité au sens figuré)

Ps.63,6: "Comme de graisse et de moelle mon *nephech* sera rassasié, ..."
(gosier) (je serai ...)

Ps.78,18: "... en demandant à manger pour leur *nephech*" (gosier) (pour eux)

Ps.106,15: "Il leur accorda leur demande et envoya le dégoût à leur *nephech*"
(gosier) (allusion à la manne)

Ps.107,5: "Affamés, de plus assoiffés, leur *nephech* s'y sentait défaillir" (gosier)
(ils se sentaient)

(Ps.107,9a: "car il rassasie le *nephech* assoiffé" (comptabilisé à gosier assoiffé)

Ps.107,9b: et le *nephech* affamé, il le remplit bien" (gosier)

Ps.107,18: "Leur *nephech* avait en horreur toute nourriture" (gosier)
(ils avaient en horreur ...)

(Ps.123,4: "Notre nephech est par trop rassasié du sarcasme des satisfaits"
(vocabulaire du rassasiement, mais au sens figuré)

Job 6,7: "Ce que mon *nephech* refuse de toucher; (c'est) ça mon pain comme de
maladie"

Job 33,20: "Sa vie est dégoûtée du pain; son *nephech* de la nourriture
appétissante" (gosier)

Prov.2,10: "car la sagesse viendra en ton coeur; le savoir sera doux à ton
nephech" (gosier) (image de la sagesse douce comme le miel au gosier)
(cf.16,24 ou 27,7)

Prov.6,30: "On ne méprise pas le voleur quand il vole pour remplir son *nephech*
quand il a faim"

Prov.10,3: "Yahvé n'affame pas le *nephech* du juste" (gosier)

(Prov.11,25: "Le *nephech* de bénédiction sera engraissé; celui qui abreuve sera,
lui aussi, abreuvé" (la personne bienfaisante sera elle-même comblée)
(gosier, être)

Prov.12,10: "Le juste connaît le *nephech* de son bétail"
(le gosier, l'appétit, les besoins)

(Prov.13,2: "mais le *nephech* des traîtres se repaît de violence) (sens figuré)

Prov.13,4a: "le paresseux convoite (de la nourriture) mais en vain (pour) son *nephech*" (gosier)

Prov.13,4b: "mais le *nephech* des diligents engraisse" (gosier, appétit)

Prov.13,19: "Un désir satisfait est agréable pour le *nephech*" (gosier, appétit)

Prov.13,25: "Le juste mange à satiété de son *nephech"* (gosier, appétit) mais le ventre (*bethen*) des méchants est en manque"

Prov.16,24: "Rayon de miel que paroles suaves; douceur pour le *nephech*, guérison pour l'os"

Prov.16,26: "Le *nephech* du laborieux, un labeur pour lui car sa bouche le presse" (gosier, appétit, faim) (c'est la faim du travailleur qui le fait travailler)

Prov.19,15: "Le *nephech* du nonchalant aura faim" (gosier, l'appétit)

Prov.23,2: "Mets un couteau à ta gorge (*lôa°*) si le maître (est) le *nephech* de toi" (appétit) (si ton appétit est ton maître)

Prov.27,7a: "Un *nephech* rassasié dédaigne le rayon de miel" (gosier)

Prov.27,7b: "mais un *nephech* affamé trouve doux toute amertume" (gosier)

Prov.28,25: "(L'homme) large du *nephech* suscite la querelle"
(gorge, appétit, d'où: l'envieux)

Ruth 4,15: "Il sera pour toi comme celui qui (te) restaurera le *nephech* et comme celui qui (te) nourrira (dans) ta vieillesse" (gosier)

Qoh.2,24: "Il n'y a de bon pour l'homme que de manger, de boire et de faire voir à son *nephech* le bien dans son travail" (gosier, appétit)

(Qoh.4,8: "Pour qui dois-je peiner et priver mon *nephech* de bonheur ?" (gosier,appétit mais on passe ici au sens figuré; classé à "être profond")

(Qoh.6,2: "(Voilà) un homme auquel Dieu a donné la richesse, des ressources, la gloire et à qui rien ne manque pour son *nephech* de tout ce qu'il désire" (appétit, mais en un sens plus large que le seul appétit physique; classé à "être profond")

(Qoh.6,3: "(mais) son *nephech* n'est pas rassasié de bonheur" (idem)

(Qoh.6,7: "... et pourtant son *nephech* n'est pas comblé !" (idem)

- le gosier assoiffé   4x

Nbr.11,6: "Maintenant notre *nephech* (est) sec; nos yeux n'ont plus rien que la manne"

Is.29,8b: "comme il rêve, l'assoiffé: voici qu'il boit; il se réveille, le voici essoufflé et son *nephech* (est) asséché"

(Jér.31,12: "Leur *nephech* sera comme un jardin irrigué (cf. être profond)

(Ps.42,2: "Comme la biche soupire après les eaux courantes, ainsi mon *nephech* soupire après toi, Elohîm" (être profond) (désir)

(Ps.42,3: "Mon *nephech* a soif d'Elohîm, d'El vivant" (être profond) (sens figuré)

(Ps.63,2: "Mon *nephech* a soif de Toi, ma chair languit après Toi"
(idem mais le // avec la chair souligne l'origine physique de l'image)

(Ps.107,5: "Affamés, de plus assoiffés, leur *nephech* s'y sentait défaillir"
(déjà cité à gosier-faim)

Ps.107,9a: "car il rassasie le *nephech* assoiffé" (car il désaltère le gosier assoiffé)

(Ps.143,6: "Mon *nephech* est comme une terre altérée après Toi" (être profond)
(sens figuré)

Prov.25,25: "De l'eau fraîche pour un *nephech* altéré, (ainsi) une bonne nouvelle ..." (gosier)

4b. le gosier dans sa fonction respiratoire   14x

- la respiration, le souffle   4x

Nbr.21,4: "Le *nephech* du peuple se fit court en chemin"
(le peuple fut à bout de souffle)

(Jér.2,24: "Onagre, habitué au désert, au désir de son *nephech*, il aspire le souffle (*rouakh*). Son rut, qui le freinera ?" (instinct animal mais contexte de respiration, de souffle)

Jér.15,9: "Elle dépérit, celle qui a enfanté les sept (enfants); son *nephech* est essoufflé"

(Ps.131,2a: "N'ai-je pas tenu mon *nephech* calme et silencieux comme un nourrisson sur sa   mère ?" (être profond)

(Ps.131,2b: "comme un nourrisson sur moi (est) mon *nephech* !" (être profond)

Job 41,13: "son *nephech* allume des charbons; une flamme jaillit de sa gueule" (le souffle sortant de son gosier) (description du Léviathan)

Prov.3,22: "elles seront vie pour ton *nephech* et grâce pour ton cou (*garguerôt*)" (paroles de sagesse) (aspect interne: respiration; aspect externe: parure)

- respiration mise en péril   4x

Jonas 2,6: "Les eaux me cernaient jusqu'au *nephech*" (gosier, cou, respiration)

(Jonas 2,8: "Quand mon nephech se recroquevillait sur moi, je me suis souvenu de Yahvé" (classé à "vie en péril" mais pourrait l'être ici)

Ps.69,2: "Sauve-moi, Elohîm, car les eaux (m') atteignent jusqu'au *nephech*" (gorge)

Ps.124,4: "Alors les eaux nous auraient inondé, le torrent aurait passé sur notre *nephech*"

Ps.124,5: "Alors il aurait passé sur notre *nephech*, (en) eaux écumantes" (id.)

- dernier souffle   4x

(Gn.35,18: "Au moment où son *nephech* la quitta -car elle décéda- elle cria: ..." (déjà cité en "vie")

Job 7,15: "Mon *nephech* préférerait l'étranglement, la mort plutôt que mes os" (je préférerais être étranglé, être mort plutôt que (de voir) ces os (qui me restent))

Job 11,20: "Leur espoir ? L'expiration du *nephech* !

Job 24,12: "le *nephech* des blessés appelle (au secours)" (le râle des blessés)

Lam.2,12: "quand leur *nephech* s'exhale sur le sein de leurs mères"

- parfum   1x

Is.3,20: "..., diadèmes, chaînettes, ceintures, boîtes à *nephech*"
(sans doute: boîtes à parfum)

- senteur   1x

Is.10,18: "La splendeur de sa forêt et de son verger, du *nephech* à la chair il l'anéantira" (du plus immatériel -la senteur- au plus consistant -l'arbre même-)

4c. le cou, la gorge, comme zone du corps   6x

- une zone du corps, cible de violence

Gn.49,6: "En leur entrave, que n'entre pas mon *nephech*" (mon cou)

Ps.7,3: "de peur que, comme un lion, il ne lacère mon *nephech*" (gorge)

Ps.74,19: "Ne livre pas à l'animal le *nephech* de ta tourterelle" (le cou à croquer)

Ps.105,18: "On meurtrit ses pieds par des chaînes, son *nephech* fut mis au fer " (cou)

- zone du corps, sujette à humiliation

Ps.44,26: "car notre *nephech* s'abaisse à la poussière et notre ventre colle à la terre" (gorge)

Ps.119,25: "Mon *nephech* est collé à la poussière, fais-moi vivre selon ta parole" (gorge)

4d. la gorge, comme organe interne et sensible, lieu d'émotion 3x

Lév.26,16: "le chagrin et la fièvre qui usent les yeux et épuisent le *nephech*"

1Sam.2,33: "... pour faire languir tes yeux et faire dépérir ton *nephech*" (gosier-émotion)

Ps.31,10: "mon oeil languit de chagrin, (ainsi que) mon *nephech*, mon ventre"
(gorge-émotion)

(Job 14,22: "mais sa chair, sur lui-même, s'afflige; son *nephech*, sur lui-même,
se lamente" (être profond, complainte, mais proximité de vocabulaire)

Remarques générales sur l'AT hébreu

- <u>du point de vue des sujets:</u>

    - <u>*nephech* de Yahvé</u>   (19x)

Lév.26,11: "et mon *nephech* ne vous dédaignera pas" (Y)

Lév.26,30: "Mon nephech vous dédaignera" (Y)

Jug.10,16: "et ils servirent Yahvé dont le *nephech* s'impatienta à cause de la
peine d'Israël" (Y)

1Sam.2,35: "Je susciterai pour moi un prêtre fidèle qui agira selon mon coeur,
selon mon *nephech*" (Y)

Is.1,14: "Vos lunaisons, vos rassemblements, mon *nephech* les a en horreur" (Y)

Is.42,1: "Voici mon serviteur, je le soutiens; en mon élu, mon *nephech* se
complaît" (Y)

Jér.5,9: "Est-ce que, contre une telle nation, mon *nephech* ne se vengerait-il
pas ?" (Y)

Jér.6,8: "Corrige-toi, Jérusalem, de peur que mon *nephech* ne se détache de toi"
(Y)

Jér.9,8: "Est-ce que, contre une telle nation, mon *nephech* ne se vengerait-il
pas ?" (Y)

Jér.12,7: "J'ai livré ce que chérissait mon *nephech* à la paume de ses ennemis"
(Y)

Jér.13,17: "Si vous ne l'écoutez pas, mon *nephech* pleurera en secret" (Y)

Jér.14,19: "Est-ce que ton *nephech* est dégoûté par Sion ?" (Y)

Jér.15,1: "Même si Moïse se tenait, ainsi que Samuel, devant moi, mon *nephech* (ne reviendrait) pas vers ce peuple" (Y)

Jér.51,14: "Iahvé Sabaot l'a juré par son *nephech"* (Y)

Amos 6,8: "Le Seigneur Yahvé l'a juré par son *nephech: ...*" (Y)

Zach.11,8a: "Mon *nephech* s'impatienta envers elles" (Y envers ses brebis)

Ps.11,5: "Yahvé sonde le juste et le méchant; son *nephech* hait celui qui aime la violence" (Y)

Prov.6,16: "Six (vices) que hait Yahvé; sept (qui sont) abominations de son *nephech*" (Y)

Job 23,13: "(ce que) son *nephech* désire, il (le) fait" (Y)

    - <u>*nephech* d'animaux</u> (spécifiquement)   (20x)

Gn.1,20: "Que les eaux foisonnent d'une foison de *nephech* de vie" (d'êtres vivants)

Gn.1,21: "Elohîm créa les grands monstres (marins), tout *nephech* de vie mouvant" (idem)

Gn.1,24: "Elohîm dit: Que la terre produise le *nephech* de vie selon son espèce" (être vivant)

Gn.1,30: "... avec en lui *nephech* de vie" (animal)

Gn.2,19: "tout ce dont l'humain appellera le *nephech* de vie, ce sera son nom" (être vivant)

Gn.9,10: "avec tout *nephech* de vie qui (est) avec vous ... j'établis mon alliance" (être vivant)

Gn.9,12: "... (alliance) ... entre moi et vous, et entre tout *nephech* de vie ..." (être vivant)

Gn.9,15: "... entre moi et vous, et entre tout *nephech* de vie, en toute chair" (être vivant)

Lév.11,10: "... et parmi tout *nephech* qui (vit) dans les eaux" (animal)

Lév.11,46a: "Voilà la loi pour l'animal, le volatile et tout *nephech* vivant qui rampe dans les eaux..." (animal aquatique)

Lév.11,46b: "et pour tout *nephech* qui pullule sur la terre" (animal)

Lév.24,18a: "Celui qui frappe le *nephech* d'un animal, paiera: ..." (animal)

Lév.24,18b: "il paiera <u>nephech</u> contre *nephech*" (animal pour animal)

Lév.24,18b: "il paiera nephech contre <u>*nephech*</u>" (animal pour animal)

Is.56,11: "Les chiens au *nephech* vorace ne connaissent pas la satiété" (gosier, appétit)

Jér.2,24: "Onagre, habitué au désert, au désir de son *nephech*, il aspire le souffle. Son rut, qui le freinera ?" (instinct animal)

Ez.47,9: "Et ce furent tous les *nephech* vivants qui y foisonnent" (animal)

Ps.74,19: "Ne livre pas à l'animal le *nephech* de ta tourterelle" (le cou à croquer) (animal)

Job 41,13: "son *nephech* allume des charbons; une flamme jaillit de sa gueule" (son gosier, son souffle) (description du Léviathan)

Prov.12,10: "Le juste connaît le *nephech* de son bétail" (le gosier, l'appétit, les besoins)

   - <u>tout être vivant</u> (indistinctement humain et animal)   (9x)

Gn.9,16: " (l'arc dans la nuée) ... entre Elohîm et tout *nephech* de vie" (être vivant)

Jos.10,28: "(il fit) *herem* d'eux et de tout *nephech* qui (se trouvait) en elle (= dans la ville)" (être) (*herem*: destruction totale)

Jos.10,30: "et il frappa à bouche de glaive tout *nephech* qui (se trouvait) en elle" (être)

Jos.10,32: "... ainsi que tout *nephech* qui (se trouvait) en elle" (être)

Jos.10,35: "et ils frappèrent à bouche de glaive tout *nephech* qui (se trouvait) en elle" (être)

Jos.10,37a: "... ainsi que tout *nephech* qui (se trouvait) en elle" (être)

Jos.10,37b: "il fit *herem* d'eux et de tout *nephech* qui (se trouvait) en elle" (être)

Jos.10,39: "et ils firent *herem* de tout *nephech* qui (se trouvait) en elle" (être)

Jos.11,11: "Ils frappèrent tout *nephech* qui (se trouvait) en elle par la bouche du glaive, (au nom du) *herem*"

- <u>*nephech* de collectivités</u> (de peuples)   (5x)

Nbr.21,4: "Le *nephech* du peuple se fit court en chemin"
(la respiration, le souffle)

Jug.18,25: "(de sorte que) tu ajouterais ton *nephech* au <u>*nephech* de ton peuple</u>"

1Sam.30,6: "Car le *nephech* de tout le peuple (était) amer"

Jér.3,11: "Elle a justifié son nephech, la rebelle Israël"

Jér.50,19: "Je ramènerai Israël à son pacage, ..., son *nephech* se rassasiera"
(appétit)

- <u>*nephech* d'idoles</u>   (2x)

Is.46,2: "Leur *nephech* va en captivité" (le *nephech* des idoles)

Is.47,14: "Ils ne sauveront pas leur *nephech* de la main de la flamme"
(concerne des idoles)

- <u>*nephech* de végétaux</u>   (1x)

Is.10,18: "La splendeur de sa forêt et de son verger, du *nephech* à la chair il l'anéantira" (du plus immatériel -la senteur- au plus consistant -l'arbre même-)

- <u>les "esprits"</u> (êtres immatériels)   (8x)

Ez.13,18a: "Malheur à celles qui cousent des amulettes ... pour prendre au piège les *nephech*"

Ez.13,18b: "Prendrez-vous au piège les *nephech* de mon peuple ?"

Ez.13,18c: "vivraient-ils pour vous les *nephech*?"

Ez.13,19a: "en faisant mourir des *nephech* qui ne devraient pas mourir"

Ez.13,19b: "et en faisant vivre des *nephech* qui ne devraient pas vivre"

Ez.13,20a: "Me voici contre vos amulettes qui vous servent à prendre au piège les *nephech* ..."

Ez.13,20b: "je les déchirerai de vos bras; je renverrai les *nephech* ..."

Ez.13,20c: "qui vous servent à prendre au piège les *nephech* (faits) pour les envols..."

> Il s'agit donc du <u>*nephech* de l'humain</u> dans 703 cas sur 753
> (dont 694 de l'humain exclusivement)

- <u>du point de vue des associations</u> avec d'autres parties du corps

On aura remarqué que les formulations hébraïques sont souvent redondantes, soit par volonté d'effet poétique, soit par volonté linguistique de préciser le sens du mot ou, au contraire, pour signifier son caractère approximatif. Les associations de ces mots d'anatomie biblique fournissent des indications précieuses de ce point de vue.

- <u>avec le coeur</u>, comme image de l'engagement moral,   (30x)

Deut.4,29: "... quand tu le chercheras de tout ton coeur et de tout ton *nephech*" (l'expression "de tout ton coeur et de tout ton *nephech*" marque l'engagement total de la personne; elle revient 19x)

Deut.6,5: "Tu aimeras Yahvé, ton Dieu, de tout ton coeur, de tout ton *nephech*,et de toute ta force"

Deut.10,12: "... de servir Yahvé, ton Dieu, de tout ton coeur, de tout ton *nephech*"

Deut.11,13: "... pour le servir de tout votre coeur, de tout votre *nephech*"

Deut.11,18: "Vous mettrez les paroles que voici sur votre coeur, sur votre *nephech*"

Deut.13,4: "pour savoir si vous aimez Yahvé, votre Dieu, de tout votre coeur, de tout votre *nephech*"

Deut.26,16: "tu les observeras et exécuteras de tout ton coeur et de tout ton *nephech*"

Deut.28,65: "Yahvé te donnera là un coeur tremblant, l'épuisement des yeux, l'angoisse du *nephech*"

Deut.30,2: "... de tout ton coeur et de tout ton *nephech*"

Deut.30,6: "... pour aimer Yahvé, ton Dieu, de tout ton coeur, de tout ton *nephech*, afin que tu vives"

Deut.30,10: "... quand tu reviendras vers Yahvé, ton Dieu, de tout ton coeur, de tout ton *nephech*"

Jos.22,5: "... pour le servir de tout votre coeur, de tout votre *nephech*"

Jos.23,14: "Comprenez-le de tout votre coeur, de tout votre *nephech*"

1Sam.2,35: "Je susciterai pour moi un prêtre fidèle qui agira selon mon coeur, selon mon *nephech*"

1Rois 2,4: "... pour marcher devant moi fidèlement, de tout leur coeur et de tout leur *nephech*"

1Rois 8,48: "et qu'ils reviennent à toi de tout leur coeur et de tout leur *nephech*"

2Rois 23,3: "pour observer ses commandements, ..., de tout coeur et de tout le *nephech*"

2Rois 23,25: "Il n'y eut pas, avant lui, de roi comme lui qui soit retourné vers Yahvé de tout son coeur, de tout son *nephech* et de toute sa force" (réf. Deut 6,5)

Jér.32,41: "de tout mon coeur et de tout mon *nephech*" (être plénier)

Ez.36,5: "... qui se sont attribués ma terre en héritage dans la joie de tout coeur (= le coeur tout en joie) et le mépris du *nephech*" (être profond)

Ps.35,25: "Qu'il ne disent pas en leur coeur: "Ah, (c'était) notre *nephech*"(c'était le souhait de notre être profond) (contexte: malheur du juste)

Prov.2,10: "car la sagesse viendra en ton coeur; le savoir sera doux à ton *nephech*"

Prov.14,10: "Le coeur connaît l'amertume de son *nephech*"

Prov.19,8: "Qui acquiert du coeur aime son *nephech*"

Prov.27,9: "L'huile et le parfum réjouissent le coeur, ..., plus que le conseil du *nephech*" (plus que le conseil de soi seul)

1Chron.22,19: "Maintenant, mettez vos coeurs et vos *nephech* à rechercher Yahvé"

1Chron.28,9: "sers-le d'un coeur parfait et d'un *nephech* volontaire" (être plénier)

2Chron.6,38: "et ils revinrent à toi de tout leur coeur et de tout leur *nephech*" (être plénier)

2Chron.15,12: "ils entrèrent dans l'alliance pour rechercher Yahvé, Dieu de leurs pères, de tout leur coeur et de tout leur *nephech*" (être plénier)

2Chron.34,31: "pour garder ses commandements ... de tout son coeur et de tout son *nephech*"

   - <u>avec le sang,</u>   pour le lien avec la vie   (19x)

Gn.9,4: "mais la chair (avec) son sang en son *nephech*, vous n'en mangerez pas"

Gn.9,5a "mais je revendiquerai votre sang pour (prép. *l-*) vos *nephech*, ..." (= je demanderai compte du sang de chacun de vous), ...

Lév.17,10: "je donnerai mes faces (= j'exprimerai ma colère) contre le *nephech* qui mangera le sang et je le retrancherai du sein de son peuple" (contre la personne qui)

Lév.17,11a: "car le *nephech* de la chair (est) dans le sang"

Lév.17,11c: "car c'est le sang qui fait expiation pour le *nephech*" (la personne)

Lév.17,12: "Aucun *nephech* parmi vous ne mangera de sang" (aucune personne)

Lév.17,14a: "Car le <u>*nephech*</u> de toute chair, son sang, (est) dans son *nephech*"

Lév.17,14b: "Car le *nephech* de toute chair, son sang, (est) dans son <u>*nephech*</u>"

Lév.17,14c: "car le *nephech* de toute chair, c'est son sang"

Deut.12,23: "car le sang, c'est le *nephech* et tu ne mangeras pas le *nephech* avec la chair"

Deut.27,25: "Maudit soit celui qui prend une récompense pour frapper le *nephech* d'un sang innocent" (BJ: pour frapper mortellement un vie innocente)

2Sam.23,17: "(C'est) le sang des hommes qui sont allés au péril de leur *nephech* !" (vie)

Jér.2,34: "Même dans tes pans (de ton vêtement) se trouve le sang des *nephech* de pauvres" (personnes, victimes de meurtre)

Ez.22,27: "... pour répandre le sang, faire périr les *nephech*, afin de profiter d'un profit" (vies)

Ps.72,14: "de l'oppression et de la violence, il rachète leur *nephech*; leur sang est précieux à ses yeux"

Ps.94,21: "Ils s'attroupent contre le *nephech* du juste; ils condamnent le sang innocent" (vie)

Prov.1,18: "Eux, ils sont à l'affût après leur sang; ils guettent après leur *nephech*" (vie)

Prov.28,17: "Un humain chargé du sang d'un *nephech* fuira jusqu'à la fosse" (vie)

1Chron.11,19a: "le sang de ces hommes, le boirai-je avec leur *nephech* ? (vie)

   - <u>avec la chair</u>, comme expression de la matérialité, de la consistance (11x)

Gn.9,4: "mais la chair (avec) son sang en son *nephech*, vous n'en mangerez pas"

Gn.9,15: "je me souviendrai de l'alliance entre moi et vous et entre tout *nephech* de vie, en toute chair" (lorsque l'arc apparaîtra dans la nuée)

Gn.9,16: "et je me souviendrai de l'alliance éternelle entre Elohîm et entre tout *nephech* de vie, en toute chair qui est sur la terre" (idem)

Lév.17,11a: "car le *nephech* de la chair (est) dans le sang"

Lév.17,14a: "Car le *nephech* de toute chair, son sang, (est) dans son *nephech*"

Lév.17,14c: "car le *nephech* de toute chair, c'est son sang"

(Lév.19,28: "Vous ne ferez pas d'entailles dans votre chair pour un *nephech*"
(être décédé)

Deut.12,23: "car le sang, c'est le *nephech* et tu ne mangeras pas le *nephech* avec
la chair"

Job 13,14: "Pourquoi je porterais ma chair avec mes dents et mon *nephech*
porterais-je de la paume ?"

Job 14,22: "mais sa chair, sur lui-même, s'afflige; son *nephech,* sur lui-même, se
lamente"

Deut.12,20a: "Quand ton *nephech* désirera manger de la chair"
(personne, pas "âme" !!!) (quand tu voudras manger de la viande)

Deut.12,20b: "selon tout le désir de ton *nephech,* tu mangeras de la chair"
(personne) (tu pourras manger de la viande autant que tu voudras)

    - <u>avec la paume</u> (de la main), comme surface d'exposition   (5x)

Jug.12,3: "J'ai mis mon *nephech* dans ma paume" (j'ai risqué ma vie)

1Sam.19,5: "Il a exposé son *nephech* dans sa paume et il a frappé le Philistin"
(vie)

1Sam.28,21: "J'ai exposé mon *nephech* dans ma paume et j'ai obéi ..."
(j'ai risqué ma vie)

Ps.119,109: "Mon *nephech* (est exposé) sur ma paume, toujours; je n'oublie pas
ta Torah" (je suis prêt à risquer ma vie à tout moment)

Job 13,14: "Pourquoi je porterais ma chair avec mes dents et mon *nephech*
porterais-je de la paume ?

(Lam.2,19: "élève tes paumes vers Lui pour le *nephech* de tes nourrissons")
(ici, les paumes font un geste d'imploration)

    - <u>avec les yeux</u>, pour exprimer l'épuisement, l'affliction   (5x)

Lév.26,16: "... et la fièvre qui usent les yeux et épuisent le *nephech*"

Nbr.11,6: "Maintenant notre nephech (est) sec et nos yeux n'ont plus rien que la manne"

Deut.28,65: "Yahvé te donnera là un coeur tremblant, l'épuisement des yeux, l'angoisse du *nephech*"

1Sam.2,33: "... pour faire languir tes yeux et faire dépérir ton *nephech*"

Ps.31,10: "mon <u>oeil</u> languit de chagrin, (ainsi que) mon *nephech*, mon ventre"

- <u>avec la bouche</u>   (5x)

- bouche-parole (relation entre extériorité et intériorité)   (3x)

Prov.13,3: "Qui surveille sa bouche préserve son *nephech*" (son être moral)

Prov.18,7: "La bouche du sot (est) ruine pour lui; ses lèvres, le piège de son *nephech*" (idem)

Prov.21,23: "Qui garde sa bouche et sa langue garde son *nephech* des tourments" (idem)

- bouche-nourriture (accaparement)   (2x)

Is.5,14: "C'est pourquoi le Chéol dilatera son *nephech* et sa bouche s'ouvrira démesurément" (le verbe "dilater" et le // avec bouche invite à traduire par "gosier")

Qoh.6,7: "Tout le labeur de l'humain est pour sa bouche; et pourtant son *nephech* n'est pas comblé" (appétit)

- <u>avec le ventre</u> (*bethen*)   (3x)

(Mich.6,7: "Donnerais-je le fruit de mon ventre pour le péché de mon *nephech* ?") (enfantement)

Ps.31,10: "mon oeil languit de chagrin, (ainsi que) mon *nephech*, mon ventre" (douleur)

Ps.44,26: "car notre *nephech* s'abaisse à la poussière et notre ventre colle à la terre" (image de l'humiliation)

Prov.13,25: "Le juste mange à satiété de son *nephech* mais le ventre (*bethen*) des méchants est en manque" (appétit, alimentation)

   - <u>avec la gorge</u>, comme partie externe de l'organe interne)   (2x)

Prov.3,22: "elles seront vie pour ton *nephech* et grâce pour ta gorge (*garguerôt*)" (les paroles de sagesse seront vie pour ton être intérieur et parure pour ton cou)

Prov.23,2: "Mets un couteau à ta gorge (*lôa°*) si le maître (est) le *nephech* de toi" (appétit) (si ton appétit est ton maître)

   - <u>avec l'entraille</u>, comme organe interne   (1x)

Ps.103,1: "Que mon *nephech* bénisse Yahvé et que toute mon entraille (bénisse) son saint nom" (être intérieur, profond)

   - <u>avec la main</u>, comme image de l'accaparement)   (1x)

Ex.15,9: "..., je répartirai le butin, mon *nephech* (en) accumulera (BJ: mon gosier s'en gorgera) je tirerai mon glaive, ma main acquerra (du butin)" (accaparement)

   - <u>avec la cuisse</u>, comme euphémisme pour l'engendrement   (1x)

Ex.1,5: "C'est tout le *nephech* sorti de la cuisse de Jacob: 70 *nephech*" (personnes)

   - <u>avec le crâne</u>, dans le sens distributif   (1x)

Ex.16,16: "Récoltez-en, (chaque) homme selon la bouche de sa nourriture (= selon sa faim), un *ômer* par crâne (= par tête, par personne), selon le nombre de vos *nephech*, (chaque) homme prendra selon qui (est) dans sa tente" (distributif)

- <u>expressions linguistiques particulières</u>

   - "<u>chercher le *nephech* de</u>": en vouloir à la vie de, chercher à faire périr
                                (32x)

Ex.4,19: "car ils sont morts tous les hommes cherchant (à faire périr) ton *nephech*"

1Sam.20,1: "... car il exige mon *nephech*" (il en veut à ma vie)

1Sam.22,23a: "car qui cherche mon <u>*nephech*</u>, cherche ton *nephech*" (être, vie)
(qui cherche à me faire périr, cherche à te faire périr)

1Sam.22,23b: "car qui cherche mon *nephech*, cherche ton <u>*nephech*</u>" (être, vie)

1Sam.23,15: "David s'aperçut que Saül était sorti pour chercher son *nephech*"
(être, vie) (pour attenter à la vie de David)

1Sam.24,12: "mais toi, tu cherches mon *nephech* pour le prendre" (être, vie)

1Sam.25,29a: "Un humain se lèvera pour te poursuivre et chercher ton *nephech*"
(BJ: "pour te poursuivre et attenter à ta vie")

2Sam.4,8: "..., ton ennemi qui cherchait ton *nephech*" (qui en voulait à ta vie)

1Rois 19,10: "et ils cherchent mon *nephech* pour le prendre" (être, vie)

1Rois 19,14: "et ils cherchent mon *nephech* pour le prendre" (être, vie)

Jér.4,30: "ils cherchent ton *nephech*" (ils en veulent à ta vie)

Jér.11,21: "contre les gens d'Anatot qui cherchent ton *nephech*"
(qui en veulent à ta vie)

Jér.19,7: "par la main de ceux qui cherchent leur *nephech*"
(qui en veulent à leur vie)

Jér.19,9: "... leurs ennemis, ceux qui cherchent leur *nephech*"
(qui en veulent à sa vie)

Jér.21,7: "Je livrerai Sédécias ... dans la main de ceux qui cherchent leur
nephech" (vie)

Jér.22,25: "Je te livrerai en main de ceux qui cherchent ton *nephech*" (être, vie)

Jér.34,20: "Je les livrerai ... en main de ceux qui cherchent leur *nephech*"
(être, vie)

Jér.34,21: "Je les livrerai ... en main de ceux qui cherchent leur *nephech*"
(être, vie)

Jér.38,16b: "Je ne te livrerai pas à la main de ces hommes qui cherchent ton
nephech" (vie)

Jér.44,30a: "à la main de ceux qui cherchent son *nephech*"
    (qui en veulent à sa vie)

Jér.44,30b: "... son ennemi qui cherche son *nephech*" (qui en veut à sa vie)

Jér.46,26: "Je les livrerai à la main de ceux qui cherchent leur *nephech*"
    (à attenter à leur vie)

Jér.49,37: "devant leurs ennemis et devant ceux qui cherchent leur *nephech*"
    (être, vie)

Ps.35,4: "Qu'ils soient honteux et confus ceux qui cherchent mon *nephech*" (vie)

Ps.38,13: "Ils (me) tendent des pièges, ceux qui cherchent mon *nephech*" (vie)

Ps.40,15: "Qu'ils soient honteux et confondus, ensemble, ceux qui cherchent
    mon *nephech*"

Ps.54,5: "des violents cherchent mon *nephech*" (en veulent à ma vie)

Ps.56,7: "comme (des gens) qui guettent mon *nephech*"
    (qui cherchent à m'ôter la vie)

Ps.63,10: "mais ceux qui, pour un rien, cherchent mon *nephech*"
    (en veulent à ma vie)

Ps.70,3: "Qu'ils aient honte et soient confondus ceux qui cherchent mon
    nephech"

Ps.86,14: "une bande de violents cherchent mon *nephech*" (en veulent à ma vie)

Ps.143,3: "Car l'ennemi pourchasse mon *nephech*; il écrase à terre ma vie"
    (être, pronom)

    - "<u> de tout ton coeur et de tout ton *nephech*</u>":   (19x)
L'expression marque l'engagement plénier de la personne; il s'agit sans
doute d'un hendyadis (les deux mots, coeur et *nephech*, expriment une seule et
même idée, celle de l'intériorité)

Deut.4,29: "... quand tu le chercheras de tout ton coeur et de tout ton *nephech*"

Deut.6,5: "Tu aimeras Yahvé, ton Dieu, de tout ton coeur, de tout ton *nephech*,
    et de toute ta force"

Deut.10,12: "... de servir Yahvé, ton Dieu, de tout ton coeur, de tout ton *nephech*"

Deut.11,13: "... pour le servir de tout votre coeur, de tout votre *nephech*"

Deut.13,4: "pour savoir si vous aimez Yahvé, votre Dieu, de tout votre coeur, de tout votre *nephech*"

Deut.26,16: "tu les observeras et exécuteras de tout ton coeur et de tout ton *nephech*"

Deut.30,2: "... de tout ton coeur et de tout ton *nephech*"

Deut.30,6: "... pour aimer Yahvé, ton Dieu, de tout ton coeur, de tout ton *nephech*, afin que tu vives"

Deut.30,10: "... quand tu reviendras vers Yahvé, ton Dieu, de tout ton coeur, de tout ton *nephech*"

Jos.22,5: "... pour le servir de tout votre coeur, de tout votre *nephech*"

Jos.23,14: "Comprenez-le de tout votre coeur, de tout votre *nephech*"

1Rois 2,4: "... pour marcher devant moi fidèlement, de tout leur coeur et de tout leur *nephech*"

1Rois 8,48: "et qu'ils reviennent à toi de tout leur coeur et de tout leur *nephech*"

2Rois 23,3: "pour observer ses commandements, ..., de tout coeur et de tout le *nephech*"

2Rois 23,25: "Il n'y eut pas, avant lui, de roi comme lui qui soit retourné vers Yahvé de tout son coeur, de tout son *nephech* et de toute sa force"

Jér.32,41: "de tout mon coeur et de tout mon *nephech*"

2Chron.6,38: "et ils revinrent à toi de tout leur coeur et de tout leur *nephech*"

2Chron.15,12: "ils entrèrent dans l'alliance pour rechercher Yahvé, Dieu de leurs pères, de tout leur coeur et de tout leur *nephech*"

2Chron.34,31: "pour garder ses commandements ... de tout son coeur et de tout son *nephech*"

- "<u>frapper le *nephech* de</u>": attenter à la vie de (17x)

 (on ne pourrait frapper physiquement un *nephech* qui serait immatériel !)
(Par ailleurs, il s'agit ici de frapper à mort et non seulement de provoquer une blessure)

Gn.37,21: "Ne (le) frappons pas (quant à son) *nephech*"

Lév.24,17: "Quand un homme frappe tout *nephech* d'un humain, ..."

Lév.24,18a: "Celui qui frappe le *nephech* d'un animal, paiera: ..."
 (le nephech de l'animal: il ne peut s'agir de l' âme au sens métaphysique)

Nbr.35,11: "le meurtrier qui a frappé un *nephech* par inadvertance s'enfuira là"

Nbr.35,15: "pour que s'enfuie là tout frappeur de *nephech* par inadvertance"

Nbr.35,30a: "tout frappeur de *nephech* selon la bouche (= les dires)
 de témoins ..."

Deut.19,6: "Il frapperait le *nephech* alors qu'il n'est pas passible de mort"
 (il frapperait la personne mortellement, en tant qu'être vivant)

Deut.19,11: "si ... il frappe le *nephech* et qu'il meurt"

Deut.27,25: "Maudit soit celui qui prend une récompense pour frapper le *nephech* d'un sang innocent" (BJ: pour frapper mortellement un vie innocente)

Jos.10,30: "et il frappa à bouche de glaive tout *nephech* qui (se trouvait) en elle"
 (et il passa au fil de l'épée tout être vivant, humain ou animal, qui se trouvait dans la ville)

Jos.10,35: "et ils frappèrent à bouche de glaive tout *nephech* qui (se trouvait) en elle"

Jos.11,11: "Ils frappèrent tout *nephech* qui (se trouvait) en elle par la bouche du glaive, (au nom de) l'*herem*" (cf.10,30)

Jos.20,3: "... pour que s'y enfuie celui qui a frappé un *nephech* par inadvertance"
 (une personne en tant qu'être vivant)

Jos.20,9: "... pour que s'y enfuie celui qui a frappé un *nephech* par inadvertance"

Jér.4,10: "Le glaive les a frappé jusqu'au *nephech*" (jusque dans leur vie, à mort)

Jér.40,14: "... pour te frapper au *nephech*"

Jér.40,15: "Pourquoi frapperait-il au *nephech* ?

    - "<u>que vive ton *nephech*</u>": vie à toi   (12x)
    (antithèse de la malédiction, l'expression est devenue une pure salutation)

1Sam.1,26: "Plaise, mon maître ! Vive ton *nephech*, mon maître ! "

1Sam.17,55: "Abner dit: Que vive ton *nephech*, ô roi, si je le savais !"
    (BJ: "Aussi vrai que tu es vivant, ô roi, je n'en sais rien !")

1Sam.20,3: "Et pourtant, que vive Yahvé et que vive ton *nephech* car (il n'y a qu')
    une enjambée entre moi et la mort"
    (BJ: "Aussi vrai que vit Yahvé et que tu vis toi-même ...)

1Sam.25,26: "Maintenant, mon maître, que vive Yahvé et que vive ton *nephech*"
    (BJ: "par la vie de Yahvé et par ta propre vie", imprécation)

2Sam.11,11: "Que tu vives et que vive ton *nephech* si je faisais une telle chose"
    ("Aussi vrai que tu vis et que vit ton *nephech*, je ne ferai pas ...")

2Sam.14,19: "Que vive ton *nephech*, mon maître le roi !" (salutation)

1Rois 20,32: "Que vive donc mon *nephech* !" (Puisé-je rester en vie !)

2Rois 2,2: "Elisée dit: Que vive Yahvé et que vive ton *nephech* !
    Je ne te quitterai pas !"

2Rois 2,4: "Il dit: Que vive Yahvé et que vive ton *nephech* !
    Je ne te quitterai pas !"

2Rois 2,6: "Il dit: Que vive Yahvé et que vive ton *nephech* !
    Je ne te quitterai pas !"

2Rois 4,30: "(la mère de l'enfant) dit: Que vive Yahvé et que vive ton *nephech* !
    Je ne te quitterai pas"

Ps.119,175: "Que vive mon *nephech* et qu'il te loue"

    - <u>*nephech / nephech*</u>:   (11x en binôme)

Gn.44,30: "et son *nephech* est attaché à son *nephech*"
(affection de Jacob pour Benjamin)

Ex.21,23: "Mais s'il y a blessure, tu donneras *nephech* contre *nephech*,
oeil contre oeil, dent contre dent, pied contre pied" (vie contre vie)

Lév.24,18: "il paiera *nephech* contre *nephech*" (être pour être, vie pour vie)

Deut.19,21: "Ton oeil ne sera pas indulgent: *nephech* contre *nephech*, oeil contre
oeil, dent contre dent, main contre main, pied contre pied"
(personne physique, vie)

Jug.18,25b: "(de sorte que) tu ajouterais ton *nephech* au *nephech* de ton peuple"
(la perte de ta vie à la perte d'une vie pour ton peuple)

1Sam.18,1: "Le *nephech* de Jonathan se lia au *nephech* de David" (être profond)

1Sam.22,23: "car qui cherche mon *nephech*, cherche ton *nephech*" (vie)

1Rois 20,39: "ton *nephech* (sera) à la place de son *nephech*"
(ta vie répondra de sa vie)

1Rois 20,42: "ton *nephech* (sera) à la place de son *nephech*"
(ta vie répondra de sa vie)

2Rois 10,24: "son *nephech* (sera) à la place de son *nephech*"
(cf 1Rois 20,39 et 42) (la vie du gardien répondra de la vie du fuyard)

Job 16,4: "si votre *nephech* était à la place de mon *nephech*" (jugement sur Job)

- humilier, <u>meurtrir son *nephech* par le jeûne</u>   (10x)

Lév.16,29: "... vous humilierez vos *nephech* et ne ferez aucun travail" (se
mortifier, mortifier son corps par le jeûne) (à remarquer que dans ces cas,
le mot *nephech* équivaut à "corps" !)

Lév.16,31: "Ce sera sabbat des sabbats pour vous, vous humilierez vos *nephech*;
règle pour toujours" (idem)

Lév.23,27: "Vous humilierez vos *nephech* et vous sacrifierez (par) un feu à
Yahvé" (idem)

Lév.23,32: "Ce sera pour vous sabbat des sabbats: vous humilierez vos *nephech*" (idem)

Nbr.29,7: "Humiliez vos *nephech* et ne faites aucun travail" (idem)

Nbr.30,14: "Tout voeu, tout serment liant pour humilier le *nephech*" (idem)

Is.58,3: "Nous avons affligé nos *nephech* et tu ne le sais pas" (mortifier son corps par le jeûne)

Is.58,5: "Est-ce là le jeûne que j'aime ? Le jour où l'humain mortifie son *nephech* ?" (idem)

Ps.35,13: "je meurtris mon *nephech* par la jeûne" (idem)

Ps.69,11: "Quand je pleure pendant le jeûne de mon *nephech*, cela me vaut de l'opprobre" (idem)

- le <u>*nephech* précieux</u>: le caractère précieux de la vie   (8x)

1Sam.26,21: "pour ce que mon *nephech* a été cher à tes yeux aujourd'hui" (BJ: "puisque ma vie a eu aujourd'hui tant de prix à tes yeux")

1Sam.26,24a: "Voici, comme ton *nephech* importait en ce jour à mes yeux"

1Sam.26,24b: "ainsi mon *nephech* importera aux yeux de Yahvé"

2Rois 1,13a: "Que mon <u>*nephech*</u> et le *nephech* de tes serviteurs soient donc chers à tes yeux" (vie) (caractère précieux de la vie)

2Rois 1,13b: "Que mon *nephech* et le <u>*nephech*</u> de tes serviteurs soient donc chers à tes yeux"

2Rois 1,14: "Maintenant, que mon *nephech* soit cher à tes yeux !"

(Jér.38,16a: "Que vive Yahvé qui a fait pour nous ce *nephech*-ci" (formulation indirecte)

Ps.72,14: "de l'oppression et de la violence, il protège leur *nephech*; leur sang est précieux à ses yeux"

Prov.6,26: "mais une femme d'un (autre) homme prend au piège un *nephech* précieux" (une relation avec une femme adultère représente un risque de mort)

- "<u>mettre son *nephech* dans sa paume</u>": exposer sa vie, risquer sa vie (5x)

Jug.12,3: "J'ai mis mon *nephech* dans ma paume" (j'ai risqué ma vie)

1Sam.19,5: "Il a exposé son *nephech* dans sa paume et il a frappé le Philistin"
(vie)

1Sam.28,21: "J'ai exposé mon *nephech* dans ma paume et j'ai obéi ..."
(j'ai risqué ma vie)

Ps.119,109: "Mon *nephech* (est exposé) sur ma paume, toujours; je n'oublie pas
ta Torah" (je suis prêt à risquer ma vie à tout moment)

Job 13,14: "Pourquoi je porterais ma chair avec mes dents et mon *nephech*
porterais-je de la paume ?

- "<u>garder son *nephech* comme butin</u>": avoir la vie sauve   (4x)

Jér.21,9: "il vivra et son *nephech* sera pour lui comme butin" (il aura la vie sauve)

Jér.38,2: "Son *nephech* sera pour lui pour butin; il vivra"

Jér.39,18: "Ton *nephech* sera pour toi pour butin"

Jér.45,5: "mais je te donnerai ton *nephech* pour butin" (je te laisserai la vie sauve)

- "<u>par son *nephech*</u>" : au risque de sa vie   (3x)

1Rois 2,23: "car (c'est) par son *nephech* qu'Adonias a prononcé cette parole"

Lam.5,9: "Par nos *nephech*, nous faisons venir notre pain à la face du glaive du
désert" (au péril de nos vies nous rapportons notre pain en affrontant le
glaive au désert)

1Chron.11,19b: car, par leur *nephech*, ils l'ont apporté"

- <u>du point de vue anatomique</u>:

Le *nephech* désigne originairement une partie bien distincte et matérielle
du corps: <u>le gosier</u>. De là vont dériver les sens figurés liés à <u>l'alimentation</u>
(appétit, désir) et ceux liés à <u>la respiration</u> (souffle vital, la vie elle-même, la vie
mise en péril).

Dans un second temps, le *nephech* ne désigne plus une partie du corps mais une de ses fonctions vitales (avec le sang) mais immatérielle (à la différence du sang).

Dans l'anthropologie judaïque, cette fonction reste nécessairement et inséparablement liée au corps.

Le lien avec le poumon n'est pas fait. Ce mot n'est même pas employé dans la Bible hébraïque. Par contre, le lien avec le sang est très fort (le *nephech* est dans le sang, le *nephech* de la chair est le sang). La chair (*bashar*) sans le *nephech* n'est qu'un cadavre. Le *bashar* est le constituant matériel de l'être, le *nephech* est l'élément immatériel (mais qui donne vie).

La faim et la soif sont souvent exprimées en référence au gosier.

L' épuisement, le décès ou la vie en péril peuvent être exprimés en référence à la fonction respiratoire:

Gn.35,18: "Au moment où son *nephech* la quitta -car elle décéda- elle cria: ..."

Nbr.21,4: "Le *nephech* du peuple se fit court en chemin"
(le peuple fut à bout de souffle)

Jér.15,9: "Elle dépérit, celle qui a enfanté les sept (enfants); son *nephech* est essoufflé"

Jonas 2,8: "Quand mon nephech se recroquevillait sur moi, je me suis souvenu de Yahvé"

Job 7,15: "Mon *nephech* préférerait l'étranglement, la mort plutôt que mes os"
(je préférerais être étranglé, être mort plutôt que (de voir) ces os (qui me restent))

Job 11,20: "Leur espoir ? L'expiration du *nephech* !

Lam.2,12: "quand leur *nephech* s'exhale sur le sein de leurs mères"

LXX+.

Sur les 753 mentions de *nephech* en hébreu, 664 sont traduites par le mot *psuchè* dans la LXX. Dans les textes complémentaires de la LXX, le mot est encore présent 152 x. En grec classique, ce mot désigne d'abord le souffle, la respiration, la vie (en péril), la personne comme entité, la personne dans son entièreté, l'affection, une activité mentale, etc ... , exactement comme en hébreu. Le mot *pneuma*, lui, traduit l'hébreu *rouakh* (souffle, en tant que souffle extérieur, souffle du vent, souffle de Dieu, tandis que le *psuchè* désigne le souffle interne, la respiration). Le mot latin "*anima*" (âme) vient d'ailleurs du mot grec *anemos* qui désigne le vent.

Le mot *psuchè* est présent 846 x dans la LXX, dont 664 x comme traduction de l'hébreu *nephech* et 152 x dans les textes complémentaires comme on vient de le voir, 25 x comme traduction de *leb* (coeur, comme intériorité), 4 x comme traduction de *khayah* (vie) et 1 x de *rouakh* (souffle, en Ex.35,21).

L'idée d'intériorité (conscience morale ou émotion) devient ici largement dominante (ce qui s'explique par le poids des livrets sapientiaux: 105 usages sur 152). L'idée de vie est exprimée par d'autres termes (même sur les 28 cas subsistant, une douzaine sont des hébraïsmes, des réminiscences de l'AT hébreu).

1. être intérieur 116 x

2. vie physique 28 x

3. gosier, gorge 5 x

4. individus 3 x

1. <u>être intérieur</u> **116 x**

 1a. être intérieur (avec connotation morale) 75x

Tob.1,12: "parce que je me souvenais de Dieu de tout mon *psuchè*"

Tob.12,10 SIN: "Ceux qui commettent le péché et l'injustice sont ennemis de leur *psuchè*" (d'eux-mêmes; BA: de leur *zôè*) (SIN = le mss. Sinaïticus)

Tob.13,6: "Si vous revenez vers Lui de tout votre coeur et de tout votre *psuchè* pour agir devant Lui en vérité, ..."

Jdt.4,9: "et ils humilièrent leur *psuchè* avec un grand zèle"

Jdt.11,7: "Vive Nabuchodonosor, ..., lui qui t'a envoyé remettre tout *psuchè* dans le droit chemin"

Sag.1,4: "car dans un *psuchè* malfaisant, la sagesse n'entrera pas; elle ne s'établira pas dans un corps (*sôma*) tributaire du péché"

Sag.1,11: "une bouche mensongère détruit le *psuchè*"

Sag.2,22: "ils ne reconnaissent pas le privilège des *psuchè* irréprochables"

Sag.3,1: "Les *psuchè* des justes (sont) dans la main de Dieu"

Sag.3,13: "elle (= la femme stérile) aura du fruit à l'inspection des *psuchè*"

Sag.4,11: "de peur que le mal n'altère sa compréhension (*sunesis*) et que la fourberie ne leurre son *psuchè*"

Sag.4,14: "Son *psuchè* était agréable au Seigneur"

Sag.7,27: "se transmettant, à travers les générations, aux *psuchè* saints, elle forme des amis de Dieu et des prophètes"

Sag.8,19: "J'étais un enfant d'un naturel heureux et j'avais bénéficié d'un *psuchè* bon; ou plutôt, étant bon, j'étais venu dans un corps sans souillure" (être int.)

Sag.9,3: "...et qu'il exerce le jugement en droiture de *psuchè*"

Sag.9,15: "un corps corruptible appesantit en effet le *psuchè*"

Sag.10,7: "et une colonne de sel se dresse en mémorial d'un *psuchè* incrédule"

Sag.10,16: "elle entra dans le *psuchè* d'un serviteur du Seigneur"

Sag.14,11: "elles sont devenues ... un scandale pour les *psuchè* des hommes"

Sag.14,26: "souillure des *psuchè*, inversion du genre, désordre des mariages, ..."

Sir.1,30: "et que tu n'attires pas sur ton *psuchè* le déshonneur"

Sir.2,1: "(Mon) enfant, si tu t'approches pour servir le Seigneur, prépare ton *psuchè* à l'épreuve"

Sir.2,17: "Ceux qui craignent le Seigneur préparent leur coeur et, devant Lui, humilient leur *psuchè*"

Sir.4,17: "jusqu'à ce qu'elle (la sagesse) ait confiance en son *psuchè*"
(en sa personne)

Sir.4,20: "Surveille le bon moment et garde-toi du mal; n'aies pas honte au sujet
de ton *psuchè*"

Sir.4,22: "Ne prends pas un (mauvais) visage par rapport à ton *psuchè*" (ne te
déconsidère pas toi-même); n'aies pas honte jusqu'à (risquer) ta chute"

Sir.5,2: "Ne laisse pas ton *psuchè* ni ta force t'entraîner aux convoitises de ton
coeur"

Sir.6,2a: "Ne t'élève pas toi-même dans le conseil de ton *psuchè*" (vise l'orgueil)

Sir.6,2b: "afin que ton *psuchè* ne soit déchiré (comme un taureau)"
(la comparaison avec un taureau vient obscurcir le texte)

Sir.6,26: "De tout ton *psuchè* approche-toi d'elle (= la sagesse); de toute ta force
(*dunamis*) observe ses voies" (cf. Deut.5,6) (désir)

Sir.6,32: "Si tu appliques ton *psuchè*, tu deviendras habile" (désir, volonté, ...)

Sir.7,17: "Humilie fortement ton *psuchè* car le châtiment de l'impie, (c'est) le feu
et la vermine"

Sir.7,20: "Ne maltraite pas le domestique qui travaille honnêtement, ni le salarié
qui donne son *psuchè*" (qui met le coeur à l'ouvrage) (engagement de la
personne)

Sir.7,29: "De tout ton *psuchè* révère le Seigneur et honore ses prêtres"

Sir.10,28: "(Mon) enfant, glorifie ton *psuchè* avec modestie et donne-lui
honneur selon son mérite"

Sir.10,29: "Celui qui pèche envers son *psuchè*, qui le justifiera ? Et qui glorifiera
celui qui méprise sa propre vie ?"

Sir.12,11: "Même s'il se fait humble et marche courbé, tiens ton *psuchè* en éveil
et méfie-toi de lui"

Sir.14,2: "Heureux celui que son *psuchè* ne condamne pas"

Sir.14,4: "Celui qui amasse aux dépens de son propre *psuchè* amasse pour d'autres et de ses biens à lui d'autres profiteront" (à ses propres dépens, en se privant)

Sir.14,8: "(Il est) mauvais, celui à l'oeil jaloux, détournant la face et méprisant les *psuchè*"

Sir.14,9: "L'oeil du cupide n'est pas satisfait de sa part; l'iniquité mauvaise dessèche le *psuchè*"

Sir.18,31: "Si tu accordes à ton *psuchè* la satisfaction de la convoitise, il fera de toi la risée de tes ennemis"

Sir.19,3: "et le *psuchè* téméraire sera extirpé" (la vie débauchée sera punie)

Sir.19,4: "Celui qui pèche fait tort à son *psuchè*" (à lui-même)

Sir.19,16: "Il y a (un tel) qui glisse, mais pas de son *psuchè*"
(pas de sa volonté, pas exprès)

Sir.20,22: "Il y a (un tel) qui perd son *psuchè* par honte; il la perd à cause de la face (= de la présence) d'un insensé"

Sir.21,27: "Quand l'impie maudit Satan, il maudit son propre *psuchè*"
(il se maudit lui-même quand il maudit Satan)

Sir.21,28: "le rapporteur souille son propre *psuchè*"

Sir.23,6: "au *psuchè* impudique, ne me livre pas" (être, désir)

Sir.23,17: "...: le *psuchè* chaud comme un feu brûlant" (être, désir, passion)

Sir.23,18: "l'homme coupable ... disant en son *psuchè*: Qui me voit ?"
(en lui-même)

Sir.25,2: "Mon *psuchè* déteste trois sortes (de gens)"

Sir.26,14: "il n'y a pas de comparaison par rapport au *psuchè* éduqué" (personne)

Sir.26,15: "il n'y a pas de balance assez fiable par rapport au *psuchè* maître de soi" (personne)

Sir.27,16: "Qui révèle les secrets perd la confiance et ne trouve plus d'ami pour son *psuchè*"

Sir.32,23: "En toute oeuvre, aie confiance en ton *psuchè*" (en toi-même)

Sir.34,15: "Heureux (est) le *psuchè* de qui craint le Seigneur"

Sir.34,17: "élevant le *psuchè*, illuminant les yeux, donnant la santé, la vie et la louange"

Sir.37,8: "Du conseiller préserve ton *psuchè*; sache d'abord quel (est) son intérêt"

Sir.37,14: "Le *psuchè* de l'homme avertit parfois mieux que sept veilleurs ...."

Sir.37,19: "Tel homme est habile pour l'instruction de beaucoup (de gens) mais, pour son propre *psuchè*, il est inutile"

Sir.37,27: "(Mon) enfant, dans (*en*) ta vie, éprouve ton *psuchè* et vois ce qui est mauvais pour lui et ne (le) lui accorde pas"

Sir.37,28: "Car tout ne convient pas à tous et tout *psuchè* ne se complaît pas en tout"

Sir.45,23: "dans la bonté de son ardent *psuchè*" (BJ: avec noble courage)

Sir.51,19: "Mon *psuchè* a combattu avec elle (= avec l'aide de la sagesse)"

Sir.51,20: "J'ai dirigé mon *psuchè* vers elle (= la sagesse)"

Sir.51,26: "Mettez votre cou sous le joug et que votre *psuchè* reçoive l'instruction"

Dan.Suz.55a: "Tu as bel et bien menti contre ton propre *psuchè*" (conscience morale)

1Macc.1,48: "de laisser leurs fils incirconcis, rendant abominables leur *psuchè* par toute espèce d'impureté ..."

1Macc.8,27: "les Romains participeront au combat du (fond du) *psuchè*" (avec ardeur)

2Macc.1,3: "Qu'il vous donne un coeur à tous pour le vénérer et faire ses volontés de grand coeur et d'un *psuchè* résolu" (volonté)

2Macc.7,12: "si bien que le roi lui-même et ceux avec lui furent frappés par le *psuchè* du jeune homme" (courage)

2Macc.11,9: "Tous ensemble, ils bénirent le Dieu miséricordieux et raffermirent leur *psuchè* non seulement contre les hommes, mais aussi les bêtes sauvages ..." (courage)

2Macc.15,17: "Réconfortés par les paroles de Juda, toutes belles et capables de porter à la vertu et de rendre viriles les *psuchè* des jeunes gens, ..." (courage)

2Macc.15,30: "Le protagoniste qui s'était consacré de tout son corps et de (tout) son *psuchè* pour ses concitoyens, ..."

      1b. être intérieur (avec connotation sentimentale)   34x
(Cette distinction morale/sentimentale n'est pas essentielle; elle est d'ailleurs parfois bien subtile)

Tob.3,1 SIN: "Devenu désolé du *psuchè* et, soupirant, je pleurai et commençai cette prière: ..."

Tob.3,10 SIN: "Ce jour-là, elle fut affligée en son *psuchè*, elle pleura, ..."

Tob.8,20 SIN: "mais tu resteras là à boire et à manger chez moi et à réjouir le *psuchè* de ma fille qui est accablée"

Jdt.12,16 "Le coeur d'Holopherne fut ravi d'elle et son *psuchè* en fut troublé"

Jdt.14,19: "ils déchirèrent leurs habits et leur *psuchè* fut profondément bouleversé"

Jdt.16,9: "sa beauté captiva son *psuchè*"

Sag.17,8: "ceux qui promettaient de chasser les craintes et les troubles du *psuchè* malade, ..."

Sag.17,15: "tantôt poursuivis par des spectres monstrueux, tantôt paralysés par la défaillance de leur *psuchè*" (n.b.: pas dans toutes les versions)

Sir.4,6: "te maudissant en effet dans l'amertume de son *psuchè*, Celui qui l'a fait sera attentif à sa demande" (détresse)

Sir.6,4: "Un *psuchè* maladif perd celui qui le possède; il fera de lui la risée de (ses) ennemis" (une passion maladive)

Sir.7,11: "Ne te moque pas de l'homme qui est dans l'amertume de son *psuchè*"

Sir.7,21: "Que ton *psuchè* aime le domestique intelligent"

Sir.7,26: "Une femme est-elle à toi selon ton *psuchè* ? Ne la renvoie pas"

Sir.9,2: "Ne donne pas à la femme ton *psuchè* (au point qu') elle l'emporte sur ta force"

Sir.9,6: "Ne donne pas aux prostituées ton *psuchè* afin que tu ne perdes pas ton héritage"

Sir.9,9: "de peur que ton *psuchè* n'incline vers elle" ("coeur")

Sir.14,16: "réjouis ton *psuchè* car il n'y a pas à chercher le plaisir dans l'Hadès"

Sir.30,21: "Ne donne pas ton *psuchè* à la tristesse"

Sir.30,23: "Réjouis ton *psuchè*, console ton coeur et chasse la tristesse loin de toi"

Sir.31,20: "il se lève de bon matin et son *psuchè* (est) avec lui"

Sir.31,28: "Allégresse du coeur et gaieté du *psuchè*, (tel est) le vin bu en son temps et à suffisance"

Sir.31,29: "Amertume du *psuchè*, (tel est) le vin bu de trop ..."

Sir.33,32: "Il y a pour toi un seul domestique ? Traite-le comme un frère car tu as besoin de lui comme de ton *psuchè*" (comme de toi-même)

Sir.37,6: "N'oublie pas l'ami en ton *psuchè*; ne perds pas son souvenir dans tes richesses"

Sir.37,12a: "(l'homme pieux) ... qui en son *psuchè* (est) selon ton *psuchè*"

Sir.37,12b: "(l'homme pieux) ... qui en son *psuchè* (est) selon ton *psuchè*"

Sir.50,25: "Contre deux peuples mon *psuchè* est irrité"

Sir.51,29: "Que votre *psuchè* se réjouisse dans sa miséricorde"

Dan.grec 3,39: "Mais agrée-nous en (notre) *psuchè* brisé et (notre) esprit (*pneuma*) humilié"

Dan.grec 3,86: "Esprits (*pneuma*) et *psuchè* des justes, bénissez le Seigneur"

1Macc.3,31: "Il était fort embarrassé quant à son *psuchè* et il résolut d'aller en Perse ..." (anxiété)

2Macc.3,16: "en effet, son aspect et son teint altéré faisaient apparaître l'angoisse de son *psuchè*"

2Macc.5,11: "Aussi, quittant l'Egypte, enragé quant au *psuchè*, il prit la ville d'assaut" (colère)

2Macc.6,30: "j'endure sous les fouets de cruelles souffrances en mon corps mais, en mon *psuchè*, je les supporte avec joie ..." (dualisme corps et âme)

1c. esprit, sagesse, fonction mentale   7x

(notons cette évolution vers une conception sapientiale plus abstraite; en hébreu, c'est le coeur qui assure la fonction mentale. On pourrait aussi inclure ici des mentions de 1a relevant de la conscience morale)

Jdt.11,8: "Nous avons entendu (parler), en effet, (de) ta sagesse et des ressources de ton *psuchè*"

Sag.15,14: "mais tous insensés et pitoyables plus que le *psuchè* d'un nourrisson (étaient) les ennemis de ton peuple qui l'ont opprimé"

Sag.17,1: "c'est pourquoi des *psuchè* sans instruction se sont égarées"

Sir.24,1: "La sagesse loue son *psuchè*" (se loue elle-même, fait son propre éloge)

Sir.37,22: "(Tel) est sage d'après (*epi*) son propre *psuchè*" (Tel est le sage d'après son propre jugement)

Sir.39,1: "Excepté celui qui consacre son *psuchè* et sa réflexion à la Loi du Très-Haut"

Sir.47,15: "Ton *psuchè* recouvrit la terre" (à propos de Salomon)

2. <u>vie physique</u>   *28 x*

2a. vie physique, survie   26x

Jdt.7,27a: "nous deviendrions certes esclaves mais notre *psuchè* vivra"

(Jdt.7,27b: "et nous ne verrons pas de nos yeux la mort de nos petits, ni nos femmes et nos enfants rendant leur *psuchè*" (classé en 3b)

Jdt.8,24: "Et maintenant, frères, soyons en exemple pour nos frères car leur *psuchè* dépend de nous"

Jdt.10,15: "Tu as sauvé ton *psuchè* en te hâtant de descendre au devant de notre maître"

Jdt.13,20: "puisque tu n'as pas ménagé ton *psuchè* devant l'humiliation de notre race"

Sag.12,6: "ces parents meurtriers de *psuchè* sans défense" (sacrifices d'enfants)

Sag.14,5: "c'est ainsi que les hommes confient leur *psuchè* à un petit morceau de bois" (à une frêle embarcation)

Sag.15,8: "lui à qui il sera demandé le dû de son *psuchè*"

Sag.15,11: "car il n'a pas reconnu Celui qui l'a façonné et Celui qui lui a insufflé un *psuchè* agissant et inspiré un souffle (*pneuma*) vital"

Sag.16,9: "et il n'a pas été trouvé de remèdes pour leur *psuchè*"
(pour sauver leur vie)

Sag.16,14: "L'homme peut bien tuer dans sa malice mais il ne peut faire revenir le souffle (*pneuma*) parti ni délier le *psuchè* qui a été recueilli (par l'Hadès)"

Sir.16,17: "Qu'est ce que mon *psuchè* dans l'immense Création ?"
(être, personne, vie)

Sir.16,30: "Du *psuchè* de tout vivant il en couvrit la face (= de la terre) et vers elle, le retour d'eux (tous)" (= et ils retourneront à la terre)

Sir.21,2: "ses dents (sont) comme des dents de lion qui ôtent les *psuchè* des hommes"

Sir.29,15: "N'oublie pas le bienfait de ton garant, car il a donné son *psuchè* pour toi"

Sir.51,3: "(Tu m'as racheté) ... de la main de ceux qui cherchent mon *psuchè*" (qui en veulent à ma vie)

Sir.51,6: "Mon *psuchè* était proche de la mort et ma vie (*zôè*) touchait à l'Hadès d'en-bas"

Dan.Suz.55b: "et l'ange du Seigneur te bisera le *psuchè* aujourd'hui même"

1Macc.2,40: "si nous ne combattons pas contre les peuples pour notre *psuchè*"

1Macc.2,50: "et donnez votre *psuchè* pour l'Alliance de nos pères"

1Macc.3,21: "mais nous, nous combattons pour nos *psuchè* et nos coutumes"

1Macc.9,9: "Nous ne pouvons rien sinon sauver nos propres *psuchè* maintenant"

1Macc.9,44: "Levons-nous et combattons pour nos *psuchè*"

1Macc.12,51: "Les poursuivants virent qu'il en allait, pour ceux-là, de leur *psuchè*"

1Macc.13,5: "et maintenant, qu'il ne m'arrive pas de me préserver le *psuchè*"

2Macc.7,37: "Quant à moi, comme mes frères, je livre et mon corps et mon *psuchè*" (vie) (corps et âme) (engagement plénier)

2Macc.14,38: "ayant exposé (son) corps et (son) *psuchè* pour le judaïsme" (vie) (corps et âme) (engagement plénier)

2b. salutation   1x

Jdt.12,4: "Que vive ton *psuchè*, mon seigneur, parce que ta servante n'aura pas épuisé les biens (qui sont) avec moi avant que le Seigneur ne réalise par ma main ce qu'il avait projeté"

2c. condition de vie, existence   1x

Sir.4,2: "N'accable pas le *psuchè* de l'affligé et n'irrite pas l'homme dans le dénuement"

3. <u>gosier, gorge</u>   *5x*

3a. fonction alimentaire (faim et soif)   3x

Tob.1,11: "Mais moi, je gardai mon *psuchè* d'en manger"

Sir.40,29: "Il souille son *psuchè* de mets étrangers"

Sir.51,24: "alors que vos *psuchè* (en) ont tellement soif ?"
(gosier, au sens premier)

3b. fonction respiratoire (dernier souffle)   2x

Tob.14,11: "Leur disant ces paroles, sur le lit, son *psuchè* s'échappa"

Jdt.7,27b: "et nous ne verrons pas de nos yeux la mort de nos petits, ni nos femmes et nos enfants rendant leur *psuchè*"

4. <u>dénombrement de personnes</u>   *3x*

1Macc.2,38: "jusqu'à mille *psuchè* d'humains" (massacre) (personnes)

1Macc.9,2: "et ils firent périr de nombreux *psuchè* d'humains"
(vies humaines, personnes)

1Macc.10,33: "Tout *psuchè* des Juifs qui ont été déportés ..." (personne)

Remarques générales (LXX uniquement)

- <u>Du point de vue des sujets</u>, il s'agit toujours de l'humain.

- <u>Du point de vue des associations</u> avec d'autres parties du corps:

    - <u>avec *kardia*</u> (coeur)   7x
Comme en hébreu, les deux mots sont associés pour marquer l'intériorité, l'entièreté.

Tob.13,6: "Si vous revenez vers Lui de tout votre coeur et de tout votre *psuchè* pour agir devant Lui en vérité, ..." (engagement plénier)

Sir.2,17: "Ceux qui craignent le Seigneur préparent leur coeur et, devant Lui, humilient leur *psuchè*" (intériorité)

Sir.5,2: "Ne laisse pas ton *psuchè* ni ta force t'entraîner aux convoitises de ton coeur" (moral)

Sir.9,9: "de peur que ton *psuchè* n'incline vers elle" (sentiment)

Sir.30,23: "Réjouis ton *psuchè*, console ton coeur et chasse la tristesse loin de toi" (émotion)

Sir.31,28: "Allégresse du coeur et gaieté du *psuchè*, (tel est) le vin bu en son temps et à suffisance" (sensation)

2Macc.1,3: "Qu'il vous donne un coeur à tous pour le vénérer et faire ses volontés de grand coeur et d'un *psuchè* résolu" (volonté)

    - <u>avec *sôma*</u> (corps)   7x
La question du dualisme (et donc de l'influence de la conception platonicienne ou néo-platonicienne véhiculée dans l'hellénisme), absente en hébreu, est présente au niveau de la LXX. En fait, <u>on ne peut identifier du dualisme que dans les 4 versets suivants</u>:

Sag.1,4: "car dans un *psuchè* malfaisant, la sagesse n'entrera pas; elle ne s'établira pas dans un corps tributaire du péché"

Sag.8,19: "J'étais un enfant d'un naturel heureux et j'avais bénéficié d'un *psuchè* bon; ou plutôt, étant bon, j'étais venu dans un corps sans souillure"

Sag.9,15: "un corps corruptible appesantit en effet le *psuchè*"

2Macc.6,30: "j'endure sous les fouets de cruelles souffrances en mon corps mais, en mon *psuchè*, je les supporte avec joie ..."

Dans les 3 autres cas, leur association désigne simplement l'engagement plénier de la personne, comme en hébreu:

2Macc.7,37: "Quant à moi, comme mes frères, je livre et mon corps et mon *psuchè*"

2Macc.14,38: "ayant exposé (son) corps et (son) *psuchè* pour le judaïsme"

2Macc.15,30: "Le protagoniste qui s'était consacré de tout son corps et de (tout) son *psuchè* pour ses concitoyens, ..."

- avec *pneuma* ("esprit")   4x

Bien que ne relevant pas de l'anatomie biblique, le mot *pneuma* (comme l'hébreu *rouakh*) est quelques fois utilisé comme synonyme de *psuchè* (correspondant au *nephech* hébreu). Dans 4 cas, les deux mots apparaissent dans le même verset, témoignant d'une synonymie complète, indépendemment de leur sens étymologique (c'était également le cas, pour l'hébreu, en Job 12,10):

Sag.15,11: "car il n'a pas reconnu Celui qui l'a façonné et Celui qui lui a insufflé un *psuchè* agissant et inspiré un souffle (*pneuma*) vital"

Sag.16,14: "L'homme peut bien tuer dans sa malice mais il ne peut faire revenir le souffle (*pneuma*) parti ni délier le *psuchè* qui a été recueilli (par l'Hadès)"

Dan.grec 3,39: "Mais agrée-nous en (notre) *psuchè* brisé et (notre) esprit (*pneuma*) humilié"

Dan.grec 3,86: "Esprits (*pneuma*) et *psuchè* des justes, bénissez le Seigneur"

NT.

Le mot *psuchè* est attesté 103 x dont une quarantaine par hébraïsme (citations de l'A.T. ou formulations typiques de l'hébreu).

<u>Le sens lié à la vie reprend légèrement</u> (non pas par le contexte narratif mais dans le cadre d'une théologie du Salut). Le sens de "gosier" n'est plus que très indirectement présent par les thèmes de la faim ou de la respiration.

1. vie physique   49 x

2. être intérieur   46 x

3. individus   8 x

1. <u>en lien avec la vie, vie mise en péril</u>   49 x

Mtt.2,20: "ils sont morts ceux qui cherchaient le *psuchè* de l'enfant"
(comme "chercher le nephech de" en hébreu: en vouloir à la vie de)

Mtt.6,25a: "Ne vous inquiétez pas pour votre *psuchè* ni de ce que vous allez manger"

Mtt.6,25b: "le *psuchè* n'est-il pas plus que la nourriture et le corps (*sôma*) que le vêtement ?"

Mtt.10,39a: "Qui aura trouvé son *psuchè* le perdra" (vie mondaine)

Mtt.10,39b: "et qui aura perdu son *psuchè* à cause de moi le trouvera"
(vie physique)

Mtt.16,25a: "celui qui veut sauver son *psuchè* le perdra" (cf.10,39)

Mtt.16,25b: "celui qui perdra son *psuchè* à cause de moi le trouvera"

Mtt.16,26b: "ou que donnera l'homme en échange de son *psuchè* ?" (vie)

Mtt.20,28: "de même que le Fils de l'Homme n'est pas venu pour être servi mais pour servir et donner son *psuchè* en rançon pour beaucoup" (thème du rachat)

Mc.3,4: "Est-il permis, au sabbat, de faire le bien ou de faire le mal, de sauver un *psuchè* ou de tuer ?"

Mc.8,35a: "celui qui veut sauver son *psuchè* le perdra" (// Mtt.16,25)

Mc.8,35b: "celui qui perdra son *psuchè* à cause de moi et de l'évangile le sauvera"

Mc.8,37: "Que peut donner l'homme en échange de son *psuchè* ? (vie)

Mc.10,45: "en effet, le Fils de l'Homme n'est pas venu pour être servi mais pour servir et donner son *psuchè* en rançon pour beaucoup" (thème du rachat) (// Mtt.20,28)

Lc.6,9: "s'il est permis, au sabbat, de faire du bien ou de faire du mal, de sauver ou de perdre un *psuchè* ?" (vie physique) (// Mc.3,4)

Lc.9,24a: "celui qui veut sauver son *psuchè* le perdra" (// Mc.8,35)

Lc.9,24b: "celui qui perdra son *psuchè* à cause de moi, celui-là le sauvera" (vie physique)

Lc.12,20: "Insensé, cette nuit même on va te redemander ton *psuchè*" (vie physique)

Lc.12,22: "Ne vous inquiétez pas pour votre *psuchè* de ce que vous mangerez, ni pour votre corps (*sôma*) de quoi vous le vêtirez" (// Mtt.6,25)

Lc.12,23: "le *psuchè* n'est-il pas plus que la nourriture et le corps que le vêtement ?" (vie)

Lc.14,26: "Si quelqu'un vient vers moi et ne hait pas son père, sa mère, ..., et même son propre *psuchè*, il ne peut être mon disciple" (vie physique)

Lc.17,33: "celui qui cherchera à préserver son *psuchè* le perdra et celui qui le perdra le sauvegardera" (// Mtt.10,39)

Lc.21,19: "Par votre persévérance vous conserverez vos *psuchè*" (vie physique)

Jn.10,11: "Le bon berger expose son *psuchè* pour les brebis" (vie) ("exposer son *nephech* sur sa paume": risquer sa vie)

Jn.10,15: "et j'expose mon *psuchè* pour les brebis" (vie)

Jn.10,17: "parce que moi j'expose mon *psuchè* pour le prendre à nouveau"

Jn.12,25a: "Qui aime son *psuchè* le perd"

Jn.12,25b: "et qui hait son *psuchè* en ce monde le gardera pour la vie (*zôè*) éternelle"

Jn.13,37: "J'exposerais mon *psuchè* pour toi" (cf. Jn.10,11)

Jn.13,38: "Tu exposerais ton *psuchè* pour moi ?"

Jn.15,13: "Personne n'a de plus grand amour que celui-ci: d'exposer son *psuchè* pour ses amis"

Ac.2,27: "même ma chair (*sarx*) s'abritera dans l'espérance car tu n'abandonneras pas mon *psuchè* à l'Hadès" (cit. Ps.16,10)

Ac.15,26: "... des gens qui ont livré leur *psuchè* pour le Nom de NSJC" (vie physique)

Ac.20,10: "Ne faites pas de tumulte ! Son *psuchè* est, en effet, en lui" (souffle vital)

Ac.20,24: "Mais d'aucune façon je ne rends mon *psuchè* précieux pour moi" (je n'attache aucun prix à ma propre vie)

Ac.27,10: "non seulement pour la cargaison et le bateau mais aussi pour nos *psuchè*" (vies)

Ac.27,22: "Il n'y aura de perte du *psuchè* d'aucun d'entre vous, sauf du bateau" (de la vie)

Rom.11,3: "Moi je suis resté seul et ils cherchent mon *psuchè*" (en veulent à ma vie) (1Rois 19,10)

Rom.16,4: "eux qui ont risqué leur cou pour (sauver) mon propre *psuchè*" (vie)

1Cor.15,45: "le premier homme, Adam, devint *psuchè* vivant" (réf. Gn.2,7) (être vivant)

Php.2,30: "car c'est à cause de l'oeuvre du Christ qu'il a été près de la mort, risquant son *psuchè* pour ..." (sa vie)

1Jn.3,16a: "en ceci nous avons reconnu l'amour: que Celui-ci a donné son *psuchè* pour nous"

1Jn.3,16b: "nous aussi, nous devons donner nos *psuchè* pour nos frères" (vies)

3Jn.v.2: "Cher (ami), je te souhaite d'aller bien en tout et d'être en (bonne) santé, autant que ton *psuchè* va bien" (salutation)

Apoc.6,9: "j'ai vu sous l'autel les *psuchè* de ceux qui ont été égorgés à cause de la Parole de Dieu ..."

Apoc.8,9: "le tiers des créatures qui (vivent) dans la mer périt, celles qui avaient des *psuchè*"

Apoc.12,11: "et ils n'aimèrent pas leur *psuchè*, jusqu'à la mort"
(ils méprisèrent leur vie ...)

Apoc.16,3: "et tout *psuchè* de vie (*zôè*) mourut" (tout être en vie)

Apoc.20,4: "(je vis) aussi les *psuchè* de ceux qui avaient été décapités à cause du témoignage de Jésus et à cause de la Parole de Dieu"

2. <u>être intérieur</u>   46 x

2a. être intérieur (moral)   25x

Mtt.10,28a: "Ne craignez pas ceux qui tuent le corps (*sôma*) mais qui ne peuvent tuer le *psuchè*"

Mtt.10,28b: "Craignez plutôt celui qui peut perdre et le *psuchè* et le corps dans la Géhenne"

Mtt.16,26a: "que gagne l'homme en effet si, gagnant tout l'univers, il lèse son *psuchè* ?"

Mtt.22,37: "tu aimeras le Seigneur ton Dieu de tout ton coeur et de tout ton *psuchè* et de toute ta pensée *(dianoia)"* (formule deutéronomique, cf. Deut.6,5)

Mc.8,36: "à quoi sert-il à l'homme de gagner l'univers entier et de léser son *psuchè* ?"

Mc.12,30: "Tu aimeras le Seigneur ton Dieu de tout ton coeur, de tout ton *psuchè*, de toute ta pensée (*dianoia*), de toute ta force (*ischus*)" (idem)

Lc.10,27: "Tu aimeras le Seigneur ton Dieu de (*ex*) tout ton coeur, avec (*en*) tout ton *psuchè*, avec toute ta force, avec toute ta pensée" (idem)

Ac.4,32: "La multitude de ceux qui avaient cru était d'un coeur et d'un *psuchè* unique"

(Rom.2,9: "Tribulation et angoisse à tout *psuchè* d'homme qui s'adonne au mal"

2Cor.1,23: "Quant à moi, je prends Dieu à témoin sur mon propre *psuchè*: ..."
(engagement)

2Cor.12,15: "Quant à moi, c'est avec plaisir ... que je me dépenserai pour vos
psuchè"

Hébr.4,12: "(la Parole de Dieu) ... pénètre jusqu'à la séparation du *psuchè* et de
l'esprit (*pneuma*), des articulations et des moelles"

Hébr.6,19: "(la promesse divine) laquelle nous avons pour notre *psuchè* comme
une ancre, sûre et certaine"

Hébr.10,39: "mais (nous sommes) (des hommes) de foi, pour la préservation du
psuchè"

Hébr.12,3: "afin que, épuisés, vous ne vous fatiguiez pas pour vos *psuchè*"
(BJ: afin de ne pas défaillir par lassitude de vos âmes)

Jac.1,21: "... la Parole ... qui est capable de sauver vos *psuchè*"

Jac.5,20: "celui qui ramène un pécheur de son chemin égaré sauvera ce *psuchè*
de la mort" (thème prophétique; Ez.3,19; 33,9)

1Pi.1,9: "obtenant la finalité de la foi (qui est) le salut des *psuchè*"

1Pi.1,22: "Ayant purifié vos *psuchè* par l'obéissance à la vérité pour une amitié
sans feinte"

1Pi.2,11: "... de vous abstenir de convoitises charnelles qui combattent contre le
psuchè"

1Pi.2,25: "mais maintenant vous êtes retournés au berger et au surveillant de vos
psuchè" (thème du Bon Pasteur, cf.Ez.34,1)

1Pi.4,19: "Ainsi donc, que ceux qui souffrent selon la volonté de Dieu confient
leur *psuchè* au Créateur fidèle, par des oeuvres bonnes"

2Pi.2,8: "à cause de ce qu'il voyait et entendait, ce juste (= Lot), habitant parmi
eux au jour le jour, éprouvait son *psuchè* juste par (ces) oeuvres iniques"

2Pi.2,14: "..., insatiables de péchés, appâtant les *psuchè* instables, ..."

Jude v.15: "... et confondre tout *psuchè* au sujet de toutes les oeuvres d'impiété ..." (personne)

Apoc.18,14: "et le fruit de la convoitise de ton *psuchè* s'en est allé loin de toi"

2b. être intérieur (émotion, attachement, détresse, ...)   16x

Mtt.11,29: "et vous trouverez le répit pour vos *psuchè*" (cit. Jér.6,16)

Mtt.12,18: "mon bien-aimé envers lequel se complaît mon *psuchè*" (cit. Is.42,1)

Mtt.26,38: "Mon *psuchè* est triste à en mourir" (Ps.42,6; Jonas 4,9)

Mc.14,34: "Mon *psuchè* est triste à en mourir" (idem)

Lc.1,46: "Mon *psuchè* magnifie le Seigneur et mon esprit (*pneuma*) exulte en Dieu mon Sauveur" (être en louange) (1Sam.2,1; Is.61,10)

Lc.2,35: "et toi-même, une épée te transpercera le *psuchè* afin que se révèlent les pensées de bien des coeurs" (douleur profonde)

Jn.12,27: "Maintenant, mon *psuchè* est troublé" (Jésus)

Ac.2,43: "La crainte advenait à tout *psuchè*"

Ac.14,22: "... affermissant les *psuchè* des disciples" (courage) (confiance)

Rom.2,9: "Tribulation et angoisse à tout *psuchè* d'homme qui s'adonne au mal"

Eph.6,6: "faisant la volonté de Dieu *ek psuchè*" (d'eux-mêmes, avec application)

Php.1,27: "... que vous tenez en un seul esprit (*pneuma*), luttant en un seul *psuchè* pour la foi de l'évangile" (volonté, caractère entier)

Col.3,23: "Quoi que vous fassiez, travaillez *ek psuchè* comme pour le Seigneur et non (comme) pour les hommes" (avec ardeur)

1Thess.2,8: "nous aurions été contents de vous communiquer non seulement l'évangile de Dieu mais nos propres *psuchè* parce que vous nous étiez devenus chers" (sentiments)

1Thess.5,23: "et que tout votre être, esprit (*pneuma*), *psuchè* (être int.) et corps (*sôma*), soit gardé irréprochable pour la venue de NSJC"

Hébr.10,38: "mais, s'il se dérobe, mon *psuchè* ne se complaît plus en lui" (inverse de Is.42,1) (entre rejet affectif et désapprobation morale)

       2c. fonction mentale   5x
(on pourrait inclure ici ce qui relève de la conscience morale, classé en 2a)

Lc.12,19a: "et je dirai à mon *psuchè*: ..."

Lc.12,19b: " *psuchè*, tu as beaucoup de biens en réserve ..."

Jn.10,24: "jusques à quand tiendras-tu notre *psuchè* (en suspens)"

Ac.14,2: "et ils indisposèrent les *psuchè* des gens contre les frères"

Ac.15,24: "quelques uns des nôtres vous ont troublés par leurs paroles et ont bouleversé vos *psuchè*" (mettre le doute)

3. <u>les êtres, en tant qu'individus</u>   8x

       3a. dénombrement   5x

Ac.2,41: "furent ajoutés ce jour-là environ trois mille *psuchè*" (personnes)

Ac.7,14: "Joseph fit alors venir Jacob son père et toute sa parenté: 75 *psuchè*" (personnes)

Ac.27,37: "Nous étions, tous les *psuchè* dans le bateau: 273" (personnes)

1Pi.3,20: "... l'arche, dans laquelle peu de personnes, ce qui représente huit *psuchè*, furent sauvés malgré l'eau" (personnes)

Apoc.18,13: "(cargaisons) de chevaux, de chariots, de corps et de *psuchè* d'hommes" (esclaves et gens)

       3b. traitement juridique   3x

Ac.3,23: "il adviendra que tout *psuchè*, s'il n'écoute pas (la parole) de ce prophète, sera retranché du peuple" (réf. Lév. 7,20 et autres)

Rom.13,1: "Que tout *psuchè* soit soumis aux autorités supérieures" (personne)

Hébr.13,17: "Obéissez à vos chefs et soyez soumis; ils veillent, en effet, à vos *psuchè*"

Remarques générales, NT uniquement

- <u>du point de vue des sujets</u>, il est 2 x question du *psuchè* de Dieu (en Mtt.12,18: "... mon bien-aimé envers lequel se complaît mon *psuchè*", citation d'Is.42,1, et en Hébr.12,3, même citation par la négative) et 9 x du *psuchè* de Jésus (parfois sous le titre de Fils de l'homme ou de bon berger).

- <u>du point de vue des associations</u> avec d'autres parties du corps, relevons:

    - l'association <u>avec *sôma*</u> (corps)   6x

        - avec connotation dualiste:

Mtt.10,28a: "Ne craignez pas ceux qui tuent le corps (*sôma*) mais qui ne peuvent tuer le *psuchè*"

Mtt.10,28b: "Craignez plutôt celui qui peut perdre et le *psuchè* et le corps dans la Géhenne"

1Pi.2,11: "... de vous abstenir de convoitises charnelles qui combattent contre le *psuchè*"

        - sans connotation dualiste (hiérarchisation mais non dualisme)

Lc.12,22: "Ne vous inquiétez pas pour votre *psuchè* de ce que vous mangerez, ni pour votre corps (*sôma*) de quoi vous le vêtirez"

Lc.12,23: "le *psuchè* n'est-il pas plus que la nourriture et le corps que le vêtement ?" (vie)

        - anthropologie tripartite originale (corps - esprit - âme), mais non développée:

1Thess.5,23: "et que tout votre être, esprit (*pneuma*), *psuchè* (être int.) et corps (*sôma*), soit gardé irréprochable pour la venue de NSJC"

- avec *pneuma* (esprit)   4 x

comme synonyme de *psuchè* ou hendiadys (une idée en deux mots):

Lc.1,46: "Mon *psuchè* magnifie le Seigneur et mon esprit (*pneuma*) exulte en Dieu mon Sauveur" (être en louange)

1Thess.5,23: "et que tout votre être, esprit (*pneuma*), *psuchè* (être int.) et corps (*sôma*), soit gardé irréprochable pour la venue de NSJC"

Php.1,27: "... que vous tenez en un seul esprit (*pneuma*), luttant en un seul *psuchè* pour la foi de l'évangile" (volonté, caractère entier)

Hébr.4,12: "(la Parole de Dieu) ... pénètre jusqu'à la séparation du *psuchè* et de l'esprit (*pneuma*), des articulations et des moelles" (être intérieur)

- avec *sarx* (chair), sans dualisme   1 x

Ac.2,27: "même ma chair (*sarx*) s'abritera dans l'espérance car tu n'abandonneras pas mon *psuchè* à l'Hadès" (cit. Ps.16,10)

- du point de vue théologique, le thème du Salut est omniprésent (sauver sa vie, la perdre, son rachat par le sacrifice du Christ). Il est couplé à une hiérarchisation entre la vie physique (inférieure) et la vie psychique (supérieure) et, parfois, à du dualisme corps (Mal) - âme (Bien). Le thème de l'élection est repris (Mtt.12,18 et autres formulations proches dans le cadre du baptême de Jésus ou de sa transfiguration, citant Is.42,1).

- du point de vue anatomique et médical, le lien avec la vie (physique ou intérieure) est majeur. L'idée d'immatérialité (au départ du "souffle") est présente. Le constat (ou non) de décès est lié au souffle en Ac.20,10.

CHAPITRE 3

LA TRADUCTION PAR "AME"

aspects historiques et philologiques

- Imaginons une situation linguistique initiale où l'on ne sache pas comment traduire ce mot *nephech* mais bien le reste du contexte. La prise en compte de celui-ci nous permet de dégager très vite une première leçon: c'est que le mot doit avoir des sens très divers (une polysémie) vu la variété de ces contextes.

- Interdisons-nous, bien sûr, de recourir aux dictionnaires traductifs (de l'hébreu biblique vers le français ou toute autre langue) puisque ceux-ci ne font que reproduire une tradition de traductions et qu'ils dépendent tous l'un de l'autre depuis les quelques uns initiaux (vers le latin, à partir du 16°s.).

- Un premier élément, incontournable et très valable pour reconstituer la signification d'un mot est son étymologie. Or nous savons que l'hébreu dépend de l'akkadien (ceci a été magistralement mis en lumière, spécifiquement pour les mots d'anatomie, par Paul Dhorme, L'emploi métaphorique des noms de parties du corps en hébreu et en akkadien, Gabalda, Paris, 1923). Or, en akkadien, le mot (*napishu*) désigne le gosier et les mots dérivés de celui-ci désignent la respiration, le souffle, le nez. <u>La signification en est donc, au départ, très matérielle, très physique.</u>

- Un autre élément, très précieux mais pas nécessairement existant, est l'existence de traductions anciennes du même texte dans une langue mieux connue par ailleurs. Or c'est le cas du texte hébreu de la Bible dont une traduction en grec a été établie au 2°s. avant notre ère (la traduction des LXX). Le mot hébreu *nephech*, présent 753 x en hébreu, y a été traduit 664 x par le mot grec *psuchè*. Ajoutons que le mot *psuchè* sert également à traduire, 25 x, le mot hébreu *leb* (coeur, comme intériorité), 4 x le mot *khaya* (vie) et 1 x le mot *rouakh* (souffle, comme incitation inspirée, en Ex.35,21). En grec classique (5°-4°s. avant notre ère, donc à peu près contemporain de la période de rédaction de la plupart des livrets bibliques), le mot psuchè désigne le souffle, la respiration, la vie (en péril), la personne comme entité, la personne dans son entièreté, l'affection, une activité mentale, etc ... . Le champ sémantique en est donc identique. Ce n'est que dans le vocabulaire platonicien (4°s. avant notre ère) et après lui (Aristote, néo-platonisme et toute la théologie chrétienne postérieure de type scolastique) que le mot a pris sa signication de "âme" telle que nous la connaissons encore aujourd'hui, <u>devenant ainsi le mot le plus abstrait qui soit</u>.

- Sans entrer dans le détail de <u>la conception platonicienne de l'âme</u> ni dans un débat philosophique mais par pur souci didactique et pour expliciter à quoi nous nous référons, voici les caractéristiques que l'on retient ici:

> - l'âme est pré-existente à son incarnation

> - elle est donc distincte et séparable du corps charnel

> - le corps est même comme un tombeau pour l'âme (*sôma sèma*);
> l'enjeu de la vie terrestre étant de s'en défaire le plus possible

> - elle est, en effet, opposée au corps
>   comme le Bien est opposé au Mal (dualisme moral),
>   l'Esprit à la Matière, la Perfection à l'Imperfection,
>   le Céleste au Terrestre, l'Infini au Fini, ...

> - elle est, bien évidemment, dans un rapport de supériorité
>   par rapport au corps, aux humeurs et instincts de celui-ci

> - elle est immatérielle

> - elle est immortelle; elle survit au corps mortel

A noter aussi que la théorie platonicienne distingue:

> - l'âme raisonnable (seule concernée par les caractéristiques ci-dessus)

> - l'âme irascible (les "états d'âme": colère, affliction, joie, courage, ...)

> - l'âme appétitive (de la satisfaction des besoins élémentaires au désir de biens non-élémentaires)

- Les traducteurs de la LXX (des juifs hellénophones du milieu cultivé d'Alexandrie) connaissaient sans doute ce mouvement philosophique platonicien. D'ailleurs, dans les livrets qui leur sont propres (Sagesse, Siracide, Qohélet, ...), on en reconnaît la trace mais, pour le reste, ils partagent la langue commune, le grec hellénistique, héritier direct du grec classique.

- Ce mot grec *psuchè* a été traduit à son tour, en latin, par le mot *anima* (où on reconnaît immédiatement notre mot "âme") et on pourrait croire ainsi la boucle bouclée. Mais ce mot latin, étymologiquement, vient d'un autre mot grec *anemos* qui veut dire "vent", "souffle". On est ainsi renvoyé à la signification initiale, fondamentale, bien éloignée de la signification métaphysique devenue prédominante dans notre culture.

- Entre-temps, au moment où le christianisme avait fait du latin une des langues dans lesquelles il s'est développé, le christianisme avait, de fait, adopté le dualisme platonicien parce qu'il semblait, en effet, compatible tel quel avec une conception chrétienne, en tout cas telle que basée sur l'apôtre Paul (déjà influencé par un certain néo-platonisme).

- La première grande traduction latine de la Bible, la Vulgate, due à St Jérôme et datant du 4° s., devenue la traduction de référence pour l'Eglise occidentale (la principale jusqu'au 16°s.), traduction très soignée, de très grande qualité, a traduit les mentions du *nephech* hébreu et / ou du *psuchè* grec (puisque Jérôme connaissait ces deux langues) par le mot latin *anima*, ce qui était philologiquement tout à fait correct. C'était sans compter avec la sur-détermination platonisante du mot et avec le fait que la théologie latine s'est plus auto-développée dans une logique philosophique qu'en référence au texte biblique. Avant l'invention de l'imprimerie, les Bibles complètes étaient en effet rares. Même les théologiens n'en possédaient que des florilèges (dépendant donc des choix qu'avaient fait ceux qui les avaient composés et portant à une exégèse de citations éparses sans réflexion d'ensemble de théologie biblique). Le clergé n'en possédaient que, très morcelés, les extraits retenus pour la liturgie (suivant des critères "traditionnels" jamais explicités).

- La donne allait changer avec l'apparition de l'imprimerie (16°s.) mettant à disposition des Bibles complètes. C'était en soi une révolution et une redécouverte puisque nombre de textes (non sélectionnés jadis) étaient ainsi révélés et on pouvait enfin les relire dans leur continuité et se faire une idée de la dynamique interne à chaque livret et entre les livrets. Outre l'énorme travail de critique externe (pour la sélection des livrets, pour l'établissement du texte -et même d'abord d'un bon texte latin, avant d'en venir à l' "hebraica veritas" et même à la comparaison avec d'autres versions anciennes: syriaques, éthiopiennes, ...), c'était désormais un travail de critique interne qui était rendu possible. On retrouvait enfin le mot *nephech* lui-même (très stable, en fait, dans toutes les versions) et on pouvait désormais suivre et comparer tous les contextes où il apparaissait. Le principe de la Concordance existait depuis le 13°s (la première, sur le texte latin, fut celle du dominicain Hugues de Saint Cher); elles se développèrent sur le texte hébreu. Cet instrument était essentiel pour une étude de lexicographie.

- Aussitôt cependant (et d'abord chez les Réformateurs) ont eût le souci de traduire la Bible à partir du texte hébreu ou grec (et non plus sur base de la Vulgate) dans les langues vernaculaires, en allemand (la Bible de Luther, 1534), en français (la Bible de Louvain, 1578), en anglais (la King James, 1604), etc... avec le risque de ré-introduire de l'embrouille puisqu'entre-temps le sens du mot âme (et ses équivalents dans les autres langues modernes) avait à peu près été réduit, en théologie, au sens univoque d'âme raisonnable du platonisme.

- En ce qui concerne la traduction en français, la tendance a été de traduire le mot *nephech* par "âme" puisque le mot français "âme" était la traduction étymologiquement naturelle du mot latin *anima*, effectivement utilisé par St Jérôme pour traduire le mot hébreu *nephech* et le mot grec *psuchè*. Mais <u>fallait-il toujours traduire le mot nepech par "âme" ?</u>

- Faisons l'exercice sur un échantillon de versets et *voyons* à quelles aberrations on aboutit en voulant ignorer la polysémie du mot hébreu et en la rétrécissant à un sens univoque de type platonicien.

Gn.9,15: "... entre moi et vous, et entre tout *nephech* de vie, en toute chair"
    Trad. BJ : "Je me souviendrai de l'alliance qu'il y a entre moi et vous et tous les êtres vivants, en somme toute chair, ...". Même la BJ, la plus encline à traduire nephech par âme (244 x sur 753 mentions alors que la TOB ne le fait que 32 x) traduit ici par "être vivant". Une traduction par âme aurait impliqué une <u>équivalence avec "chair"</u> !

Gn.49,6: "En leur entrave (*sad*), que n'entre pas mon *nephech*" (mon cou).
    Une âme qui pourrait être <u>immobilisée dans un carcan</u> ? La traduction de ce verset fait problème. La BJ et Osty traduisent: "Que mon âme n'entre pas dans leur conseil"; Dhorme: "Que mon âme ne participe pas à leur conseil"; TOB: "Je ne veux pas venir à   leur conseil"; Chouraqui: "en leur tréfonds, tu ne viendras pas, mon être". Foi de Gesenius (p.536), *sad* veut bien dire: cep, fers ou

bois que l'on met aux pieds des prisonniers, ce que confirme les autres usages de ce mot: "Toi qui as mis mes pieds dans les ceps" (Job 13,27) et "Il met mes pieds dans les ceps" (Job 33,11). En fait ces auteurs (sauf Chouraqui) traduisent ici d'après la LXX (qui a *"eis boulèn"*). Cette correction de la LXX est certainement régie par le fait qu'elle tient à traduire *nephech* par *psuchè*. Si l'on traduit par gorge / cou (sens primitif de *nephech*), cette correction n'est pas nécessaire. Chouraqui tronque la traduction de *sad* en "tréfonds" (non attesté par ailleurs) parce qu'il veut traduire *nephech* par "être".

Ex.1,5: "Ce sont tous les *nephech* sortis de la cuisse de Jacob, 70 *nephech*".

Voilà des "âmes" qui seraient sorties de la cuisse de Jacob ! La théologie, non moins que le platonisme, aurait de quoi s'offusquer ! Mais les traducteurs ne traduisent jamais aussi trivialement, ils donnent: BJ: "Les descendants de Jacob étaient, en tout, soixante-dix personnes"; TOB: "Les descendants de Jacob étaient, en tout, soixante-dix personnes"; OSTY: "Les personnes sorties de la cuisse de Jacob ..."; DHORME: "Toutes les personnes issues de la cuisse de Jacob ..."; BAYARD: "Tous ceux sortis de la cuisse de Jacob ..."; Il s'agit, en effet, d'un <u>nombre de personnes</u>, un sens très banalisé, loin du sens fort de l'âme au sens métaphysique.

Lév.5,2: "ou bien un *nephech* qui touche à une chose impure ...".

Une âme immatérielle <u>qui toucherait physiquement une chose</u> matérielle ? Il s'agit de la personne quelconque (usage fréquent dans les parties législatives).

Lév.7,20a: "Le nephech qui mangera la chair du sacrifice ....".

Une âme <u>qui mange de la chair</u> ? Il s'agit de la personne quelconque.

Lév.16,29: "... vous humilierez vos *nephech* et ne ferez aucun travail".

En référence au contexte, il s'agit de pratiques de pénitence (mortifier son corps par le jeûne). L'expression revient 10x dans l'AT. *Nephech* <u>équivaudrait ici à corps</u> ! La BJ traduit simplement: "vous jeûnerez".

Lév.24,18a: "Celui qui frappe le *nephech* d'un animal, paiera: ..."

Comment <u>frapper physiquement</u> une chose qui serait immatérielle ? Il s'agit ici de s'en prendre à la vie de l'animal. La BJ traduit simplement: "Qui frappe un animal". La tournure en hébreu est, en effet, emphatique (mais fréquente: 17x; voir chap.2, remarques)

Nbr.6,6: "Tout le jour (= toute la durée) de son naziréat pour Yahvé, il ne viendra pas auprès d'un *nephech* mort".

Comment une âme immortelle pourrait-elle mourir ? *Nephech* a ici le sens de "personne" (être décédé, personne décédée, <u>cadavre</u>).La formule revient 14x (voir chap.2, remarques). La BJ traduit: "il ne s'approchera pas d'un mort"

Nbr.23,10: "Que meure mon *nephech* de la mort des justes".

Une âme qui ne serait <u>pas immortelle</u> ou, simplement, "que je meure" !

Deut.12,20a: "Quand ton *nephech* désirera manger de la chair".

Voilà un principe spirituel qui semble avoir faim de nourritures bien terrestres ! *Nephech* a ici le sens de "<u>appétit</u>", en lien avec la fonction alimentaire du gosier (45x). Le mot se laisse également traduire ici par un <u>simple pronom</u>: "si tu désires manger de la viande" (trad.BJ)

Deut.12,23a: "car le sang, c'est le *nephech*".

Le n*ephech* équivaudrait au sang ! Mais le sang est <u>une matière</u> ! Le mot désigne ici le principe vital. Ce sens est représenté 8x. La BJ traduit pourtant : "car le sang, c'est l'âme"

Deut.12,23b: "et tu ne mangeras pas le *nephech* avec la chair".

Cela sous-entendrait que le *nephech* serait <u>susceptible d'être mangé</u> ! Le mot désigne le principe vital (comme en 23a). La BJ renchérit inopportunément: "et tu ne dois pas manger l'âme avec la chair"

Jug.12,3: "J'ai mis mon *nephech* dans ma paume".

L'expression semble archaïque. Elle revient 6x. L'âme y serait <u>un objet</u> que l'on pourrait déposer sur sa main (et donc exposée à tout venant). Elle signifie: "J'ai risqué ma vie" (trad. BJ).

2Sam.14,14: "et Elohîm ne relève pas le *nephech*".

Si Dieu n'agrée plus les âmes, à qui iront-elles ? Le mot a ici le sens de <u>cadavre</u> (l'être qui a perdu la vie). Trad. BJ: "et Dieu ne relève pas un cadavre".

Is.3,20: "..., diadèmes, chaînettes, ceintures, boîtes à *nephech*".

Une âme pourrait-elle être mise <u>en boîte</u> ? Il s'agit sans doute de boîtes à parfums (en lien avec la fonction respiratoire du gosier). Trad. BJ: "boîtes à parfums".

Is.56,11: "Les chiens au *nephech* vorace ne connaissent pas la satiété".

<u>Les animaux ont-ils une âme ?</u> Selon la conception platonicienne, les animaux ont une âme "appétitive" mais non une âme raisonnable, seule

susceptible d'être immatérielle, séparable du corps et immortelle. Il s'agit ici de gosier et d'appétit. La BJ escamote le mot *nephech*: "Les chiens sont voraces, insatiables ..."

Ez.13,18c: "vivraient-ils pour vous les *nephech*?".

Pris isolément, le verset sous-entendrait la <u>mise en doute de l'existence des âmes</u> ! En référence au contexte (diatribe contre les fausses prophétesses), on comprend qu'il s'agit des "esprits" au sens chamanique du terme. Le sens serait: "croyez-vous en ces esprits invoqués par des chamanes ?" (sur un ton ironique). La BJ comprend: "et vous épargneriez vos propres âmes ?" (l'idée d'épargner à son âme le châtiment pour idolâtrie n'est pas présente dans le texte).

Ps.7,3: "de peur qu'il ne lacère comme un lion mon *nephech*".

Une "âme" ne se prête pas à être <u>lacérée par un lion</u> ! Une gorge bien ! La BJ traduit: "qu'il n'emporte comme un lion mon âme, lui qui déchire, ..." suggérant un sens figuré. Le verbe "emporter" ne figure pas en hébreu.

Ps.22,30: "devant lui, tous ceux qui descendent à la poussière ploieront (le genou); son *nephech*, il ne vit pas".

La formulation est obscure. Si on donne à *nephech* une valeur pronominale et en paraphrasant, ce stique signifierait: "mais, lui, ne vivrait plus ! (rappelant la condition mortelle de toute personne). Si on voulait maintenir le sens fort de "âme", on aboutirait à une <u>affirmation contraire à la croyance en la survie de l'âme</u>. Les traducteurs, optant implicitement pour le sens fort, s'autorisent de recourir à la version grecque qui a "mon âme vit pour lui" où la négation *lo'* est arbitrairement corrigée en *low* ("pour lui"); la Vulgate suit évidemment la LXX. Le verset suivant: "c'est   sa descendance qui servira" confirme qu'il ne s'agit que de l'être humain mortel.

Ps.31,10: "mon oeil languit de chagrin, (ainsi que) mon *nephech*, mon ventre"

L'âme et <u>le ventre</u>, quel rapprochement ! En traduisant par gorge on comprend   mieux comment le sentiment de chagrin est le point commun entre les trois organes. Même la BJ traduit par "gorge".

Ps.35,25: "Qu'il ne disent pas en leur coeur: Ah, notre *nephech* ! Qu'ils ne disent pas: Nous   l'avons avalé".

Voilà <u>une âme qui s'avale</u> ! En lien avec la fonction alimentaire du gosier et, par ailleurs, le sens distributif que peut prendre *nephech* (comme pour les personnes), le mot désigne ici la part de bouche, la bouchée, la ration. La BJ l'interprète comme une exclamation: "Ah ! ma foi !"

Ps.63,6: "Comme de graisse et de moelle mon *nephech* sera rassasié, ...".
Une âme qui se rassasie de graisse et de moelle ! On peut l'entendre au sens figuré bien sûr (la graisse et la moelle n'y aident pas) ou, tout simplement, comme pronom ("comme de graisse et de moelle je suis rassasié") ou gosier. La BJ maintient "âme".

Ps.69,2: "Sauve-moi, Elohîm, car les eaux (m') atteignent jusqu'au *nephech*".
Une âme qui risque la suffocation à cause de la montée des eaux ? La BJ maintient "âme" mais admet, en note, que l'on puisse traduire par "gorge".

Ps.78,50: "il ne préserva pas de la mort leur *nephech;* à la peste il la remit".
Des âmes qui n'échappent pas à la mort ! Le contexte confirme qu'il s'agit de la vie humaine qui n'échappe pas à la mort. La BJ maintient "âme".

Ps.105,18: "On meurtrit ses pieds par des chaînes, son *nephech* fut mis au fer ".
Une âme enfermée dans un carcan ! Se comprend mieux s'il sagit du cou. BJ traduit habilement: "on lui passa les fers au cou".

Ps.124,5: "Alors il aurait passé sur notre *nephech*, (en) eaux écumantes".
Même situation qu'en Ps.69,2.

Job 11,20: "Leur espoir ? L'expiration du *nephech* !
L'extinction de l'âme comme seul espoir ! Il s'agit du gosier dans sa fonction respiratoire. La BJ admet: "leur espoir, c'est le dernier soupir".

Job 33,20: "Sa vie est dégoûtée du pain; son *nephech* de la nourriture appétissante" (gosier).
Une âme qui a perdu l'appétit ... Il s'agit du gosier dans sa fonction alimentaire. Même la BJ traduit: "quand sa vie prend en dégoût la nourriture et son appétit les friandises".

Prov.6,30: "On ne méprise pas le voleur quand il vole pour remplir son *nephech* quand il a faim".
Le contexte oblige à y voir le gosier dans sa fonction alimentaire. Cette fois la BJ traduit franchement par "estomac".

Prov.25,25: "De l'eau fraîche pour un *nephech* altéré, (ainsi) une bonne nouvelle ...".

De l'eau fraîche pour une âme ? Pour que le sens figuré fonctionne, il faut que dans le premier terme de comparaison il s'agisse du gosier. BJ: "de l'eau fraîche pour une gorge altérée, telle est ..."

Prov.27,7a: "Un *nephech* rassasié dédaigne le rayon de miel".

Même situation qu'en Job 33,20. La BJ traduit: "gorge"

Prov.27,7b: "mais un *nephech* affamé trouve doux toute amertume" (idem)

Ruth 4,15: "Il sera pour toi comme celui qui (te) restaurera le *nephech* et comme celui qui (te) nourrira (dans) ta vieillesse".

Restaurer le *nephech* a ici le sens bien concret de nourrir (comme le répète la suite du verset) et non une consolation spirituelle. BJ: "Il sera pour toi un consolateur et le soutien dans ta vieillesse".

- Ces exemples soulèvent le problème classique de la conception même de la traduction: faut-il traduire selon la lettre ou selon le sens ? doit-elle restituer la langue de départ ou transposer dans la langue d'arrivée ? La première option est certainement plus simple pour le traducteur mais n'est-elle pas simpliste et, finalement, déformante car elle veut ignorer l'histoire des mots. La seconde option a l'air plus subtile et a la volonté de faire droit à cette historicité des mots mais dépend fortement de la qualité culturelle du traducteur et risque d'ouvrir la porte à toutes les fantaisies et manipulations idéologogiques. Tout le monde imagine aisément que le problème est complexe avec des textes complets et même déjà avec des phrases. Il l'est aussi bien souvent avec des mots. En dehors des termes techniques et des mots qui ne font que désigner un objet matériel, rares sont les mots qui ont un sens univoque (ou qui l'ont gardé). La plupart se sont développés en sens dérivés et sens figurés, parfois bien éloignés. Le problème avec le mot *nephech* est un peu particulier en ce sens qu'il avait déjà une large polysémie au départ en hébreu (en tout cas à tel stade de son développement, disons vers le 7°s. avant notre ère) mais que le mot "âme", censé le traduire correctement selon les critères philologiques, avait connu une perte de cette polysémie en français dès les premières traductions au 16°s. de notre ère sous l'effet d'une sur-détermination théologique privilégiant un sens univoque (platonisant). Ce n'était pas être fidèle à la polysémie du mot en hébreu !

- L'enjeu devenait de reconstituer cette polysémie de départ de la manière la plus stricte possible. L'avantage méthodologique avec le texte biblique est qu'il nous donne un corpus délimité. Il y a donc moyen de reconstituer la polysémie du mot pour la langue biblique (mais non pour la langue hébraïque en général qui est un corpus ouvert, non maîtrisable de manière exhaustive). Cela impliquait de recenser et d'analyser de manière raisonnée (c'est là que peut se ré-introduire de la subjectivité) chaque occurrence du mot dans ce corpus. C'était un travail énorme mais praticable. C'est ce qui a été fait ici. Le résultat permet de <u>restituer la polysémie du mot en français</u> , restitution qui ne soit pas trop fantaisiste et qui ne se réduise pas à un choix plus ou moins arbitraire dans une liste de traductions possibles telle qu'on les trouve dans les dictionnaires.

- Un premier critère, on l'a dit, est celui de l'<u>étymologie</u> (n.b.: Ce sera ici l'occasion de faire le point sur l'apport de notre analyse des différentes catégories du chapitre 2 par rapport à la traduction par le mot "âme"). Les racines de l'hébreu étant akkadiennes et le mot *napishu* (on y reconnaît les trois consonnes du mot hébreu *n.p.ch*) désignant le gosier, le mot hébreu *nephech* peut être traduit par <u>gosier</u>, mot d'anatomie bien précis. Sur la base de notre corpus, ce sens originaire reste bien illustré, même s'il est devenu devenu minoritaire (72 x sur 753, voir la 4° catégorie au chap.2). Il s'est naturellement développé pour désigner la fonction alimentaire et la fonction respiratoire, toute physiologique au départ. Dans aucun de ces cas, il n'y a lieu de traduire par "âme" (au sens platonisant).

- Un second critère, très important, est celui de <u>la dérivation</u>. La respiration étant le signe le plus évident de l'état de vie ou de la perte de celui-ci, le mot *nephech* en est venu à désigner <u>la vie elle-même</u>, dans son principe ou dans sa dimension bien physique (et donc indossublement lié au corps). Le vocabulaire environnant (le champ sématique) permet habituellement de s'en assurer. Ce sont autant de mentions (290 x !) qu'il n'y a pas lieu de traduire par "âme" (au sens platonicien du terme) (voir la catégorie 1 du chap.2). Dans un certain nombre de cas, le verset se prêterait à une telle traduction mais alors pas dans un sens platonisant (en tant que séparable, indépendant d'un corps).

- Dans un <u>sens dérivé au second degré</u>, toujours contrôlé par le vocabulaire environnant, cette vie étant vue comme une force intérieure, non localisable comme telle mais dont on a l'expérience qu'elle est indissolublement liée au corps et qui produit des affects (détresse, affliction, attachement, amertume, mélancolie mais aussi joie, enthousiasme) mais qui produit aussi des mobilisations de la personne (volonté, engagement, sens de la responsabilité, discernement moral mais aussi caprice, envie, rejet, dédain, mépris), dans ces cas, le mot *nephech* est également employé et désigne <u>l'être intérieur</u>, l'intériorité de l'être. Cette catégorie est présente 290 x (voir cat.2 au chap.2). Une traduction par "âme" serait admissible mais pas dans le sens précis, univoque, platonisant, que ce mot a pris dans la théologie scolastique. Le sens romantique (les "états d'âme") relève, pour les Modernes, de la psychologie et, pour les Anciens, de l'âme sensitive, appétitive ou irascible mais non de l'âme raisonnable au sens platonicien.

- On a fait remarquer à propos de *nephech* comme principe vital que l'on passait aussitôt à celle d'être vivant. S'épargnant de rappeler à chaque fois le caractère vivant, il restera <u>la notion d'être, de personne comme entité unifié</u> (où il n'y a pas de séparation pensable entre un corps et une âme), qui constitue <u>l'individualité</u> (dans toute sa noblesse mais aussi comme banale unité de compte). Ces individus, groupés et considérés de manière anonyme, peuvent même perdre leur identité individuelle et devenir "le personnel, les gens", banalisant ainsi tout à fait la notion de *nephech*. Cette catégorie est représentée 101 x (voir 3° catégorie, chap.2).

- On aura aussi remarqué dans cet inventaire que, bien souvent, on peut remplacer le mot *nephech* par <u>un simple pronom</u>. Il s'agit d'un problème transversal (commun à toutes les catégories), tenant à une donnée de morphologie grammaticale (utilisation emphatique du mot *nephech* pour exprimer un simple pronom). Dans ces cas (351 x au moins), le mot *nephech* perd d'office son sens fort. Il ne se justifie donc plus de le traduire par "âme" (dans son sens platonicien ou platonisant).

- Le test de la substitution est, comme souvent, la meilleure manière de vérifier si l'hypothèse fonctionne, si elle aboutit à un sens satisfaisant, sans trop de déformation. La proposition de substitution est indiquée entre parenthèses après la citation du verset pour permettre au lecteur de s'en faire une idée concrète et immédiate. Cette substitution ne s'impose pas. Il suffit qu'elle soit possible pour corroborer l'hypothèse du sens faible.

1. trad. par un pronom personnel

Gn.9,4: "mais la chair (avec) son sang en son *nephech*, vous n'en mangerez pas" (en elle)

Gn.12,13: "Dis donc que tu es ma soeur pour qu'on me traite bien par égard pour toi et que mon *nephech* vive grâce à toi" (et que je vive grâce à toi)

Gn.19,20: "Je m'échapperai donc là, ..., et mon *nephech* vivra" (et je vivrai)

Gn.27,4: "afin que mon *nephech* te bénisse avant que je ne meure"
(afin que je te bénisse ...)

Gn.27,19: "Mange de mon gibier de sorte que ton *nephech* me bénisse"
(de sorte que tu me bénisses)

Gn.27,25: "Je mangerai le gibier, mon fils, afin que mon *nephech* te bénisse"
(afin que je te bénisse)

Gn.27,31: "... qu'il mange du gibier de son fils de sorte que son *nephech* me
bénisse" (de sorte qu'il me bénisse)

Gn.32,31: "car j'ai vu Elohîm face à face et mon *nephech* est sauf"
(et je suis sauf)

Gn.34,3: "Son *nephech* s'attacha à Dina, fille de Jacob" (il s'attacha à)

Gn.34,8: "Son *nephech* s'est attaché à votre fille; donnez-la lui donc pour
femme" (il s'est attaché à)

Gn.44,30a: "et son <u>*nephech*</u> est attaché à son *nephech*" (il s'est attaché à lui)

Gn.44,30b: "et son *nephech* est attaché à son <u>nephech</u>" (il s'est attaché à lui)

Ex.4,19: "car ils sont morts tous les hommes cherchant (à faire périr) ton
nephech" (... cherchant à te faire périr)

Ex.15,9: "..., je répartirai le butin, mon *nephech* (en) accumulera; je tirerai mon
glaive, ma main acquerra (du butin)" (j'en accumulerai)

Lév.26,11: "et mon *nephech* ne vous dédaignera pas"
(et je ne vous dédaignerai pas)

Lév.26,15: "Si vous rejetez mes règles et si votre *nephech* dédaigne mes
ordonnances, ..." (et si vous dédaignez mes ordonnances)

Lév.26,30: "Mon *nephech* vous dédaignera" (je vous dédaignerai)

Lév.26,43: "et que leur *nephech* aura dédaigné mes ordonnances"
(et qu'ils auront dédaigné mes ordonnances)

Nbr.23,10: "Que meure mon *nephech* de la mort des justes" (que je meure ...)

Deut.12,20a: "Quand ton *nephech* désirera manger de la chair"
          (quand tu voudras manger de la viande)

Deut.12,20b: "selon tout le désir de ton *nephech*, tu mangeras de la chair"
          (autant que tu voudras, ...)

Deut.12,21: "tu (en) mangeras dans tes portes selon tout le désir de ton *nephech*"
          (autant que tu en voudras)

Deut.14,26a: "tu donneras de l'argent pour tout ce que désire ton *nephech*, ..."
          (pour tout ce que tu désires)

Deut.14,26b: "..., tout ce que ton *nephech* demandera"
          (tout ce que tu demanderas) (tournure impersonelle)

Deut.18,6: "selon tout le désir de son *nephech*" (selon ce qu'il voudra)

Deut.22,26: "c'est comme un homme qui se lève contre son ami et tue (son)
          nephech" (... et le tue)

Jug.16,30: "Samson dit: Que meure mon *nephech* avec les Philistins"
          (que je meure dans ce combat avec les Philistins)

1Sam.1,26: "Plaise, mon maître ! Vive ton *nephech*, mon maître ! " (que tu vives)

1Sam.2,16: "Prends pour toi ce que désire ton *nephech*" (ce que tu désires)

1Sam.2,33: "... pour faire languir tes yeux et faire dépérir ton *nephech*"
          (te faire dépérir)

1Sam.17,55: "Abner dit: Que vive ton *nephech*, ô roi, si je le savais !"
          (que tu vives)

1Sam.20,3: "Et pourtant, que vive Yahvé et que vive ton *nephech* car
          (il n'y a que) une enjambée entre moi et la mort" (que tu vives)

1Sam.20,4: "Jonathan dit à David: Ce que dira ton *nephech*, je le ferai pour toi"
          (ce que tu diras, je le ferai pour toi)

1Sam.20,17: "car son *nephech* l'aimait d'amour" (car il l'aimait d'amour).
   (BJ: car il l'aimait de toute son âme; DH: ... comme il s'aimait lui-même;
   BA: ...de tout son coeur; CHOU: car il l'aimait de l'amour de son être) (!!!)

1Sam.23,20: "Et maintenant, à tout désir de ton *nephech*, ô roi, de descendre ..."
   (selon ce que tu désires, au moment où tu le désireras, ...)

1Sam.25,26: "Maintenant, mon maître, que vive Yahvé et que vive ton *nephech*"
   (tu vives)

1Sam.26,21: "pour ce que mon *nephech* a été cher à tes yeux aujourd'hui"
   (parce que j'ai été cher à tes yeux ...)

1Sam.26,24a: "Voici, comme ton *nephech* importait en ce jour à mes yeux"
   (comme tu importais en ce jour à mes yeux)

1Sam.26,24b: "ainsi mon *nephech* importera aux yeux de Yahvé"
   (ainsi j'importerai aux yeux de Yahvé)

2Sam.3,21: "... et tu règneras en tout ce que désirera ton *nephech*"
   (en tout ce que tu désireras)

2Sam.4,9: "Que vive Yahvé qui a délivré mon *nephech* de toute angoisse"
   (qui m'a délivré de toute angloisse)

2Sam.14,19: "Que vive ton *nephech*, mon maître le roi !" (que tu vives)

1Rois 1,29: "Que vive Yahvé qui a délivré mon *nephech* de toute angoisse"
   (qui m'a délivré de toute angoisse)

1Rois 11,37: "Tu régneras sur tout ce que désirera ton *nephech*"
   (sur tout ce que tu désireras)

1Rois 20,31: "Peut-être laissera-t-il en vie ton *nephech* ?" (te laissera-t-il en vie)

1Rois 20,32: "Que vive donc mon *nephech* !" (Puisé-je rester en vie !)

2Rois 1,14: "Maintenant, que mon *nephech* soit cher à tes yeux !"
   (que je sois cher à tes yeux)

2Rois 2,2: "Elisée dit: Que vive Yahvé et que vive ton *nephech* !
   Je ne te quitterai pas !"(et que tu vives)

2Rois 2,4: "Il dit: Que vive Yahvé et que vive ton *nephech* !
  Je ne te quitterai pas !" (idem)

2Rois 2,6: "Il dit: Que vive Yahvé et que vive ton *nephech* !
  Je ne te quitterai pas !" (idem)

2Rois 4,30: "Elle dit: Que vive Yahvé et que vive ton *nephech* !
  Je ne te quitterai pas !" (idem)

Is.1,14: "Vos lunaisons, vos rassemblements, mon *nephech* les a en horreur"
  (je les ai en horreur)

Is.26,9: "Mon *nephech* (a été) en désir de toi pendant la nuit"
  (j'ai été en désir de toi ...)

Is.38,17: "mais toi, tu as retenu mon *nephech* de la fosse du pourrissement"
  (tu m'as retenu / tu as retenu ma vie ...)

Is.42,1: "Voici mon serviteur, je le soutiens; en mon élu, mon *nephech* se
  complaît" (en mon élu, je me complais)

Is.43,4: "Je mets un humain à ta place, des peuples à la place de ton *nephech*"
  (je livre un homme à ta place, des peuples en échange de toi / de ta vie)

Is.51,23: "Je placerai (la coupe) dans la main de tes persécuteurs qui disaient à
  ton *nephech*: courbe-toi, nos allons passer" (qui te disaient ...)

Is.55,3: "Tendez votre oreille, venez vers moi, écoutez, et votre *nephech* vivra"
  (et vous vivrez)

Is.61,10: "Exulte, j'exulte en Yahvé; mon *nephech* jubile en mon Elohîm"
  (je jubile ...)

Is.66,3: "dans leurs abjections, leur *nephech* se complaît" (ils se complaisent)

Jér.4,31: "car mon *nephech* s'épuise devant les meurtriers" (car je m'épuise ...)

Jér.5,9: "Est-ce que, contre une telle nation, mon *nephech* ne se vengerait-il
  pas ?" (je ne me vengerais pas ?)

Jér.6,8: "Corrige-toi, Jérusalem, de peur que mon *nephech* ne se détache de toi"
  (de peur que je ne me détache de toi)

Jér.9,8: "Est-ce que, contre une telle nation, mon *nephech* ne se vengerait-il
pas ?" (je ne me vengerais pas ?)

Jér.12,7: "J'ai livré ce que chérissait mon *nephech* à la paume de ses ennemis"
(ce que je chérissais)

Jér.13,17: "Si vous ne l'écoutez pas, mon *nephech* pleurera en secret"
(je pleurerai en secret)

Jér.14,19: "Est-ce que ton *nephech* est dégoûté par Sion ?"
(Est-ce que tu es dégoûté ...?)

Jér.15,1: "Même si Moïse se tenait, ainsi que Samuel, devant moi, mon *nephech*
(ne reviendrait) pas vers ce peuple" (je ne reviendrais pas vers ce peuple)

Jér.15,9: "Elle dépérit, celle qui a enfanté les sept (enfants); son *nephech* est
essoufflé"elle est essoufflée)

Jér.38,17: "Si tu sors vers les chefs du roi de Babel, ton *nephech* vivra"
(tu vivras)

Jér.38,20: "ce sera bien pour toi et ton *nephech* vivra" (tu vivras)

Ez.23,17: "(quand) elle fut souillée par eux, son *nephech* se détacha d'eux"
(elle se détacha)

Ez.23,18a: "Mon *nephech* s'est détaché d'elle (je me suis détaché)

Ez.23,18b: comme mon *nephech* s'était détaché de sa soeur"
(comme je m'étais détaché)

Ez.23,22: "... ceux dont ton *nephech* s'est détaché" (ceux dont tu t'étais détaché)

Ez.23,28: "en main de ceux dont ton *nephech* s'est détaché"
(dont tu t'étais détaché)

Ez.33,5: "mais celui qui a averti, son *nephech* sera sauvé" (il sera sauvé)
(cf.réfléchi en 33,9)

Jonas 4,8: "Il demanda pour que meure son *nephech*"
(pour qu'il meure; pour mourir)

Hab.2,10: "ton *nephech* a fauté" (tu as fauté)

Zach.11,8a: "Mon *nephech* s'impatienta envers elles (= les brebis)"
   (je m'impatientai)

Zach.11,8b: et leur *nephech* aussi se dégoûta envers moi"
   (et ils furent dégoûtés de moi)

Ps.3,3: "Nombreux ceux qui disent de mon *nephech*: point de salut pour lui en
   Elohîm" (ceux qui disent de moi: ...)

Ps.6,4: "mon *nephech* (est) grandement bouleversé"
   (je suis grandement bouleversé)

Ps.6,5: "Reviens, Yahvé, délivre mon *nephech*" (délivre-moi)

Ps.7,6: "que l'ennemi ne poursuive mon *nephech*, qu'il m'atteigne ..."
   (ne me poursuive)

Ps.11,1: "Pourquoi vous dites à mon *nephech*: ..." (Pourquoi vous me dites: ...)

Ps.11,5: "Yahvé sonde le juste et le méchant; son *nephech* hait celui qui aime la
   violence"(il hait celui qui aime la violence)

Ps.17,13: "Délivre mon *nephech* du méchant (par) ton glaive"
   (Délivre-moi du méchant ...)

Ps.22,21: "Préserve mon *nephech* du glaive" (Préserve-moi du glaive)

Ps.23,3: "Il restaure mon *nephech*" (il me restaure, il me ranime)

Ps.25,13: "Son *nephech* sera logé dans le bien et sa descendance possédera la
   terre" (il sera logé dans le bien et ...)

Ps.25,20: "Garde mon *nephech*, préserve-moi !" (Garde-moi, préserve-moi)

Ps.26,9: "Ne confonds pas mon *nephech* avec (celui des) pécheurs; ma vie avec
   (celle des) hommes de sang" (Ne me confond pas avec les pécheurs; ...)

Ps.30,4: "Yahvé, tu as fait monter mon *nephech* du *Chéol*; ..."
   (tu m'as fait remonter du)

Ps.33,20: "Notre *nephech* attend après Yahvé; notre secours et notre bouclier,
   c'est Lui" (Nous attendons après Yahvé; ...)

Ps.35,3: "Dis à mon *nephech*: ton salut, c'est Moi !"
    (Dis-moi: ton salut, c'est Moi !)

Ps.35,9: "Mon *nephech* se réjouit en Yahvé; il exulte en son salut"
    (je me réjouis en Yahvé; ...)

Ps.41,5: "Yahvé, aie pitié de moi ! Guéris mon *nephech* car j'ai péché contre
    Toi" (Guéris-moi)

Ps.42,2: "ainsi mon *nephech* soupire après toi, Elohîm" (je soupire après toi)

Ps.42,3: "Mon *nephech* a soif d'Elohîm, d'El vivant" (j'ai soif d'Elohîm)

Ps.42,7: "Sur moi, mon nephech est affligé" (je suis affligé)

Ps.54,6: "Voici ! Elohîm vient à mon aide, Adônaï, par ceux qui soutiennent
    mon *nephech*"(ceux qui me soutiennent)

Ps.55,19: "Il rachète mon *nephech* dans la paix" (il me rachète dans la paix)

Ps.56,14: "car tu as préservé mon *nephech* de la mort"
    (tu m'as préservé de la mort)

Ps.57,2: "car en Toi s'abrite mon *nephech* " (en Toi je m'abrite)

Ps.57,5: "Mon *nephech* (étant) au milieu des lions, je me couche"
    (je suis au milieu ...)

Ps.57,7: "Ils ont tendu un filet sous mes pas; mon *nephech* fléchit" (je fléchis)

Ps.59,4: "Car voici, ils s'embusquent contre mon *nephech*" (contre moi)

Ps.62,2: "En Elohîm seul, tranquillité (pour) mon *nephech*" (pour moi)

Ps.63,2: "Mon *nephech* a soif de Toi, ma chair languit après Toi" (j'ai soif de Toi)

Ps.63,9: "Mon *nephech* s'attache à toi; ta (main) droite (est) un soutien pour
    moi" (je m'attache à Toi; ...)

Ps.66,16: "Venez, écoutez, et je vous raconterai ... ce qu'il a fait pour mon
    nephech" (moi)

Ps.69,19: "Approche-toi de mon *nephech*, rachète-le" (être, personne, pron.)
(TOB: Viens près de moi, sois mon défenseur)

Ps.71,10: "ceux qui guettent mon *nephech* se concertent ensemble"
(qui me guettent)

Ps.71,13: "Qu'ils soient honteux et dépérissent ceux qui accusent mon *nephech*"
(ceux qui m'accusent)

Ps.77,3: "Mon *nephech* a refusé d'être consolé" (j'ai refusé d'être consolé)

Ps.84,3: "Mon *nephech* languit et mêmc défaille après les parvis de Yahvé"
(je languis)

Ps.88,4: "Car mon *nephech* est rassasié de malheurs"
(car je suis rassasié de malheurs)

Ps.88,15: "Pourquoi Yahvé rejettes-tu mon *nephech* ?" (me rejettes-tu ?)

Ps.94,19: "tes consolations délectent mon *nephech*" (me délectent)

Ps.103,1: "Que mon *nephech* bénisse Yahvé et que toute mon entraille (bénisse)
son saint nom" (Que je bénisse Yahvé et ...)

Ps.103,2: "Que mon *nephech* bénisse Yahvé et qu'il n'oublie aucun de ses
bienfaits" (idem)

Ps.103,22: "Que mon *nephech* bénisse Yahvé !" (idem)

Ps.104,1: "Que mon *nephech* bénisse Yahvé !" (idem)

Ps.104,35: "Que mon *nephech* bénisse Yahvé ! Alleluia !" (idem)

Ps.107,5: "Affamés, de plus assoiffés, leur *nephech* s'y sentait défaillir"
(ils s'y sentaient ...)

Ps.107,26: "leur *nephech* se dissolvait dans le malheur"
(ils se dissolvaient dans le malheur)

Ps.109,20: "Telle (est) l'oeuvre de mes accusateurs, ..., des diseurs de mal contre
mon *nephech*" (contre moi)

Ps.109,31: "... pour sauver son *nephech* de ses juges"
(pour le sauver de ses juges)

Ps.116,4: "De grâce, Yahvé, délivre mon *nephech*" (délivre-moi)

Ps.116,8: "car il a préservé mon *nephech* de la mort"
(car il m'a préservé de la mort)

Ps.119,28: "Mon *nephech* sanglote d'affliction; relève-moi selon ta parole"
(je sanglotte)

Ps.119,81: "Mon *nephech* languit après ton salut; j'attends après ta parole"
(je languis)

Ps.119,129: "Merveilles que tes témoignages; aussi mon *nephech* les garde"
(je les garde)

Ps.119,167: "Mon *nephech* observe tes témoignages; je les aime fort"
(j'observe tes ...)

Ps.119,175: "Que vive mon *nephech* et qu'il te loue"
(que je vive et que je te loue)

Ps.120,2: "Yahvé, délivre mon *nephech* de la lèvre de mensonge"
(délivre-moi ...)

Ps.120,6: "Trop (longtemps) mon *nephech* a habité avec ceux qui haïssent la
paix" (j'ai habité ...)

Ps.121,7: "Yahvé te gardera de tout mal; il gardera ton *nephech*" (il te gardera)

Ps.123,4: "Trop, notre *nephech* a été rassasié (par) le sarcasme des
satisfaits"(nous avons ...)

Ps.130,5: "J'attends Yahvé, mon *nephech* attend; j'espère en ta parole"
(j'attends ...)

Ps.130,6: "Mon *nephech* (attend) après Adonaï, plus que les veilleurs après
l'aurore" (j'attends)

Ps.131,2a: "N'ai-je pas tenu mon *nephech* calme et silencieux comme un
nourrisson sur sa mère ?" (ne me suis-je pas tenu calme et ...) (ou bien "désir" ?)

Ps.138,3: "La jour où j'ai crié, tu m'as répondu; tu as accru la force en mon *nephech*" (moi)

Ps.139,14: "Merveilleuses (sont) tes oeuvres; mon *nephech* le sait bien" (je le sais bien)

Ps.141,8: "en Toi je m'abrite; ne dépouille pas mon *nephech*" (ne me dépouille pas)

Ps.142,5: "nul ne se soucie de mon *nephech*" (de moi)

Ps.142,8: "Fais sortir mon *nephech* du cachot pour la célébration de ton nom" (fais-moi sortir du cachot)

Ps.143,3: "Car l'ennemi pourchasse mon *nephech*; il écrase à terre ma vie" (me pourchasse)

Ps.143,6: "Mon *nephech* (est) comme une terre altérée après toi " (je suis comme)

Ps.143,11: "en ta justice fais sortir mon *nephech* de la détresse" (fais-moi sortir de ...)

Job 7,15: "Mon *nephech* préférerait l'étranglement, la mort plutôt que mes os" (je préférerais être étranglé, la mort plutôt que ces os (qui me restent))

Job 10,1a: "Mon *nephech* est dégoûté par la vie" (je suis dégoûté par la vie)

Job 16,4a: "si votre *<u>nephech</u>* était à la place de mon *nephech*" (si vous étiez à ma place)

Job 16,4b: "si votre *nephech* était à la place de mon *<u>nephech</u>*" (si vous étiez à ma place)

Job 23,13: "(ce que) son *nephech* désire, il (le) fait" (ce qu'il désire, il le fait)

Job 30,25: "mon *nephech* n'a-t-il pas eu pitié pour l'indigent ?" (n'ais-je pas eu pitié ... ?)

Job 36,14: "leur *nephech* meurt en pleine jeunesse" (ils meurent)

Prov.6,16: "Six (vices) que hait Yahvé; sept (qui sont) abominations de son *nephech*" (..., sept qui lui sont en abomination)

Prov.23,14: "Toi donc, frappe-le du bâton; tu sauveras son *nephech* du Chéol"
(tu le sauveras du Chéol)

Prov.24,12: "Il observe ton *nephech*, lui; il sait et il rend à l'humain selon son
oeuvre" (celui qui t'observe, il sait et il rendra à chacun selon son oeuvre)

Prov.24,14: "Ainsi, sache-le, (sera) la sagesse pour ton *nephech*" (pour toi)

Prov.29,17: "Corrige ton fils ..., il procurera des jouissances à ton *nephech*"
(il te procurera)

Ruth 4,15: "Il sera pour toi comme celui qui (te) restaurera le *nephech* et
comme celui qui   (te) nourrira (dans) ta vieillesse" (comme celui qui te
réconfortera)

Qoh.2,24: "Il n'y a de bon pour l'homme que de manger, de boire et de faire voir
à son *nephech* le bien dans son travail" (et qu'il trouve le bonheur dans
son travail)

Qoh.6,2: "(Voilà) un homme auquel Dieu a donné la richesse, des ressources, la
gloire et à qui rien ne manque pour son *nephech* de tout ce qu'il désire" (pour lui)

Qoh.6,3: "(mais) son *nephech* n'est pas rassasié de bonheur"
(mais il n'est pas rassasié)

Qoh.6,7: "... et pourtant son *nephech* n'est pas comblé !" (il n'est pas comblé)

Qoh.7,28: "Ce que mon *nephech* cherche encore (mais que) je n'ai pas
trouvé: ..." (ce que je cherche encore)

Lam.3,17: "Tu éloignes de la paix mon *nephech*" (tu m'éloignes de la paix)

Lam.3,24: "Ma part, (c'est) Yahvé, dit mon *nephech*. Aussi j'espère en lui"
(me dis-je)

Lam.3,51: "Mon oeil s'afflige pour mon *nephech* à cause de filles de ma
ville"(mes yeux me font mal à cause de ...)

172 x

2. trad. par pronom réfléchi

Lév.11,43: "Ne rendez pas vos *nephech* abominables ..."
(vos personnes, vous-mêmes)

Lév.11,44: "Ne rendez pas vos *nephech* impurs ..." (vos personnes, vous-mêmes)

Lév.16,29: "... vous humilierez vos *nephech* et ne ferez aucun travail"
(vos êtres, vous-mêmes)

Lév.16,31: "Ce sera sabbat des sabbats pour vous, vous humilierez vos *nephech*;
règle pour toujours" (vos êtres, vous-mêmes)

Lév.17,11b: "et moi je vous l'ai mis sur l'autel pour expiation sur vos *nephech*"
(vous-mêmes)

Lév.20,25: "Ne rendez pas vos *nephech* immondes par l'animal, le volatile, ..."
(ne vous rendez pas vous-mêmes immondes ...)

Lév.23,27: "Vous humilierez vos *nephech* et vous sacrifierez (par) un feu à
Yahvé" (vous-mêmes)

Lév.23,32: "Ce sera pour vous sabbat des sabbats: vous humilierez vos *nephech*"
(vous-mêmes)

Nbr.29,7: "Humiliez vos *nephech* et ne faites aucun travail" (vous-mêmes)

Nbr.30,3: "Quand un homme voue un voeu à Yahvé ou sermente un serment
pour lier un lien sur son *nephech,* il ne profanera pas sa parole" (sur lui-même)

Nbr.30,5a: "... et que son père entend son voeu et le lien par lequel elle a lié sur
son *nephech*"(sur lui-même)

Nbr.30,5b: "tout lien par lequel elle a lié sur son *nephech* est valide"
(sur elle-même)

Nbr.30,6: "ses liens par lesquels elle a lié sur son *nephech* ne sont pas valides"
(elle-même)

Nbr.30,7: "ou que ses lèvres ont prononcé ce qu'elle a lié sur son *nephech*"
(elle-même)

Nbr.30,8: "les liens par lesquels elle a lié sur son *nephech* sont valides" (elle-m)

Nbr.30,9: "et que ses lèvres ont prononcé ce qu'elle a lié sur son *nephech*"
(sur elle-même)

Nbr.30,10: "tout ce dont elle a lié sur son *nephech* sera valide pour elle"
(sur elle-même)

Nbr.30,11: "ou qu'elle lie d'un lien sur son *nephech* par un serment" (sur elle-m)

Nbr.30,12: "et tout lien qu'elle a lié sur son *nephech* sera valide" (sur elle-m)

Nbr.30,13: "tout ce qui est sorti de ses lèvres pour ses voeux et pour lier son
nephech" (pour se lier lui-même)

Nbr.30,14: "Tout voeu, tout serment liant pour humilier le *nephech*"
(pour s'humilier soi-même ou "pour mortifier son corps" ?)

Nbr.31,50: "pour l'expiation sur nos *nephech* devant la face de Yahvé"
(sur nous-mêmes)

Deut.4,9: "Seulement, prends garde à toi, garde bien ton *nephech*, de peur de ..."
(garde-toi bien toi-même)

Deut.4,15: "Prenez bien garde à vos *nephech*" (à vous-mêmes)

Deut.13,7: "ou ton ami qui est comme ton *nephech*" (comme toi-même)

Deut.21,14: "Si tu ne la désires plus, renvoie-la à son *nephech*" (à elle-même)
(tu la laisseras partir à son gré)

Jos.2,14: "Nos *nephech*, à votre place, pour la mort" (nous-mêmes, à votre
place, ...) (BJ: nous mourrons plutôt nous-mêmes)

Jos.9,24: "Nous avons eu fort peur pour nos *nephech* devant vos faces"
(pour nous-mêmes)

Jos.23,11: "Prenez bien garde à vos *nephech*, pour aimer Yahvé votre Dieu"
(à vous-mêmes)

Jug.9,17: "Il a jeté son *nephech* contre eux et vous a délivré de la main de
Madian" (il s'est jeté contre eux et ...)

Jug.10,16: "et ils servirent Yahvé dont le nephech s'impatienta à cause de la
peine d'Israël" (... Yahvé qui s'impatienta ...)

Jug.16,16: "son *nephech* s'impatienta pour la mort" (il s'impatienta à en mourir)

1Sam.1,15: "Je répands mon *nephech* à la face de Yahvé" (je me répands ...)

1Sam.18,1c: "Jonathan l'aima comme son *nephech*" (comme lui-même)

1Sam.18,3: "Jonathan conclut une alliance avec David par amour pour lui comme son *nephech*" (BJ: car il l'aimait comme lui-même)

1Sam.19,11: "Si tu ne sauves pas ton *nephech* cette nuit, demain tu seras mort" (si tu ne te sauves pas cette nuit, ...)

2Sam.18,13: "Ou bien je mentirais à mon *nephech*" (à moi-même)

Is.3,9: "Ils ne s'en cachent pas. Malheur à leur *nephech* !"
(Malheur à eux-mêmes)

Is.44,20: "Il ne sauvera pas son *nephech*" (il ne se sauvera pas)

Is.46,2: "Leur *nephech* va en captivité" (le *nephech* des idoles) (les objets mêmes du culte idolâtre vont au rebut) (contexte de la chute de Babylone) (BJ: Elles sont allées elle-mêmes en captivité) ("même" est ici adjectif dans un usage proche du pronom réfléchi)

Is.47,14: "Ils ne sauveront pas leur *nephech* de la main de la flamme"
(il ne se sauvera pas; il ne sauvera pas sa vie)

Is.53,10: "mais s'il fait sacrifice d'expiation de son *nephech*, il verra une descendance, il prolongera ses jours" (de lui-même ou "d'initiative")

Is.53,12: "parce qu'il a dépouillé à la mort son *nephech*"
(il s'est dépouillé lui-même) (ou de lui-même ?)

Is.55,2: "Ecoutez, écoutez-moi bien: mangez (ce qui est) bon et vous régalerez vos *nephech* des (meilleurs) morceaux" (et vous vous régalerez des meilleurs morceaux)

Is.58,3: "Nous avons affligé nos *nephech* et tu ne le sais pas"
(nous nous sommes mortifiés) (corps)

Is.58,5: "Est-ce là le jeûne que j'aime ? Le jour où l'humain mortifie son *nephech* ?" (se mortifie)

Is.58,10a: "Si tu prives ton *nephech* pour l'affamé" (si tu te prives toi-même)

Jér.3,11: "Elle a justifié son *nephech* la rebelle Israël, plus que la traîtresse Juda" (elle s'est justifiée elle-même, la rebelle Israël)

Jér.4,19: "car le son du cor, tu l'a entendu, mon *nephech* !" (je l'ai moi-même entendu)

Jér.6,16: "allez-y et vous trouverez le repos pour vos *nephech*" (pour vous-mêmes)

Jér.17,21: "Prenez garde à vos *nephech* et ne portez pas de charges le jour du Sabbat" (prenez garde à vous-mêmes)

Jér.26,19: "Et nous, nous faisons un grand mal à nos *nephech*" (à nous-mêmes)

Jér.34,16: "(esclaves) que vous aviez renvoyés libres de leur *nephech*" (d'eux-mêmes)

Jér.37,9: "Ne trompez pas vos *nephech* en disant: ..." (ne vous abusez pas vous-mêmes)

Jér.42,20: "Car vous errez par vos *nephech*" (vous vous égarez vous-mêmes)

Jér.44,7: "Pourquoi faites-vous un grand mal à vos *nephech* ?" (êtres, vous-mêmes)

Jér.48,6: "Fuyez, faites échapper vos *nephech*" (sauvez vous)

Jér.51,6: "Fuyez du milieu de Babel; que chacun fasse échapper son *nephech*" (se sauve)

Jér.51,14: "Iahvé Sabaot l'a juré par son *nephech*" (par lui-même)

Jér.51,45: "Que chacun fasse échapper son *nephech* de l'ardeur de la colère de Yahvé" (que chacun se sauve de l'ardeur de la colère de Yahvé)

Ez.4,14: "Voici, mon *nephech* n'a pas été souillé; je n'ai pas mangé de charogne ..."(je ne me suis pas souillé)

Ez.32,10: "ils trembleront à tout moment, chacun pour son *nephech*, au jour de ta chute" (chacun pour lui-même)

Ez.33,9: "... mais toi, tu sauveras ton *nephech*" (tu te sauveras) (verbe réfléchi)

Amos 2,14: "le héros ne fera pas échapper son *nephech*" (ne sauvera pas sa vie = ne se sauvera pas (par) lui-même)

Amos 2,15: "celui qui monte à cheval ne fera pas échapper son *nephech*" (idem)

Amos 6,8: "Le Seigneur Yahvé l'a juré par son *nephech:* ..." (par lui-même)

Hab.2,4: "Voici, il est enflé, il n'est pas droit, son *nephech* en lui; mais le juste vivra par sa confiance (en Dieu)" (en lui-même)

Ps.13,3: "Jusques à quand imposerai-je des soucis en mon *nephech*, l'affliction en mon coeur (tous) les jours ?" (en moi-même)

Ps.22,30: "devant lui, tous ceux qui descendent à la poussière ploieront (le genou); son *nephech*, il ne vit pas; c'est sa descendance qui servira " (lui-même, il ne vit plus)

Ps.24,4: "Innocent des paumes et transparent de coeur, celui qui ne porte pas son *nephech* à des riens" (être profond) (celui qui ne se porte pas vers des riens)

Ps.25,1: "Vers Toi, Yahvé, je porte mon *nephech*" (TOB: je suis tendu vers Toi)

Ps.33,19: "... pour préserver de la mort leur *nephech*"
(pour se préserver de la mort)

Ps.34,3: "En Yahvé, mon nephech se loue" (je me félicite)

Ps.35,12: "Ils me rendent le mal pour le bien; stérilité pour mon *nephech*" (pour moi-même)

Ps.35,13: "je meurtris mon *nephech* par la jeûne" (je me meurtris) (v. réfléchi)

Ps.42,5: "et j'épanche sur moi mon *nephech*" (je m'épanche sur moi-même)

Ps.69,11: "Quand je pleure pendant le jeûne de mon nephech, ..."
(quand je m'afflige par le jeûne)

Ps.119,20: "Mon *nephech* se consume à désirer tes jugements en tout temps" (je me consume à ...)

Ps.143,8: "Car vers Toi j'élève mon *nephech*" (je m'élève)

Job 9,21: "Suis-je innocent ? Je ne connais pas mon *nephech*"
   (je ne le sais pas moi-même)

Job 18,4: "Il déchire son *nephech* dans sa fureur" (il se déchire dans sa fureur)

Job 19,2: "Jusques à quand affligerez-vous mon *nephech*, m'accablerez-vous de
   mots ?" (Jusques à quand me tourmenterez-vous, ...)

Job 32,2: " à cause de Job s'enflamma sa narine car il avait justifié son *nephech*
   par rapport à Elohîm" (car il s'était justifié lui-même)

Prov.6,32: "il perdra son *nephech*, celui qui fait cela" (il se perdra lui-même)

Prov.8,36: "Qui m'offense fait violence à son *nephech*; tous ceux qui me
   haïssent aiment la mort" (Qui m'offense fait violence à lui-même)

Prov.11,17: "l'homme miséricordieux apporte du bienfait à son *nephech*"
   (à lui-même)

Prov.13,3: "Qui surveille sa bouche préserve son *nephech*"
   (se préserve lui-même)

Prov.15,32: "Qui rejette la correction méprise son *nephech*"
   (se méprise lui-même)

Prov.16,17: "Il préserve son *nephech*, celui qui surveille son chemin
   (= sa conduite)" (il se préserve, celui qui ...)

Prov.18,7: "La bouche du sot (est) ruine pour lui; ses lèvres, le piège de son
   nephech" (pour sa vie, pour lui-même)

Prov.19,8: "Qui acquiert du coeur aime son *nephech*" (s'aime lui-même)

Prov.19,16: "Qui garde le précepte, garde son *nephech*"
   (sa vie, sa personne, lui-même)

Prov.21,23: "Qui garde sa bouche et sa langue garde son *nephech* des
   tourments" (garde sa vie, se préserve lui-même)

Prov.22,5: "Qui veut garder son *nephech* s'éloigne de ceux-ci (= des pièges)"
   (qui veut garder sa vie, se préserver lui-même)

Prov.22,25: "de peur que tu ne t'instruises de ses voies et que tu ne rencontres un piège pour ton *nephech*" (ta vie, toi-même)

Prov.23,7: "car (il est) comme quelqu'un qui calcule en son *nephech*"
(en lui-même)

Prov.27,9: "L'huile et le parfum réjouissent le coeur, ainsi que la douceur d'un ami, plus que le conseil du *nephech*" (plus que l'avis pris de soi-même, de soi seul)

Prov.29,24: "Qui partage avec un voleur hait son *nephech*" (s'avilit lui-même)

Qoh.4,8: "Pour qui dois-je peiner et priver mon *nephech* de bonheur ?"
(et me priver)

Esth.4,13: "N'imagine pas en ton *nephech* d'échapper (à la mort), (étant) dans la maison du roi, parmi toutes les judéennes" (en toi-même)

Esth.9,31: "et comme ils (les) avaient institués pour leur *nephech* et pour leur semence" (pour eux-mêmes et pour leur descendance)

101x

3. pronom indéfini (chacun, quelqu'un, quiconque, n'importe qui, aucun, personne, ...)

Ex.12,16: "il n'y sera fait aucun travail, sauf ce qui sera mangé par tout *nephech*"
(qcq = quelconque)

Lév.2,1: "Lorsqu'un *nephech* offrira une offrande (en) oblation à Yahvé, ..."
(quelqu'un)

Lév.4,2: "Lorsqu'un *nephech* pèchera par inadvertance ..." (quelqu'un)

Lév.4,27: "Si un *nephech* du peuple pèche par inadvertance ..." (quelqu'un)

Lév.5,1: "Lorsqu'un *nephech* pèche alors qu'il a entendu la voix de l'imprécation, ..." (qqn = quelqu'un)

Lév.5,2: "ou bien un *nephech* qui touche à une chose impure, cadavre ..."
(quelqu'un)

Lév.5,4: "ou bien un *nephech* qui jure, ..." (quelqu'un)

Lév.5,15: "Un *nephech* qui fraude de fraude ou pèche par inadvertance ..."
(quelqu'un)

Lév.5,17: "Si un *nephech* pèche ..." (quelqu'un)

Lév.5,21: "Un *nephech* qui pèche et fraude de fraude envers Yahvé ..."
(quelqu'un)

Lév.7,27a: "Tout *nephech* qui mangera de tout sang, ..." (quiconque mangera ...)

Lév.17,10: "je donnerai mes faces (= j'exprimerai ma colère) contre le *nephech*
qui mangera le sang et je le retrancherai du sein de son peuple" (contre
quiconque mangera ...)

Lév.17,12: "Aucun *nephech* parmi vous ne mangera de sang"
(aucun, personne parmi vous)

Lév.17,15: "Tout *nephech* qui mange une (bête) morte ou lacérée ..."
(quiconque mange ...)

Lév.23,29: "Car tout *nephech* qui ne se sera pas humilié dans l'os de ce jour
(= dans le courant de ce jour) sera retranché de son peuple" (quiconque)

Lév.23,30a: "Tout *nephech* qui fera tout travail dans l'os de ce jour (quiconque)

Lév.24,17: "Quand un homme frappe tout *nephech* d'un humain, ..."
(n'importe quel humain)

Nbr.15,27: "Si un seul *nephech* faute par inadvertance, ..." (personne) (qcq)

Nbr.19,18: "et il aspergera sur les tentes, sur tous les objets et sur tous les
nephech qui seront là"(sur tous ceux qui seront là)

Nbr.31,19: "Tout meurtrier d'un *nephech*, ..." (Tout qui a tué quelqu'un)

Nbr.35,11: "le meurtrier qui a frappé un *nephech* par inadvertance s'enfuira là"
(quelqu'un)

Nbr.35,15: "pour que s'enfuie là tout frappeur de *nephech* par inadvertance"
(tout qui a frappé quelqu'un par inadvertance)

Nbr.35,30a: "tout frappeur de nephech selon la bouche de témoins ..."
(tout qui a frappé quelqu'un selon les dires de témoins ...)

Nbr.35,30b: "un témoin unique n'accusera pas contre un *nephech* (passible)
de mort" (qqn)

Deut.24,7: "Quand un homme est trouvé avoir enlevé un *nephech*" (qqn)

Jos.10,28: "(il fit) herem d'eux et de tout *nephech* qui (se trouvait) en elle
(= dans la ville)" (... et de quiconque se trouvait dans la ville)

Jos.10,30: "et il frappa à bouche de glaive tout *nephech* qui (se trouvait) en elle"
(qcq)

Jos.10,32: "... ainsi que tout *nephech* qui (sc trouvait) en elle" (qcq)

Jos.10,35: "et ils frappèrent à bouche de glaive tout *nephech* qui (se trouvait)
en elle" (qcq)

Jos.10,37a: "... ainsi que tout *nephech* qui (se trouvait) en elle" (qcq)

Jos.10,37b: "il fit herem d'eux et de tout *nephech* qui (se trouvait) en elle" (qcq)

Jos.10,39: "et ils firent herem de tout *nephech* qui (se trouvait) en elle" (qcq)

Jos.11,11: "Ils frappèrent tout *nephech* qui (se trouvait) en elle par la bouche du
glaive, (au nom de) l'*herem*" (qcq)

Jos.20,3: "... pour que s'y enfuie celui qui a frappé un *nephech* par inadvertance"
(qqn)

Jos.20,9: "... pour que s'y enfuie celui qui a frappé un *nephech* par inadvertance"
(qqn)

Prov.28,17: "Un humain chargé du sang d'un *nephech* fuira jusqu'à la fosse"
(de qqn)

36x

4. pronom démonstratif

Gn.17,14: "Le mâle incirconcis, ..., ce *nephech*-là sera retranché de sa parenté"
(celui-là)

Ex.12,15: "car tout mangeur de (pain) fermenté, ce *nephech* sera retranché
d'Israël" (... celui-là sera exclu d'Israël)

Ex.12,19: "car tout mangeur de (pain) fermenté, ce *nephech* sera retranché de la communauté d'Israël" (celui-là sera retranché d'Israël)

Ex.31,14: "car quiconque y fera un travail, ce *nephech* sera retranché du sein de son peuple" (celui-là sera retranché des siens)

Lév.7,18: "le *nephech* qui en mangera portera une faute" (celui qui)

Lév.7,20a: "Le *nephech* qui mangera la chair du sacrifice des pacifications ..." (celui qui)

Lév.7,20b: "ce *nephech*-là sera retranché de son peuple" (celui-là)

Lév.7,21a: "Le *nephech* qui touche n'importe quelle impureté ..." (celui qui)

Lév.7,21b: "ce *nephech*-là sera retranché de son peuple" (celui-là)

Lév.7,25: "le *nephech* qui en aura mangé sera retranché de son peuple" (celui qui)

Lév.7,27b: "ce *nephech*-là sera retranché de son peuple" (celui-là)

Lév.18,29: "les *nephech* qui feront (ces abominations) seront retranchées du sein de leur peuple" (ceux qui)

Lév.19,8: "Ce *nephech* sera retranché de son peuple" (celui-là)

Lév.20,6a: "Le *nephech* qui se tourne vers les nécromants et les devins ..." (celui qui)

Lév.20,6b: "je donnerai mes faces (= je me mettrai en colère) contre ce *nephech*-là, je le retrancherai du sein de son peuple" (contre celui-là)

Lév.22,3: "..., ce *nephech*-là sera retranché de ma face, moi Yahvé" (celui-là)

Lév.22,6: "... le *nephech* qui le touche est impur jusqu'au soir" (celui qui)

Lév.23,30b: "je ferai périr ce *nephech*-là du sein de son peuple" (celui-là)

Nbr.5,6: "..., ce *nephech* est coupable" (celui-là est coupable)

Nbr.9,13: "..., ce *nephech* sera retranché d'entre ses peuples" (celui-là)

Nbr.15,28: "Le prêtre fera l'expiation devant Yahvé sur le nephech qui a erré ..."
(celui qui)

Nbr.15,30a: "Le *nephech* qui agit à main levée" (celui qui)

Nbr.15,30b: "Ce *nephech* sera retranché du sein de son peuple" (celui-là)

Nbr.15,31: "Ce *nephech* sera retranché; sa faute en lui" (celui-là)

Nbr.19,13b: "ce *nephech* sera retranché d'Israël" (celui-là)

Nbr.19,20: "Ce *nephech* sera retranché du milieu de l'assemblée" (celui-là)

Nbr.19,22: "Le *nephech* qui le touche sera impur jusqu'au soir" (celui qui)

Ez.18,4d: "Le *nephech* qui faute, celui-là mourra" (celui qui)

Ez.18,20: "Le *nephech* qui faute, celui-là mourra" (celui qui)

Lam.3,25: "Yahvé est bon pour qui se fie en lui, pour le *nephech* qui s'enquiert
de lui" (celui qui)

30x

5. adjectif possessif

Gn.19,19: "Tu as fait grandir la bonté que tu me fais pour la vitalité de mon
nephech" (pour ma propre vitalité)

Gn.42,21: "nous avons vu la détresse de son *nephech* dans sa supplication
envers nous" (nous avons vu sa détresse dans sa supplication ...)

Is.53,11: "de la peine de son nephech, il verra (le fruit) et se rassasiera"
(de sa peine, il ...)

Jér.2,24: "Onagre, habitué au désert, au désir de son *nephech*, il aspire le souffle
(*rouakh*). Son rut, qui le freinera ?" (selon sa fantaisie, il hennit)

Mich.6,7: "Donnerai-je le fruit de mon ventre pour le péché de mon *nephech* ?"
(pour mon péché)

Mich.7,3: "le grand (=le notable) parle du désir de son nephech; ..." (de son désir)

Ps.10,3: "Car le méchant se loue du désir de son *nephech*" (de son désir)

Ps.31,8: "tu connais les détresses de mon *nephech*" (tu connais ma détresse)

Ps.143,12: "Fais périr tous les oppresseurs de mon *nephech*" (mes oppresseurs)

Prov.14,10: "Le coeur connaît l'amertume de son *nephech*" (son amertume)

Prov.25,13: "il réconforte le *nephech* de ses maîtres" (il réconforte ses maîtres)

Lam.3,58: "Tu combats, Seigneur, les combats de mon *nephech*" (mes combats)

    12x

N.b.: Cet inventaire est probablement encore incomplet ...

- <u>Il n'y aurait donc, finalement, dans le texte hébreu, à peu près aucune mention du mot *nephech* qui doive</u> (qui ne puisse même) <u>être traduite par le mot "âme"</u> (au sens platonisant de l'âme raisonnable) !

- <u>Il y a bien des bases scripturaires</u> pour une traduction en ce sens mais <u>dans textes grecs spécifiques à la LXX</u> (d'époque hellénistique) <u>ou du NT</u>,

    Dans la LXX, on peut identifier du dualisme dans les 4 versets suivants:

Sag.1,4: "car dans un *psuchè* malfaisant, la sagesse n'entrera pas; elle ne s'établira pas dans un corps tributaire du péché"

Sag.8,19: "J'étais un enfant d'un naturel heureux et j'avais bénéficié d'un *psuchè* bon; ou plutôt, étant bon, j'étais venu dans un corps sans souillure"

Sag.9,15: "un corps corruptible appesantit en effet le *psuchè*"

2Macc.6,30: "j'endure sous les fouets de cruelles souffrances en mon corps mais, en mon *psuchè*, je les supporte avec joie ..."

    Dans le NT, nous trouvons:

Mtt.10,28: "Ne craignez pas ceux qui tuent le corps (*sôma*) mais qui ne peuvent tuer le *psuchè;* craignez plutôt celui qui peut perdre et le *psuchè* et le corps dans la Géhenne " (avec connotation dualiste)

Mtt.16,26a: "que gagne l'homme en effet si, gagnant tout l'univers, il lèse son *psuchè* ?"(peut s'entendre de la conscience morale personnelle mais aussi d'une entité indépendante du corps)

Mc.8,36: "à quoi sert-il à l'homme de gagner l'univers entier et de léser son *psuchè* ?" (// à Mtt.16,26a)

Jac.1,21: "... la Parole ... qui est capable de sauver vos *psuchè*" (salut de l'âme indépendemment du corps)

Jac.5,20: "celui qui ramène un pécheur de son chemin égaré sauvera ce *psuchè* de la mort"

1Pi.1,9: "obtenant la finalité de la foi (qui est) le salut des *psuchè*" (idem)

1Pi.1,22: "Ayant purifié vos *psuchè* par l'obéissance à la vérité pour une amitié sans feinte"

1Pi.2,11: "... de vous abstenir de convoitises charnelles qui combattent contre le *psuchè*" (avec connotation dualiste)

Mais, même avec le mot corps dans le même environnement mais avec le sens de "vie" (et non d'âme), on trouve:

Lc.12,22: "Ne vous inquiétez pas pour votre *psuchè* (vie), de ce que vous mangerez; ni pour votre corps (*sôma*) de quoi vous le vêtirez"

Lc.12,23: "le *psuchè* n'est-il pas plus que la nourriture et le corps que le vêtement ?" (vie)

D'autre part, on trouve, non développée, non théorisée, une anthropologie tripartite originale (esprit - âme - corps):

1Thess.5,23: "et que tout votre être, esprit (*pneuma*), *psuchè* (être intérieur) et corps (*sôma*), soit gardé irréprochable pour la venue de NSJC"

- N'y a-t-il pas, cependant, dans l'AT hébreu, des mentions qui se prêtent (et qui ont effectivement été utilisées) à une conception platonisante de l'âme ? Il est intéressant de faire l'inventaire de ces versets (9 dans le Psautier et 2 dans Prov.) et d'en discuter la traduction.

Ps.6,5: "Reviens, Yahvé, délivre mon *nephesh* ... car, dans la mort, nul ne se
souvient de Toi"

La BJ traduit: "délivre mon âme". Mais le verset n'implique pas une
"âme" séparable du corps, au contraire. Il s'agit d'épargner la vie présente ... "car,
dans la mort, nul ne se souvient de Toi". On pourrait même traduire par un
simple pronom: délivre-moi.

Ps.22,30: "devant lui, tous ceux qui descendent à la poussière ploieront
(le genou); son *nephech*, il ne vit pas; c'est sa descendance qui servira".

Il est très intéressant de constater que, pour éviter cette affirmation
contraire à la croyance -hellénisante- à la survie de "l'âme", la LXX a corrigé en
"mon âme vit pour lui" (où la négation *lo'* est arbitrairement corrigée en *low*
"pour lui"); la Vulgate suit la LXX; la BJ traduit: "et pour celui qui ne vit plus,
sa lignée le servira"; Osty traduit: "et mon âme vivra pour lui, ma descendance
le servira"

Ps.25,1: "Vers Toi, Yahvé, je porte mon *nephech*".

La BJ traduit: "Vers Toi, Seigneur, j'élève mon âme". Le nephech
correspond ici à un désir profond de la personne, dirigé vers Dieu. Il correspond
à l'âme appétitive (mais non "raisonnable") de Platon. On pourrait traduire:
"Vers Toi, Yahvé, je me porte".

Ps.25,20: "Garde mon *nephech*, préserve-moi !".

La BJ traduit: "Garde mon âme, délivre-moi". Le verset précédent dit:
"Vois mes   ennemis qu foisonnent, de quelle haine violente ils me haïssent". Le
contexte est celui d'une violence bien physique. Plutôt que d"en donner une
lecture spiritualisante, on doit plutôt traduire: "Garde-moi en vie".

Ps.33,20: "Notre *nephech* attend après Yahvé; notre secours et notre bouclier,
c'est Lui". La BJ traduit: "Notre âme attend Yahvé; ...". Idem que Ps.25,1)

Ps.34,3: "En Yahvé mon *nephech* se loue"

La BJ traduit: "En Yahvé mon âme se loue". Il s'agit ici d'une satisfaction
personnelle que l'on pourrait traduire: "en Yahvé je me réjouis". Idem que
Ps.25,1.

Ps.34,23: "Yahvé rachète le *nephech* de ses serviteurs".

BJ: "Yahvé rachète l'âme de ses serviteurs". Le thème du rachat (de l'âme
que l'on opposerait au corps) semblerait aller dans le sens d'une lecture
platonisante mais on peut tout aussi bien traduire par "Yahvé rachète la vie de

ses serviteurs" conformément à la thématique originelle du rachat (voir notice ci-dessous) et au contexte de mort physique (v.22: "Le malheur causera la mort du méchant; ceux qui détestent le juste seront condamnés (à mort)"). Une lecture moralisante (délivrance du péché) ne s'impose pas.

Ps.35,3: "Dis à mon *nephech*: ton salut, c'est moi !"

BJ: "Dis à mon âme: C'est moi ton salut".Le verset complet dit ceci: "Brandis la lance et le javelot contre mes poursuivants. Dis à mon *nephech*: Ton salut, c'est moi." Le contexte est donc celui d'une auto-suggestion au courage dans le combat. On pourrait paraphraser: "Rassure-moi que mon salut est en Toi". Le *nephech* n'aurait ici qu'une valeur de pronom personnel.

Ps.62,2: "En Elohîm seul, tranquillité (pour) mon *nephech*".

La BJ traduit: "En Dieu seul le repos pour mon âme". Le v.9 précise: "Fiez-vous à Lui, peuple, en tout temps; devant Lui épanchez votre coeur. Dieu (est) notre abri.". Il ne s'agit donc pas d'un repos pour une âme désincarnée, dans un Au-delà; mais d'un repos des personnes, du peuple entier, dans les temps présents.

Prov.23,14: "Toi donc, frappe-le du bâton; tu sauveras son *nephech* du Chéol".

BJ: "Si tu le frappes de la baguette, c'est son âme que tu délivreras du shéol". Il s'agit, dans le contexte, d'un simple conseil d'éducation (d'un autre âge !). Un certain dualisme y est présent. Une telle influence, hellénisante, est possible à l'époque où le livret des Proverbes a été écrit.

Prov.24,12: "Celui qui observe (*nâtsor*) ton *nephech,* il sait, lui; et il rend à l'humain selon son oeuvre".

BJ: "Alors qu'il sait, lui qui a façonné ton âme; c'est lui qui rendra à l'homme selon son oeuvre". Le thème de la préscience divine n'est pas dans le texte. Le *nephech* représente ici l'être moral intérieur, la conscience morale. Le thème de la rétribution (voir notice ci-dessous) n'est pas spécifiquement platonicien.

- <u>Le mot *rouakh*</u> (souffle) ne se prêterait-il, lui, pas à une traduction par âme ?

Les deux mots, *nephech* et *rouakh*, sont devenus, poétiquement, presque synonymes dans certains livrets (dans le Psautier par exemple ou Job 12,10 où les deux mots sont employés dans le même verset) mais, étymologiquement, ils doivent être distingués. Autant *nephech* est un terme d'anatomie (le gosier) qui en est venu à désigner la fonction respiratoire interne au corps (et ses sens dérivés), autant *rouakh* est un terme de cosmologie (le vent, la force du vent, et donc une force externe à l'homme) qui a servi à désigner le souffle (créateur) de Dieu, le souffle que Dieu met en l'homme (comme élément externe et non interne !) ou l'inspiration (externe donc) du prophète. Il est utilisé 389 x (378 x en hébreu et 11 x en araméen) dont 113 x pour désigner le vent et 44 x (à compter strictement) comme "souffle de Dieu" (Yahvé ou Elohîm). Dans un peu plus des deux tiers des cas, la LXX l'a traduit par *pneuma*, mot que le latin a traduit par *spiritus* et le français par "esprit" (mais aussi "souffle" et "âme").

- <u>La notion de Chéol</u> ne va -t-elle pas dans le sens d'un conception platonisante ? Le *ché'ol* est vu, physiquement, comme un gouffre (une gorge profonde) ouvrant sur le séjour des morts, monde souterrain, ténébreux et indésirable. Cette référence au ché'ol confirme que, par le mot *nephech*, la vie est perçue en son moment critique de passage de la vie à la mort (mais sans spéculation sur un au-delà de la mort sous forme d'âmes immatérielles). L'équivalent grec du chéol est l'Hadès, notion qui a été traduite par *Infernum* en latin (enfer en français) mais l'imagerie du feu et des supplices n'y a aucune place. C'est au niveau du NT, influencé par les représentations de l'apocalyptique juive (largement attestée dans les Ecrits intertestamentaires) que le lien avec la Géhenne (décharge au Sud du Temple). L'image du feu est également présente en Sir.7,17. Voici ces mentions du Chéol:

Is.5,14: "C'est pourquoi le *ché'ol* dilatera son *nephesh* et sa bouche s'ouvrira largement"

Hab.2,5: "... celui qui, comme le *ché'ol*, dilate son *nephech* et qui, comme la mort, ne se rassasie pas"

Ps.16,10: "Car tu n'abandonneras pas mon *nephech* au *ché'ol*" (être, vie physique)

Ps.30,4: "Yahvé, tu as fait monter mon *nephech* du *ché'ol*; tu m'as m'a fait revivre d'entre ceux qui descendent à la fosse" (être, vie)
(maladie ou péril proche de la mort)

Ps.49,16: "Mais Elohîm rachètera mon *nephech* de la main du *ché'ol*" (être, vie)

Ps.86,13: "Tu as préservé mon *nephech* du *ché'ol* d'en bas" (être, vie)

Ps.89,49: "Son *nephech* échappera-t-il de la main du *ché'ol* ?" (être, vie)

Prov.23,14: "Toi donc, frappe-le du bâton; tu sauveras son *nephech* du *ché'ol*"
   (sa vie)

   8x

- <u>Le thème du rachat</u> n'implique-t-il pas une conception platonisante ?
   Le rachat est, à l'origine, une procédure coutumière sémitique consistant à substituer un dédommagement financier à un tort infligé à autrui ou pour être libéré d'une servitude. Dans le cadre du culte, il est devenu une offrande symbolique se substituant à une obligation rituelle (sacrifice des prémices) ou en vue de la remise d'une faute ou d'une impureté contractée. Le thème de la souffrance vicaire ("à la place de") est présente dans Isaïe (Is.53,4). Il n'y s'agit plus d'un rachat pécunier mais d'un rachat d'une vie (terrestre) pour une vie (spirituelle). Ce thème isaïen est devenu le point de départ de toute une théologie de la Rédemption (où Dieu rachète la faute de l'homme).

Ex.21,30: "Si une rançon est exigée de lui, il donnera le rachat (*pidôn*) de son *nephech* selon tout ce qui sera exigé de lui" (les mots dérivés de la racine *p.d.h* relèvent du   vocabulaire commercial)

Ps.34,23: "Yahvé rachète (*pâdah*) le *nephech* de ses serviteurs"

Ps.49,9: "il est coûteux le rachat (*pidôn*) de leur *nephech*"

Ps.49,16: "Mais Elohîm rachètera (*pâdah*) mon *nephech* de la main du Chéol"

Ps.55,19: "Il rachète (*pâdah*) mon *nephech* dans la paix"

Ps.69,19: "Approche-toi de mon *nephech*, rachète-le (*pâdah*)"

Ps.71,23: "Mes lèvres crieront de joie quand je chanterai pour Toi; (à cause de) mon *nephech* que tu as racheté (*pâdah*)"
   (ou: " mon *nephech* que tu as racheté (chantera pour Toi)"

Job 33,28: "il a racheté (*pâdah*) mon *nephech* de passer par la fosse"
   (il m'a évité de passer de vie à trépas)

- S'exprimant également en temes commerciaux, <u>le thème de la rétribution</u> est assez présent dans les Ecritures (AT: Gn.15,1; Prov.12,14; Jér.31,16; Ps.28,4; 2Chron.15,7; Job 34,11; Is.59,18; Sir.51,30; NT: Luc 10,7; Jn.4,36; Rom.2,6;

2Tim.4,14; Apoc.22,12). Promesse de récompense ou salaire dû, satisfait dans les temps de l'histoire ou différé dans un Au-delà, le principe d'un Jugement divin est présent dans diverses cultures (mésopotamienne, égyptienne, juive, grecque, latine, ...) mais n'est pas spécifiquement platonicien.

- En conclusion, <u>l'idée d'une âme (au sens platonicien du terme) n'est pas présente au niveau de l'AT hébreu</u> (mais bien au sens d'une conscience morale, interne à l'humain et indissociable de sa vie physique). <u>Elle apparaît</u> (sous le mot *psuchè*) <u>dans les textes grecs complémentaires de la LXX</u>, où la conception hébraïque reste cependant dominante. <u>Elle est présente, sans être dominante ni même théorisée, dans le NT</u>. C'est cependant ce qui a permis l'introduction de la conception platonicienne dans la tradition théologique chrétienne.

Références bibliographiques des instruments de travail essentiels

1. <u>les textes</u>

- Biblia hebraica, éd. Kittel, Würtembergische Bibelanstalt, Stuttgart, 1962 (1937)

- Septuaginta, éd. Rahlfs, Würtembergische Bibelanstalt, Stuttgart, 1962 (1935), 2 vol.

- Novum Testamentum graece, éd. Nestle - Aland, Würtembergische Bibelanstalt, Stuttgart, 1966 (26° éd.)

2. <u>les concordances</u>

- Konkordanz zum hebräischen Alten Testament, éd. Lisowsky, Würtembergische Bibelanstalt, Stuttgart, 1958

- New Concordance of the (hebrew) Bible, éd. Even-Shoshan, Kiryat Sefer, Jerusalem, 1989

- Concordance to the Septuagint, éd. Hatch - Redpath, Akademische Druk, Graz (Austria), 1954 (1897), 2 vol.

- Concordance to the greek Testament, éd. Moulton - Geeden, Clark, Edinburgh, 1957 (1897)

- Computer-Konkordanz zum Novum Testamentum graece, éd. INT Münster, De Gruyter, Berlin, 1980 (zum NTG 26° éd.)

3. <u>les dictionnaires linguistiques</u>

- Hebräisches und Aramäisches Handwörterbuch über das Alte Testament, éd. Gesenius, Springer Verlag, Berlin, 1959 (1915)

- Lexicon Hebraicum et Aramaicum Veteris Testamenti, éd. Zorell, IBP, Roma, 1962 (1954)

- Dictionnaire grec - français, éd. Bailly, Hachette, Paris, 1963 (1894) (n.b.: l'édition abrégée de ce dictionnaire est insuffisante)

- Dictionnaire des racines hébraïques, éd. Abbaye de Rochefort, Rochefort (Belgique), 1986   (non commercialisé)

4. <u>les dictionnaires théologiques</u>

- Theologisches Wörterbuch zum Alten Testament, éd. Botterweck - Ringgren - Fabry, Kohlhammer Verlag, Stuttgart, 1973-2000, 10 vol.; idem en traduction anglaise: Theological Dictionary of the Old Testament, Eerdmans, Michigan (USA), 1974-2006, 15 vol.

- Theologisches Handwörterbuch zum Alten Testament, éd. Jenni - Westermann, Kaiser Verlag, München, 1984, 2 vol.

SOMMAIRE